BAUDELAIRE

Paru dans Le Livre de Poche :

IVAN LE TERRIBLE
ZOLA
MAUPASSANT
FLAUBERT
LES HÉRITIERS DE L'AVENIR
 1. *Le Cahier*
 2. *Cent un coups de canon*
 3. *L'Éléphant blanc*

HENRI TROYAT
de l'Académie française

Baudelaire

FLAMMARION

© Flammarion, 1994.

I

LE PÈRE

A la mort de sa femme, Rosalie, survenue le 22 décembre 1814, Joseph-François Baudelaire estime qu'il ne peut plus rien attendre de la vie. N'a-t-il pas, à cinquante-cinq ans, largement débordé l'âge des ambitions, des combats et des espérances ? Quand il évoque son passé, il le trouve trop lourd d'événements pour ne pas souhaiter la paix et la solitude. Né le 7 juin 1759 à La Neuville-au-Pont (Marne), il appartient à une famille terrienne de vignerons, de manouvriers, d'artisans aisés. Fils unique, il a fait des études de philosophie et de théologie à l'université de Paris et a été ordonné prêtre en 1785. Cependant, l'enseignement l'a attiré davantage que le saint ministère. A peine tonsuré, l'abbé François Baudelaire a été engagé par la duchesse et le duc Antoine de Choiseul-Praslin comme précepteur de leurs fils. La Révolution n'a pas tardé à ébranler cette situation enviable. Avec un beau dévouement, François Baudelaire a pris soin de la progéniture des ci-devant et s'est efforcé d'adoucir le sort des parents jetés en prison par les sans-culottes. Entre-temps, il a officiellement abdiqué, le 19 novembre 1793, ses fonctions sacerdotales. Ce reniement, exigé par la République, ne lui a d'ailleurs posé aucun problème de conscience. Trois ans et demi plus tard, le 9 mai 1797, sous le Directoire, le prêtre défroqué épousait, à la dixième mairie de Paris, Jeanne-Justine-Rosalie Janin.

Là-dessus, nouveau changement de régime : le Consulat succède à la Convention ; puis l'Empire s'installe. Par chance, François Baudelaire a des relations dans tous les milieux. Grâce à son entregent, il décroche une sinécure : chef des bureaux de la préture du Sénat. La « matérielle » lui est assurée. Mais il manque l'essentiel à la félicité du couple : François et Rosalie se désolent de n'avoir pas d'enfants. Et soudain, après bientôt huit ans de mariage, c'est le miracle : un fils, Alphonse, leur naît le 18 janvier 1805. Ils fondent sur lui les plus grands espoirs. Hélas ! il n'a pas encore atteint sa puberté qu'un malheur foudroie la famille. Rosalie, qui est faible de la poitrine, dépérit à vue d'œil. Elle meurt après quelques mois de souffrance et ses obsèques sont célébrées, comme il se doit, en l'église Saint-Sulpice. Voici Alphonse orphelin de mère. A dix ans. Avec, à ses côtés, un père assombri par le chagrin. Pour se délasser, le veuf s'adonne à la peinture. Son talent est honnête et il compte au nombre de ses amis quelques artistes en renom. Leurs encouragements l'aident tant soit peu à oublier sa peine. Certains viennent le voir au Sénat en quête d'une commande officielle. L'un d'eux, Jean-Baptiste Regnault, a exécuté son portrait : cheveux bouclés, sourcils épais et noirs, nez proéminent, lèvres pincées dans une moue ironique, regard direct et dominateur. De l'avis des contemporains, cet homme cultivé, caustique, également doué pour la discussion et le pinceau, est resté, à travers tous les bouleversements de la politique, un républicain farouche.

Parmi ses proches, le plus cher à son cœur est un ancien condisciple du collège de Sainte-Menehould, où ils ont fait tous deux leurs premières études : Pierre Pérignon. Encore du vivant de Rosalie, il rendait souvent visite à cette famille nombreuse et joyeuse, dans la demeure campagnarde d'Auteuil. Les filles du maître de maison, qui est un avocat célèbre, sont émerveillées de voir François Baudelaire arriver dans une voiture aux armes du Sénat, suivi d'un laquais à perruque poudrée et à tunique galonnée d'or, lequel, selon l'usage, se tient derrière lui à table et le sert personnellement. En réalité, ce domestique n'est qu'un appariteur mis à sa disposition par les services de la Haute Assemblée. Dans l'essaim de gamines que l'invité éblouit par son allure désinvolte et le brio de sa conversation, il y a une certaine Caroline Archimbaut-Dufaÿs, dont la grâce acide le trouble sans qu'il y prenne garde. Fille d'un officier pauvre émigré à Londres pendant la Révolution, orpheline à sept ans, elle a été recueillie et élevée par les Pérignon qui la considèrent comme leur pupille. Elle a vingt et un ans lorsque Rosalie rend le dernier soupir, et elle plaint de toute son âme cet homme si distingué et si triste qui continue à venir chez eux pour tenter de se consoler. On répète, dans la famille, que ce visiteur aux cheveux grisonnants et aux sourcils noirs comme du charbon possède, avec son esprit brillant, « la naïveté et la bonhomie de La Fontaine ».

A la chute de l'Empire, François Baudelaire démissionne de ses fonctions au Sénat, quitte son appartement du palais du Luxembourg et occupe ses loisirs de retraité à peindre pour le seul plaisir d'assembler des couleurs. Il habite maintenant, avec son fils Alphonse, au 13 de la rue Hautefeuille, dans une maison à la façade ornée d'une tourelle. Retiré de la vie active, il n'en continue pas moins à fréquenter assidûment les Pérignon. Au fil des années, il subit davantage le charme de la jeune Caroline. S'il n'était un sexagénaire revenu de tout, il oserait, pense-t-il, demander la main de cette jouvencelle qui va sur ses vingt-six ans. Quelque temps il recule devant l'absurdité de cette démarche. Puis, soudain, il se décide. Et — ô stupeur ! — il est agréé. En effet, soucieux avant tout de caser sa pupille, Pierre Pérignon ne voit aucun inconvénient à pousser une innocente pucelle dans le lit d'un barbon, qui a par ailleurs l'avantage d'être le meilleur ami de la famille. Et ladite pucelle, qui a déjà coiffé Sainte-Catherine, est toute fière de troquer son titre déprécié de « mademoiselle » contre celui, si respectable, de « madame ». Le contrat est signé le 6 septembre 1819 dans la maison d'Auteuil et, le 9, François et Caroline se marient civilement à la onzième mairie de Paris, 10, rue Garancière.

Cette intrusion d'une jeunesse dans son logis de veuf inconsolable ranime l'ardeur de François Baudelaire. Moins d'un an après les noces, sa femme est enceinte. Il s'enorgueillit de cet exploit comme d'un second départ dans la vie. Sa joie est portée à son comble lorsque, le 9 avril 1821, Caroline donne naissance à un fils, qui sera prénommé Charles-Pierre. Le jeudi 7 juin, l'enfant est baptisé à l'église Saint-Sulpice. Les parrains sont, bien entendu, M. et Mme Pierre Pérignon. Ils apposent leurs signatures sur le registre à côté de celle du père, François Baudelaire, qui se qualifie de « peintre ».

Et, de fait, sa passion pour la peinture s'est accentuée avec le temps. L'appartement de la rue Hautefeuille est décoré de ses propres œuvres, gouaches ou pastels, mais aussi de tableaux, de statues, de moulages dus à des artistes contemporains. Le mobilier est résolument d'époque Louis XVI et les bibelots foisonnent. Par convenance, les époux font lit à part. La chambre de Caroline, où règnent l'acajou et le merisier, déborde de céramiques anciennes. Celle de François sert aussi de bibliothèque et de bureau. Celle du petit Charles prend jour sur le jardin, celle d'Alphonse sur la cour.

Alors que Charles n'est encore qu'un marmot qui se cogne dans les jambes des grandes personnes, Alphonse suit les cours de la faculté de droit. Il obtient son diplôme de licence en 1824, est admis comme avocat l'année suivante et rêve de devenir magistrat. Ses rapports avec sa belle-mère sont courtois et il ne marque aucune animosité envers son demi-frère. Deux servantes s'affairent autour de cette famille somme toute heureuse. Fatigué par l'âge, François Baudelaire évite les sorties et impose à sa femme une vie sédentaire et même recluse. Caroline accepte d'étouffer ses élans aux côtés d'un mari qui a trente-quatre ans de plus qu'elle. Elle est entrée dans l'état d'épouse avec un esprit de gratitude et de résignation. Sa joie, elle la trouve dans la contemplation du petit Charles, dont les sourires, les caprices, les balbutiements la ravissent. Est-ce parce que son père est un homme âgé que le garçon se montre à la fois si avancé, si turbulent et si émotif ? Un rien le jette dans l'extase ou la colère.

Pour éveiller son fils aux séductions de l'art, François Baudelaire l'emmène souvent au jardin du Luxembourg. Là, emprisonnant dans sa grande main osseuse la main menue et légère de l'enfant, il marche à pas mesurés, s'arrête devant les statues et en commente la beauté. Charles ne comprend pas la moitié de ce que dit son père, mais il l'écoute avec vénération, les yeux levés sur ce fin visage usé, ridé, couronné de cheveux blancs et barré d'épais sourcils noirs. Parfois aussi, se laissant aller aux souvenirs, François Baudelaire évoque, avec une nostalgie désabusée, les événements de la Révolution et de l'Empire. Un univers de violence, d'absurdité, d'élégance et de plaisirs s'agite dans la tête du gamin. Pour lui, son compagnon de promenade est vieux comme le plus vieil arbre du Luxembourg, il a tout connu de la terre et des hommes.

Malheureusement, alors que Charles n'a pas encore six ans, les randonnées instructives au jardin du Luxembourg s'espacent. François Baudelaire se plaint d'être trop las pour quitter sa chambre. Un médecin vient le voir et reste longtemps à son chevet. Il y a dans l'air une odeur de médicaments. Maman est inquiète et pleure à la dérobée en serrant son fils dans ses bras. Le 10 février 1827, à trois heures de relevée, le malade rend le dernier soupir, veillé par sa femme. Deux jours plus tard, il est enterré au cimetière du Montparnasse, sans que son corps ait reçu la bénédiction de l'Église. Un prêtre défroqué n'a pas droit à la consolation divine. Qu'il se débrouille comme il peut dans l'au-delà !

II

LA MÈRE

Plus que la perte de son père, c'est le chagrin de sa mère qui affecte l'enfant. Il souffre de la voir pâle, languissante et vêtue de noir. Et, en même temps, il est bizarrement heureux de savoir qu'elle n'a plus que lui à aimer. Tout en admirant l'homme aux sourcils épais et sombres, il devinait en lui un rival. Les attentions que l'épouse, douce et discrète, accordait à son mari, la mère les volait, lui semblait-il, à son fils. Maintenant, il n'y a plus d'obstacle entre elle et Charles. Plus de partage. Elle lui appartient toute, avec son regard mélancolique, ses demi-sourires, ses légères caresses, son parfum qu'il respire avec délices quand elle le prend contre sa poitrine. Il connaît dans le détail toutes ses robes, tous ses colifichets, tous ses bijoux, il plonge son nez en cachette dans son linge rangé au fond de l'armoire, dans les fourrures imprégnées de son odeur. Le meilleur moment de la journée est celui où elle se penche sur son lit pour le baiser du soir. Alors, il éprouve le sentiment d'une communion si intime qu'il voudrait la prolonger jusque dans son sommeil. C'est quand il lui entoure le cou de ses bras et qu'il effleure de ses lèvres une joue lisse et tiède qu'il se persuade le plus intensément que, depuis la mort de son père, il a le droit, et même le devoir, de la chérir pour deux. Elle, de son côté, paraît n'avoir d'autre préoccupation que de lui complaire. Certes, pour les basses besognes, telles que le débarbouillage, le brossage des dents, le coup de peigne, l'habillage, la surveillance des repas et la conduite aux cabinets, il y a Mariette, la servante grognonne, brusque et dévouée. Mais tout ce qui est grâce, amusement, mystère lui vient de maman et il ne se lasse pas de provoquer sa tendresse.

Cependant, Caroline supporte mal son veuvage. Du vivant de son mari, elle était à l'abri des soucis matériels. Et voici qu'ils fondent un à un sur sa tête encore démontée par le deuil. Un conseil de famille est réuni en hâte pour veiller aux intérêts de l'orphelin. Caroline est autorisée, en tant que tutrice légale, à recevoir, sous bénéfice d'inventaire, l'héritage de François Baudelaire au nom de Charles. Une fois dressée la liste des biens, Alphonse, refusant de rester dans l'indivision, exige la liquidation de la succession paternelle entre lui et son demi-frère. Il s'ensuit une longue procédure de partage, durant laquelle Caroline, noyée dans les expertises et les chiffres, voit ses revenus réduits à l'usufruit des deux mille francs de rente dont François Baudelaire lui avait fait donation lors de la signature du contrat de mariage.

Pendant l'été de 1827, elle se réfugie avec son fils, pour quelques semaines, dans une maison louée à Neuilly, non loin du bois de Boulogne. Là, elle se repose de ses tracas et redouble d'attention pour Charles, qui se souviendra avec émotion de cette véritable escapade d'amoureux :

Je n'ai pas oublié, voisine de la ville,
Notre blanche maison, petite mais tranquille ;
Sa Pomone de plâtre et sa vieille Vénus
Dans un bosquet chétif cachant leurs membres nus,

Et le soleil, le soir, ruisselant et superbe,
Qui, derrière la vitre où se brisait sa gerbe,
Semblait, grand œil ouvert dans le ciel curieux,
Contempler nos dîners longs et silencieux,
Répandant largement ses beaux reflets de cierge
Sur la nappe frugale et les rideaux de serge[1].

Hélas ! dès la fin du mois de septembre, il faut songer au retour, rue Hautefeuille. L'appartement dans la maison à la tourelle est trop grand et trop onéreux pour la veuve et l'orphelin. Sagement, Caroline fait procéder à la vente aux enchères de quelques meubles, de quelques tableaux et emménage dans un appartement plus modeste, sis au numéro 30 de la place Saint-André-des-Arts[2].

Ce nouveau logis ne déplaît pas à Charles, bien qu'il y voie une rupture brutale avec le passé. Il s'y sent même plus proche de sa mère. Sa passion pour elle croît de jour en jour. Songeant à cette période lumineuse, il notera, des années plus tard, dans la partie de ses journaux intimes intitulée *Fusées* : « Le goût précoce des femmes. Je confondais l'odeur de la fourrure avec l'odeur de la femme. Je me souviens... Enfin j'aimais ma mère pour son élégance. » De même, dans *Un mangeur d'opium* (*Les Paradis artificiels*), évoquant l'enfance de l'écrivain anglais Thomas De Quincey, il fera allusion à sa propre expérience en décrivant les premiers émois de son héros dans un monde exclusivement féminin : « Les hommes qui ont été élevés par les femmes et parmi les femmes ne ressemblent pas tout à fait aux autres hommes [...]. L'homme qui, dès le commencement, a été longtemps baigné dans la molle atmosphère de la femme, dans l'odeur de ses mains, de son sein, de ses genoux, de sa chevelure, de ses

---
1. *Les Fleurs du Mal*, XCIX.
2. On écrivait, à l'époque, Saint-André-des-Arcs.

vêtements souples et flottants [...] y a contracté une délicatesse d'épiderme et une distinction d'accent, une espèce d'androgynéité, sans lesquelles le génie le plus âpre et le plus viril reste, relativement à la perfection dans l'art, un être incomplet. Enfin, je veux dire que le goût précoce du *monde* féminin, *mundi muliebris*, de tout cet appareil ondoyant, scintillant et parfumé, fait les génies supérieurs. »

Cette idylle entre mère et fils, Charles souhaite qu'elle n'ait pas de fin. C'est la volupté dans la pureté, le bonheur avant le Mal, la sécurité, avec en plus une sensation d'union charnelle, de claustration douillette, de repliement égoïste sur les habitudes du couple. Mais voici que Caroline se dissipe. Dans les premiers jours du printemps de 1828, elle reçoit, de temps à autre, la visite d'un officier au poitrail avantageux, à l'uniforme impeccable et au regard conquérant. Ils sortent ensemble, laissant Charles à la garde de Mariette, laquelle semble approuver ce manquement aux usages de la maison. Interrogée, elle apprend à l'enfant que le nouveau venu est le commandant Aupick. Nul doute que Charles est intrigué par ce nom étrange. Ne dirait-on pas l'appellation d'un chardon aux piquants acérés ? Rien qu'en entendant prononcer « Aupick », on a envie de se mettre sur ses gardes. En réalité, Jacques Aupick est un militaire aux états de service tout à fait remarquables. Fils d'un officier irlandais mort au combat pour la France, il a fait ses études au Prytanée militaire — collège de Saint-Cyr —, a participé aux campagnes de l'Empire en Autriche, en Espagne et en Saxe, s'est rallié à Napoléon pendant les Cent-Jours, mais, sous la Restauration, a été remis en faveur par le prince Louis de Hohenlohe. Promu officier de la Légion d'honneur et élevé à la dignité de grand-croix de Saint-Louis, il a de nouveau le vent en poupe. Bien noté, prêt à tous les revirements qu'exige une brillante carrière dans l'armée de l'époque, il accède très vite au grade de chef de bataillon. Lorsqu'il fait la connaissance de Caroline, il a trente-neuf ans ; elle en a trente-cinq. Leurs âges sont en rapport et leurs goûts aussi. De plus en plus souvent, Caroline prononce devant Charles, sur un ton volontairement détaché, le nom de ce personnage aimable, mais compassé et comme raidi dans son uniforme.

Un jour, avec ménagement, elle lui annonce qu'elle va se remarier. Il y a un peu plus d'un an et demi qu'elle a enterré François Baudelaire. C'est un délai bien court pour une veuve ! Charles tombe des nues. Son premier mouvement est de révolte. Alors qu'il croyait occuper seul les pensées de sa mère, un intrus a pris subrepticement sa place. Elle l'a trahi bassement, lui, son fils, tout en le cajolant. Désormais, il sera pour de bon orphelin. Mordu par la jalousie, il commence par bouder le commandant Aupick, lors de ses visites à la maison ; puis il s'avise que cet homme est plein de bonnes intentions à son égard et il se résigne. De son côté, Alphonse, qui habite encore place Saint-André-des-Arts, songe lui-même à se marier avec une demoiselle Félicité Ducessois. Il trouve tout à fait normal que sa belle-mère s'apprête à « refaire sa vie ». Son adhésion au projet de Caroline entraîne celle de son jeune demi-frère. Charles finit par se dire que ce « prétendant » en vaut un autre et qu'après tout il ne doit pas être désagréable d'avoir un père qui n'ait pas l'air d'un grand-père. L'essentiel n'est-il pas que sa mère soit heureuse ? Or, elle offre toutes les apparences de la béatitude féminine. Il semble même qu'elle a embelli.

Ayant obtenu de ses supérieurs l'autorisation de se marier avec Mme veuve Caroline Bodelaire (*sic*), le commandant Aupick hâte la publication des bans à la dixième mairie de Paris. Le 31 octobre 1828, un conseil de famille prend acte du projet de mariage et nomme le futur époux cotuteur de Charles. Le 4 novembre, un contrat est signé entre les fiancés devant Me Labie, notaire à Neuilly, et, le 8 du même mois, ils sont unis par les soins du maire, en présence de quelques intimes. N'ayant pas eu droit à une cérémonie religieuse lors de son premier mariage, Caroline se rattrape avec le second. La bénédiction nuptiale est donnée au couple en l'église Saint-Thomas-d'Aquin. Sans doute Charles n'est-il pas de la fête. Resté à la maison avec Mariette, il ne sait plus au juste s'il doit se réjouir d'avoir un père de rechange ou se désespérer parce que sa mère va ouvrir à un inconnu la porte de sa chambre à coucher.

Les nouveaux mariés s'installent 17, rue du Bac, mais ne restent pas longtemps ensemble. Peu après les noces, Aupick est obligé de partir pour Lunéville où l'appelle son service d'aide de camp auprès du maréchal de Hohenlohe. Dans l'intervalle, il expédie son épouse au village de Vaux, près de Creil, dans l'Oise. Elle y va en principe pour se reposer chez une personne de confiance, Mme Hainfray. En réalité, elle fait une fausse couche, le 2 décembre 1828, entre les mains d'un médecin qui déclare l'accident à la mairie. L'enfant mort-né est une fille. Conçue avant le mariage, elle eût terni la réputation d'honnêteté de la mère. De toute évidence, c'est en prévision de cette naissance inopportune qu'Aupick a voulu précipiter les formalités de son union avec Caroline. Le ventre délivré et le front serein, elle garde la chambre pendant les trois semaines obligatoires et, peu avant la Noël, revient à Paris, où Charles et Mariette l'accueillent avec transport. Ils sont allés la chercher à sa descente de la diligence de Creil et repartent en fiacre pour la rue du Bac. « Je me souviens d'une promenade en fiacre, écrira Baudelaire à sa mère, le 6 mai 1861. Tu sortais d'une maison de santé où tu avais été reléguée, et tu me montras, pour me prouver que tu avais pensé à ton fils, des dessins à la plume que tu avais faits pour moi. »

Après cet avortement, qu'elle entend tenir secret, Caroline s'abandonne au plaisir d'être une épouse modèle, nantie d'un mari superbe, d'une famille honorable, d'une situation sociale avantageuse et d'un intérieur qui ne laisse rien à désirer. Aupick est de nouveau auprès d'elle. Tout est rentré dans l'ordre. C'est d'une plume souple que, le mois suivant, elle écrit à son beau-fils, qui n'a pas bougé de la place Saint-André-des-Arts : « Je m'empresse de vous faire savoir, mon cher Alphonse, que je suis arrivée de la campagne et que me voilà enfin fixée à Paris. Si vos courses vous dirigent quelquefois rue du Bac, venez causer avec nous, venez manger la soupe en famille ; votre petit frère parle sans cesse de vous et sera bien heureux de vous voir. M. Aupick vous accueillera de grand cœur, et moi, mon cher Alphonse, qui aurai toujours pour vous les sentiments d'une mère et d'une amie, je vous attends avec impatience[1]. »

Elle applaudit des deux mains au projet de mariage d'Alphonse avec Mlle Félicité Ducessois, à laquelle le jeune homme, âgé maintenant de vingt-quatre ans, fait depuis des mois une cour correcte et assidue. Le 30 avril 1829, Charles assiste à la cérémonie nuptiale et au repas de noces, ponctué de discours et de chansons. Aupick fait grand effet à table, dans son uniforme constellé de décorations. Mais bientôt une grave déconvenue l'atteint dans sa carrière. Après la mort, le 31 mai 1829, de son protecteur, le prince Louis de Hohenlohe, il est mis en disponibilité. Son inactivité lui pèse. Il tourne dans l'appartement comme un fauve en cage. Enfin, au mois de juin 1830, ayant été attaché à l'état-major de l'armée expéditionnaire d'Afrique, il part pour le théâtre des opérations, en Algérie, laissant à Paris son épouse admirative et inquiète. Son

---

1. Lettre citée par Claude Pichois et Jean Ziegler dans leur *Baudelaire*.

talent d'organisateur militaire lui vaut d'être rapidement promu au grade de lieutenant-colonel.

Pendant les quinze mois que dure l'absence de son beau-père, Charles savoure, heure après heure, le plaisir de régner seul sur le cœur de sa mère. Mais, dès le retour du guerrier, le ciel s'assombrit. Aupick est là, plus que jamais, solennel, pontifiant, tranchant de tout avec assurance. Ses éperons sonnent sur le plancher et sa voix franchit la porte de la chambre conjugale. Charles souffre de voir sa mère dire oui à tout ce que décide ce traîneur de sabre. Elle le regarde avec des yeux de soumission amoureuse et invite son fils à l'appeler « ami », « grand ami ». Charles s'exécute à contrecœur. Qu'il le veuille ou non, il est à la merci de l'homme en uniforme. L'univers féminin où il aimait tant se réfugier est souillé par cette présence virile. Même l'odeur de l'appartement a, semble-t-il, changé. Au parfum subtil de maman se mêle comme un relent de caserne.

Le 3 octobre 1831, à l'instigation d'Aupick, Charles entre en classe de septième au collège royal Charlemagne et prend pension chez M. Bourdon, chef d'institution, qui prépare les élèves aux concours des grandes écoles d'État. Mais, avant même qu'il ait eu le temps de se faire des camarades dans ces deux établissements, nouveau changement de vie. Le 25 novembre 1831, le lieutenant-colonel Aupick reçoit l'ordre de gagner Lyon où vient d'éclater la révolte des canuts, ces ouvriers de la soie que la misère de leur condition a poussés à prendre les armes. Habitué à obéir sans retard, Aupick boucle ses valises, embrasse sa femme et son beau-fils, grimpe dans la malle-poste. Entre-temps, Mariette a disparu. Congédiée ou morte discrètement, à la façon des gens simples. Une servante anonyme la remplace. On ne manquera jamais de domestiques à la maison. Se souvenant, bien plus tard, de la bonne qui a veillé sur son enfance, Baudelaire écrira :

La servante au grand cœur dont vous étiez jalouse,
Et qui dort son sommeil sous une humble pelouse,
Nous devrions pourtant lui porter quelques fleurs.
Les morts, les pauvres morts, ont de grandes
[*douleurs* [...] [1].

Charles, qui va sur ses onze ans, espère que la séparation de ses parents sera longue, peut-être même définitive. Mais le mari et la femme s'ennuient loin l'un de l'autre. En janvier 1832, Aupick décide de faire venir Caroline et son fils à Lyon. A la perspective de ce dépaysement, Charles oublie ses préventions pour ne penser qu'au plaisir de la découverte. Le voyage en diligence de Paris à Lyon, par la route de Bourgogne via Auxerre, demande à l'époque trois jours et demi, avec de nombreux relais pour changer les chevaux. Qu'il pleuve, qu'il vente, à chaque côte un peu raide, les passagers descendent de voiture. Charles s'amuse de ces péripéties et trotte devant en éclaireur. Quelqu'un dit dans son dos : « Voici ce petit monsieur qui court en avant, tout seul, sur la grand-route ! » Il n'est pas peu fier d'être appelé « monsieur » par un inconnu.

Dès son arrivée à Lyon, il écrit à Alphonse pour lui raconter ses impressions : « Première étourderie de maman : en faisant charger les effets sur l'impériale, elle s'aperçoit qu'elle n'a plus son manchon et s'écrie en faisant un coup de théâtre : "Et mon manchon !" Moi de lui répondre tranquillement : "Je sais où il est et je vais le chercher." Elle l'avait laissé dans le bureau sur une banquette. Nous montons dans la diligence, nous partons enfin. Pour mon compte, dans le premier moment, j'étais de fort mauvaise humeur à cause des manchons, des boules d'eau, des chancelières, des chapeaux d'homme et de

---

1. *Les Fleurs du Mal*, C.

femme, des manteaux, des oreillers, des couvertures, à force[1], des bonnets de toutes les façons, des souliers, chaussons fourrés, bottines, paniers, confitures, haricots, pain, serviettes, énorme volaille, cuillers, fourchettes, couteaux, ciseaux, fil, aiguilles, épingles, peignes, robes, jupons, à force, bas de laine, bas de coton, corsets les uns par-dessus les autres, biscuits, pour le reste je ne puis me le rappeler. Tu sens bien, mon frère, que moi qui suis toujours en mouvement, toujours sur un pied ou sur l'autre, je ne pouvais pas bouger et *à peine* me mettre à la vitre. Bientôt, je redevins gai comme à l'ordinaire. Nous relayâmes à Charenton et continuâmes notre route ; je ne me rappelle guère plus les relais, aussi je passe au soir. Le jour étant tombé, je vis un bien beau spectacle, c'était le soleil couchant ; cette couleur rougeâtre formait un contraste singulier avec les montagnes qui étaient bleues comme le pantalon le plus foncé. Ayant mis mon petit bonnet de soie, je me laissai aller sur le dos de la voiture et il me sembla que toujours voyager serait mener une vie qui me plairait beaucoup [...]. Ton petit frère, Charles Baudelaire. »

Ayant terminé sa lettre, il y ajoute en post-scriptum : « N'oublie pas d'embrasser de ma part ma sœur[2] [...]. Maman et papa te disent bien des choses[3]. » C'est sans effort qu'il a employé, cette fois, le terme de « papa » pour désigner le lieutenant-colonel Aupick. Après une brève période de jalousie, de refus, de rébellion, il a fini par comprendre que le remariage de sa mère n'avait pas que des inconvénients. En vérité, deux tendances s'affrontent dans son esprit inquiet : la première qui consiste à se regarder comme un être exceptionnel dans son malheur d'orphelin,

---
1. En grande quantité.
2. Sa demi-belle-sœur, Félicité, la femme d'Alphonse.
3. Lettre du 1er février 1832.

la seconde qui le pousse à vouloir ressembler aux autres enfants, avec une mère, bien sûr, mais aussi un père (le lieutenant-colonel Aupick), un frère (Alphonse), une sœur (la femme d'Alphonse), toute une famille de substitution dont l'épaisseur est un gage d'honorabilité et de sécurité. Tantôt il souhaite être comme tout le monde, tantôt seul de son espèce ; tantôt béni, tantôt maudit. Il ne se doute pas que, sa vie durant, il oscillera ainsi entre le désir de se singulariser et celui d'être heureux dans la voie commune.

III

LE BEAU-PÈRE

L'enfance est imperméable aux événements historiques. Les émeutes de Paris, en juillet 1830, la chute de Charles X, son remplacement par Louis-Philippe n'ont laissé aucun souvenir dans la mémoire du jeune Charles et, quand il arrive à Lyon, le soulèvement des canuts a déjà été écrasé dans le sang. Un instant secouée par la révolte ouvrière, la vieille cité a recouvré son calme compassé et sa dignité cossue. On ne parle plus guère de ces misérables qui ont payé de leur vie ou de leur liberté l'audace d'exiger une augmentation de salaire. Ayant activement participé au rétablissement de l'ordre, Aupick est nommé chef d'état-major de la 7e division militaire à Lyon, sous les ordres directs du duc d'Orléans.

D'abord disposé à se réjouir de ce changement d'existence, Charles ne tarde pas à déchanter. Lyon lui paraît une ville grise, brumeuse, ennuyeuse et sale. Et, alors qu'il espérait couler des jours heureux en famille, il est inscrit à la pension Delorme, puis, comme interne, au Collège royal. Il ne comprend pas que sa mère ait consenti à se séparer de lui, puisqu'il aurait pu suivre les cours de l'établissement en rentrant tous les soirs à la maison. Sans doute est-ce M. Aupick qui, féru de discipline, a voulu que son beau-fils fût élevé à la dure. Dans l'esprit de ce militaire, le collège ne peut être que l'antichambre de la caserne. L'emploi du temps rigoureux, les roulements du tambour, la toilette à l'eau froide, la ratatouille infecte et les draps rêches sont nécessaires à la formation d'un homme digne de ce nom. Et Caroline, toujours aussi faible, approuve à regret la sentence.

Résigné, Charles apprend vaille que vaille ses leçons, s'échine à composer des vers latins et tente vainement de se faire des camarades parmi les gamins de sa classe, qu'il juge secrets et sournois. « Je n'ai rien à te dire si ce n'est que maintenant je déteste les Lyonnais, qu'ils ne sont pas propres, avares, intéressés, que j'ai eu de meilleures places, que j'ai été huitième, neuvième, onzième, quatorzième en grec, etc. », écrit-il à Alphonse [1]. Un peu plus tard, il lui parle de la difficulté que ses parents éprouvent à nouer des relations dans la bonne société de la ville, jalousement repliée sur elle-même : « Nous ne connaissons pas une Lyonnaise ; toutes nos connaissances se bornent au militaire, à l'intendance et à la gendarmerie [2]. » En revanche, il est enchanté du nouvel appartement des Aupick, 4, rue d'Auvergne : « J'ai oublié aussi de te parler de notre logement, poursuit-il dans la même lettre. Il est charmant. Sans exagérer, nous avons une vue des plus belles de Lyon. Tu ne peux pas te figurer comme c'est beau, comme c'est magnifique, comme c'est beau [*sic*], comme ce coteau est riche, comme il est vert. »

---
1. Lettre du 3 juillet 1832.
2. Lettre du 6 septembre 1832.

A la rentrée des classes, en octobre, il se retrouve en cinquième, tout fiérot de ses cahiers neufs et de son uniforme. Même la nourriture lui paraît, cette fois, excellente. « Je suis fort content d'être au lycée, annonce-t-il à Alphonse, qui vient d'être nommé juge suppléant à Fontainebleau. Je suis bien sûr que nos aïeuls n'avaient pas comme nous dans les collèges : confitures, compotes, pâtés au jus, tourtes, poulets, dindes et compotes [*sic*] et encore tout ce dont je n'ai pas mangé... Je vais apprendre l'anglais et j'espère bien être bientôt en état d'entamer quelques conversations[1]. »

Cette heureuse disposition d'esprit est encouragée par la découverte d'un condisciple qui pourrait être son ami : « Il n'est pas égoïste, comme certains, il est tout à ses camarades. Notre place en étude favorise beaucoup notre amitié, car, dès que le pion s'en va de sa chaire, nous sommes en face l'un de l'autre et pouvons nous sourire à notre aise[2]. » Malgré son application, ses résultats scolaires sont en dents de scie. Après avoir été dans les dix premiers au début des cours, il dégringole pendant le deuxième trimestre, puis se rattrape jusqu'à décrocher la quatrième place en français. Mais, au mois de mars 1833, un incident trouble la vie paisible du collège. Un pion ayant infligé une « roulée » à un élève indiscipliné, celui-ci a dû être admis à l'infirmerie. Aussitôt, ses camarades déclenchent un « charivari » dans la cour. Charles prend fait et cause pour les rebelles. « Je suis dans les *mutins*, écrit-il à Alphonse. Je ne veux pas être de ces *lèche-cul* qui craignent de déplaire aux pions. Vengeance sur ceux qui ont abusé de leurs droits. C'était une inscription des barricades de

---

1. Lettre du 9 novembre 1832.
2. Lettre à Alphonse du 15 décembre 1832.

Paris[1]. S'il [le pion] ne s'en va pas, nous faisons mettre un article sur *Le Courrier de Lyon*[2]. »

Cependant, son indignation se limite aux événements scolaires. C'est un potache de douze ans qui proteste, non un citoyen hostile au régime. En politique, il est plutôt pour la dignité et la pondération. Ainsi, il déplore le peu d'estime des Lyonnais envers le roi, dont l'anniversaire, le 1er mai, est passé presque inaperçu : « Comme Parisien, je suis indigné de la manière dont on a traité le nom de Louis-Philippe à Lyon. Quelques petits lampions par-ci par-là, et voilà tout. Je pense qu'à Paris on a fait de grandes fêtes. » Et, parlant d'une manifestation républicaine dans la ville, il ajoute : « Tous ces jeunes gens avaient une cravate rouge, plutôt signe de leur folie que de leur opinion. Ils chantaient (tout bas) ; quand arrivait seulement un sergent de police, ils se taisaient. Les saint-simoniens s'étaient unis aux républicains et avaient annoncé qu'on danserait sur la place Bellecour (promenade). Le jour annoncé, pas de bal, rien. On avait dit qu'à deux lieues de Lyon il y avait une grande insurrection. Le général Aymard envoie quatre gendarmes. On trouve une cinquantaine de gens armés. On leur demande leurs projets : c'est une louve, disent-ils, que nous chassons. D'après ces deux faits, tu devines le reste de la révolte, c'est-à-dire rien[3]. »

Ne croirait-on pas une lettre du lieutenant-colonel Aupick sur les ridicules soubresauts de la populace ? A son insu, Charles subit l'influence conservatrice de sa famille. Quand il rentre à la maison, c'est pour entendre « papa » blâmer tous les excès en politique. Il souhaite même — il l'avoue — devenir pape, mais « pape militaire », ou comédien. Ces rêves de grandeur le trou-

---
1. Il parle par ouï-dire.
2. Lettre du 25 mars 1833.
3. Lettre à Alphonse du 17 mai 1833.

blent dans ses études. Toutefois, il apprend facilement et se maintient, malgré sa paresse, dans une moyenne honorable. « Dans quinze ou vingt jours nous composons en prix, confie-t-il à Alphonse. Je n'ai rien fait toute l'année ; mais j'ai eu de bonnes places, ce qui prouve que je puis faire. Je suis à piocher et j'espère quelque résultat... Savoir si j'en aurai... Je m'y prends un peu tard. Allons, courage[1]. » La lettre suivante fait part de sa désillusion : « Un accessit d'excellence (le quatrième) et un de thème (le cinquième). C'est vraiment pitoyable : mais je veux en avoir et j'en aurai[2]. »

Néanmoins, pendant les vacances qu'il a passées à la pension, il n'a guère travaillé son programme, préférant jouer la comédie et lorgner les fillettes du voisinage. Cela ne l'empêche pas, dès la rentrée des classes, de réitérer sa promesse à Alphonse : « Cette année, je veux piocher ferme pour au moins, si je ne réussis pas, n'avoir rien à me reprocher. C'est vraiment bien beau d'entendre proclamer pour un prix son nom auquel on ajoute cette phrase : *Sept fois nommé !* Nommé dans toutes les matières ! Et puis c'est ou votre mère ou votre père qui vous couronne[3]. »

Ce mirage de gloire studieuse se dissipe de jour en jour. Au lieu de s'exciter au travail, Charles se cabre devant les livres de classe. Son aversion pour le collège augmente en proportion de ses échecs scolaires. « Qu'on s'ennuie au collège, surtout au collège de Lyon ! écrit-il à Alphonse le 1er janvier 1834. Les murs en sont si tristes, si crasseux et si humides, les classes si obscures, le caractère lyonnais si différent du caractère parisien !... Je regrette les boulevards, et les bonbons de Berthellemot, et l'universel maga-

---

1. Lettre du 12 juillet 1833.
2. Lettre non datée, probablement de la fin de l'été 1833.
3. Lettre du 23 novembre 1833.

sin de Giroux[1], et les riches bazars dans lesquels l'on trouve si amplement de quoi faire de belles étrennes. A Lyon, une seule boutique pour les beaux livres, deux pour les gâteaux et les bonbons, ainsi du reste... Dans cette ville noire des fumées du charbon de terre, on n'y trouve que de gros marrons et de fines soieries... » A présent, il ne compte plus que sur un sursaut d'orgueil pour gagner quelques places en composition : « Espérons cependant qu'en voyant ceux qui étaient au-dessous de moi me passer sur le corps, je me ranimerai et que, par mon travail, je mériterai mieux mes étrennes. »

Un mois plus tard, ses bonnes résolutions n'ayant toujours pas été mises en pratique, il s'engage à nouveau auprès de sa mère : « Je t'écris pour te dire que c'est la dernière fois que je me fais priver de sortie, que désormais je veux travailler et éviter toutes les punitions qui pourraient seulement retarder ma sortie. C'est bien la dernière fois, je te le jure, je t'en donne ma parole d'honneur [...]. Mon père doit être bien fâché ; mais dis-lui [...] que je me repens bien de ne pas avoir travaillé pendant ces trois mois qui viennent de s'écouler [...]. Quoique je sois descendu bien bas, j'ai encore assez de cœur pour ne pas frustrer une seconde fois ton espérance, surtout après t'avoir donné ma parole[2]. »

Comme ses notes en travail et en conduite sont toujours aussi mauvaises et qu'il est invariablement privé de sortie, ses parents, aggravant la sanction, ne viennent plus le voir au collège. Alors il écrit, conjointement, à sa mère et au lieutenant-colonel Aupick : « Papa et maman, je vous écris cette lettre pour tenter de vous persuader qu'il y a encore

---

1. Berthellemot était confiseur galerie Montpensier, au Palais-Royal, et Giroux papetier et « fournisseur d'objets de goût pour étrennes », rue du Coq-Saint-Honoré (aujourd'hui rue Marengo).
2. Lettre du 6 février 1834.

quelque espérance pour me tirer de l'état qui vous fait tant de peine [...]. Venez une dernière fois pour me donner de bons conseils, pour m'encourager [...]. L'étourderie et la paresse m'ont fait oublier les sentiments qui me possédaient quand je promettais. Ce n'est pas mon cœur qu'il faut corriger, il est bon, c'est mon esprit qu'il faut fixer, qu'il faut faire réfléchir assez solidement pour que les réflexions y restent gravées [...]. Vous avez désespéré de moi comme d'un fils au mal duquel on ne peut remédier et auquel tout est devenu indifférent [...]. J'ai été mou, lâche, paresseux, je n'ai pensé à rien pour un certain temps [...]. L'idée seule que vous pouviez me regarder comme un ingrat m'a rendu quelque courage [...]. Si décidément vous avez pris le parti de ne plus venir au collège avant qu'une conduite nouvelle vous ait prouvé un changement total de ma part, écrivez-moi, je garderai vos lettres, je les lirai souvent pour lutter contre mon étourderie, pour me faire verser des larmes de repentir, pour que ma paresse et mon étourderie ne me fassent pas oublier les fautes que j'ai à réparer [...]. Je veux vous persuader qu'il ne faut pas désespérer de moi [...]. Ce n'est point à la maison que je suis attaché, non plus qu'aux commodités que j'y trouve quand je sors, c'est au plaisir de vous voir que je suis sensible, au plaisir de causer avec vous pendant un jour, aux louanges que vous pouvez me donner sur mon travail[1]. »

Le lendemain, écrivant à son demi-frère, il renouvelle à la fois son regret d'avoir cédé à un si long « engourdissement » et son serment d'un prochain réveil. En effet, un mois plus tard, il peut envoyer à sa mère un *satisfecit* de la direction du collège avec ces quelques mots : « Je continuerai, je deviendrai fort dans ma classe. Ne va pas croire au moins que ce qui me fait travailler,

---

1. Lettre du 25 février 1834.

c'est la crainte des punitions. Je suis excité par des motifs plus nobles. Récompenser mes parents des peines qu'ils se donnent pour moi, devenir un homme instruit, être couronné à la fin de l'année, devant une grande multitude, voilà ces motifs. En deux jours j'ai gagné plus de raison que je n'ai fait de folies en trois mois[1]. »

A peine l'élève Charles Baudelaire est-il rentré dans le rang qu'autour de lui la ville se soulève. Les canuts, excédés, reprennent la lutte, dès le 9 avril. La troupe intervient. Le collège est coincé entre le feu de l'armée et celui des insurgés. Les balles et les éclats d'obus ricochent sur les murs de l'établissement. Aussitôt, les cours sont interrompus. Désœuvrés, amusés, apeurés, les collégiens suivent les péripéties de cette bataille inégale. Quelques maisons du voisinage sont incendiées. Le proviseur ne sait où donner de la tête avec ces gamins indisciplinés et ces rebelles qui, de temps à autre, viennent cogner au portail pour demander des secours qu'on leur refuse, bien évidemment. Enfin, après six jours et six nuits d'affrontement, les soldats de l'ordre ont raison des mutins. La tranquillité étant revenue, les pensionnaires sont renvoyés dans leurs familles pour permettre une rapide remise en état des locaux.

En retrouvant les siens, Charles entend commenter avec indignation l'outrecuidance de la populace dressée contre le pouvoir. Pour ses parents et pour leurs amis, la vaillante garnison de Lyon a sauvé la ville d'une révolution sanglante. Encore tout étourdi par les échos de la fusillade, l'enfant admire le lieutenant-colonel Aupick qui a organisé de main de maître la répression. En récompense de ses services, celui-ci sera d'ailleurs nommé colonel.

---
1. Lettre du 24 mars 1834.

Le collège rouvre ses portes le 18 avril. Mais, dix jours plus tard, les élèves, ayant goûté au désordre et à l'oisiveté, font comme les canuts : ils se révoltent. Le prétexte : l'inutile brutalité d'un pion. Puis, comme leurs aînés des usines de soieries, ils reprennent le travail, non sans avoir été gratifiés de pensums et de privations de sortie.

Cette fois, fidèle à sa promesse, Charles s'applique si bien qu'il se hisse jusqu'aux premières places dans toutes les matières. Enfin exaucée, sa mère écrit à Alphonse : « Nous avons appris avec grand plaisir que Charles avait fait des merveilles : il a toujours été 1er ou 2e sur 50. Il est dans une bonne veine [...]. Il est bien loin d'être un enfant ordinaire, mais il est si léger, si fou, il aime tant le jeu ! Quant aux qualités de cœur, quant au caractère, il ne laisse rien à désirer : il est d'un commerce charmant, bon et sensible au dernier point, très aimant. Nous n'avons seulement d'autre reproche à lui faire que de jouer en classe au lieu de travailler et d'avoir la mauvaise habitude d'attendre toujours au dernier moment pour faire ses devoirs[1]. »

La distribution des prix a lieu le 31 août 1834. Le colonel Aupick est absent : il a été chargé de veiller à l'organisation de la revue générale qui doit se tenir à Compiègne, en présence du roi. Dommage, car il aurait entendu son beau-fils nommé à cinq reprises : premier accessit de version grecque et d'anatomie, troisième accessit de vers latins, cinquième accessit de version latine et d'excellence ! Caroline exulte de fierté et de tendresse. Requinqué, Charles jure de se surpasser l'année prochaine.

Mais, comme d'habitude, sa nonchalance, ses polissonneries et ses bavardages lui valent pensums, stations au piquet et privations de sortie. Venue le voir un jour de consigne, sa mère le traite d'ingrat. Il le lui reproche dans une

---

1. Lettre du 30 juin 1834 ; cf. Claude Pichois et Jean Ziegler, *op. cit.*

lettre exaltée : « Moi, ingrat. Quand même je n'aurais pas pris dès le commencement de l'année d'excellentes résolutions, ce seul mot me convertirait [...]. Je suis très peiné de l'injure que tu m'as faite. Viens me voir, je t'en prie [...]. Demande pardon pour moi à mon père[1]. »

De nouveau, il travaille par accès, par saccades. Sa facilité d'assimilation lui permet d'obtenir de bonnes notes sans se donner trop de mal. A la fin de l'année scolaire, il récolte un deuxième prix de dessin, « accompagné de cinq accessits qui enchantent mon père », ainsi qu'il l'écrit à Alphonse. Et il conclut : « Ne va pas t'aviser d'être plus difficile que lui, difficile comme ma mère, par exemple, qui s'imagine que je devrais être le premier en tout. Je ne puis lui en vouloir de son exigence ; sa tendresse excessive lui fait sans cesse rêver des succès pour moi[2]. »

Ses condisciples le considèrent comme un cerveau un peu « fêlé », distant et même poseur, qui se plaît à réciter, pendant les récréations, des vers d'Hugo et de Lamartine. Il a pour seul ami Henri Hignard, avec qui il s'amuse à composer des poèmes à l'imitation de ses auteurs favoris. Ce divertissement prosodique l'aide à supporter la pesante monotonie des études.

L'été en compagnie de ses parents, dans quelque maison de campagne, passe trop vite pour lui ; en octobre, c'est de nouveau le collège, avec son emploi du temps régulier, ses pions hargneux, les devoirs interminables, les cent lignes à copier pour la moindre peccadille et l'étouffante promiscuité du dortoir. Pourtant, le pli est pris. Charles étudie juste ce qu'il faut pour contenter ses parents et ses professeurs. « Je me porte très bien, écrit-il à Alphonse. Je suis gros et gras et je m'ennuie beaucoup. Cependant je travaille, je pioche, j'ai de bonnes places. Depuis la ren-

---

1. Lettre du 21 décembre 1834.
2. Lettre de la fin août ou du début septembre 1835.

trée, quatrième, deuxième, dixième, premier, deuxième, sixième, premier. Deux fois premier et deux fois deuxième, voilà, je pense, de beaux titres [1]. » Il apprend à patiner, afin de se procurer « une nouvelle jouissance », déplore de n'avoir pu encore aller à la chasse, mais « la poudre fait peur aux mamans », et rêve nuit et jour d'un retour à Paris, la ville des plaisirs et des lumières. « J'ai maintenant quatorze ans neuf mois, rappelle-t-il à son demi-frère. On peut dire quinze ans. Trois mois sont si vite passés. Le temps fuit bien vite pour qui l'emploie bien. »

A peine a-t-il expédié cette lettre à Fontainebleau qu'il apprend la nomination, en date du 9 janvier 1836, du colonel Aupick comme chef d'état-major de la 1re division militaire, comprenant Paris et l'Île-de-France. Décidément, son beau-père a plus de succès dans sa carrière que lui dans ses études. Rien que des bonnes notes pour ce brillant officier couvert de galons et de médailles. Aupick est né pour être un prix d'excellence, alors que lui doit se contenter de distinctions secondaires. Il voudrait que sa mère fût aussi fière de son fils qu'elle l'est de son mari. Impossible. Aupick rafle tout, honneurs et amour. Comment rivaliser avec un pareil champion ? Ah ! si seulement il pouvait s'appliquer davantage ! C'est son manque d'attention qui le perd. Remarquablement doué, il semble incapable d'un effort continu. Qu'il rédige un devoir ou rabâche une leçon, le vol d'une mouche suffit à le distraire. Mais la faute en est à cette ville diabolique ! Charles déteste Lyon, dont le centre est, pour lui, le Collège royal, cette prison où des enfants mal aimés sont condamnés à n'apprendre que des choses inutiles.

Le soir, il croit entendre les ululements sinistres des fous enfermés dans l'hospice des Antiquailles, situé sur la

---

1. Lettre du 27 décembre 1835.

colline de Fourvière. Il se souviendra, longtemps après, de cette plainte faite « d'une foule de cris discordants que l'espace transforme en une lugubre harmonie, comme celle de la marée qui monte ou d'une tempête qui s'éveille[1] ».

Par bonheur, la nomination du colonel Aupick aura pour conséquence le transfert de toute la famille à Paris. Là, Charles est assuré de donner sa mesure. D'avance, il savoure les joies élégantes qui l'attendent dans la capitale. Pourvu qu'un contrordre du ministère de la Guerre ne bouleverse pas, à la dernière minute, les projets du ménage Aupick ! Mais non : l'affectation du colonel paraît définitive. Les Aupick disent adieu aux rares amis qu'ils se sont faits à Lyon. Charles piaffe d'impatience devant les malles ouvertes. Il a l'impression que c'est lui qui vient d'être nommé chef d'état-major de la 1re division militaire, à Paris.

IV

ÉTUDES

Le colonel Aupick part, dès le mois de janvier 1836, pour occuper ses nouvelles fonctions dans la capitale et s'installe provisoirement à l'hôtel des Ministres, 36, rue de l'Université, où sa femme et son beau-fils viennent le rejoindre. « Voilà que maman, papa et moi sommes réunis à Paris », annonce Charles à Alphonse, le 25 février 1836.

---
1. *Le Spleen de Paris (Petits Poèmes en prose)*, XXII *(Le Crépuscule du soir)*.

Peu après, la famille emménage au siège de l'état-major de la division, 1, rue de Lille. Entre-temps, le garçon a été présenté à M. Pierrot, proviseur au collège royal Louis-le-Grand. En l'introduisant dans le bureau du chef d'établissement, le colonel, pompeux comme à son habitude, a eu cette phrase : « Voici un cadeau que je vais vous faire. Voici un élève qui fera honneur à votre collège. » Charles a baissé la tête sous ce compliment trop lourd. Nullement impressionné, M. Pierrot lui a posé quelques questions et, bien qu'il ait suivi les cours de la classe de seconde à Lyon, a décidé de l'inscrire en troisième pour ce simple motif que, selon lui, l'enseignement en province est en retard d'un an sur celui qui se pratique à Paris. Malgré cette rétrogradation d'office, Charles craint de rester « à la queue ». « Peut-être trouverai-je des préventions plus encore de la part des maîtres que des élèves, écrit-il dans la même lettre, et dès que je dirai que je viens de Lyon me croira-t-on plus faible que je ne suis. »

En dépit de ses appréhensions, il obtient, à la fin de l'année scolaire, six accessits, dont les premiers de vers latins et de langue anglaise. Bien mieux, envoyé au concours général, sa composition en vers latins lui vaut, là aussi, un premier accessit. Le colonel peut croire que, cette fois, son beau-fils va se consacrer à la cueillette des lauriers.

C'est mal connaître cet enfant de quinze ans dont les sautes d'humeur, les changements de cap, les volte-face sont imprévisibles. En décembre 1836, son professeur principal, Achille Chardin, note au sujet de l'élève Baudelaire : « Beaucoup de légèreté... Manque d'énergie pour corriger ses défauts... Beaucoup de caprice et d'inégalité dans le travail... Esprit sautillant... » En réalité, comptant sur les dispositions de Charles pour la composition en vers latins, le professeur principal et le proviseur le soumettent, ainsi que quelques autres élèves réunis en groupe, à une préparation intensive au concours général. Les conférences réservées aux « surdoués » ont lieu trois à cinq fois par semaine, de dix à onze heures du soir. Les exhortations des maîtres sont pathétiques : « Travaillez donc les vers latins ! s'exclame l'un d'eux. C'est une corde d'avenir que [dans le cas contraire] vous cassez ! » Cependant, à force de « cravacher » leurs ouailles, ces messieurs les poussent à bout. A la fin du mois de juin 1837, les meilleurs élèves de l'établissement supplient le proviseur de leur épargner la contrainte des « veillées ». Indigné de cette requête à quelques semaines du concours, M. Pierrot les prive tous de sortie. Charles encaisse le coup avec résignation. « C'est pour moi, écrit-il à sa mère, une nouvelle raison de travailler, et en tout si je peux, pour éviter toute contrariété avec le proviseur ; car il a été furieux de cette demande. Il a crié avec une voix tonnante que cette maudite classe qui depuis la sixième faisait sa désolation ne lui ferait jamais honneur au concours. Enfin nous attendrons peut-être longtemps qu'il nous permette de sortir [...]. Ainsi me voilà empêché de le [le colonel Aupick] voir Dieu sait jusqu'à quand pour ce M. Pierrot qui trouve étrange qu'on veuille dormir une heure de plus au lieu de songer à lui donner des nominations au concours. Adieu, je vais travailler beaucoup pour tâcher d'oublier que mes sorties me sont ôtées[1]. »

Son assiduité est récompensée en fin d'année, car il est couronné à quatre reprises, obtenant, entre autres, un premier prix de vers latins et un deuxième prix de thème latin. De même, il se distingue au concours général : deuxième prix de vers latins et deuxième accessit de version latine. M. Pierrot et M. Chardin pavoisent. Charles écrit à sa mère : « J'ai le deuxième prix de vers au concours et, par

---

1. Lettre de la fin juin 1837.

conséquent, [suis] réconcilié avec proviseur et censeur. Dis-le à papa et embrasse-le[1]. »

Ah ! le délicieux enfant ! Comme il aime ses parents et comme il s'applique à les satisfaire par ses notes ! En octobre 1837, dès son entrée en classe de rhétorique, il est premier. Pour célébrer l'événement, son beau-père lui propose une promenade à cheval, « du côté du chemin de fer ». Médiocre cavalier, Charles fait une chute et se relève avec une forte contusion au genou. Un chirurgien et un médecin l'ayant examiné exigent qu'il garde le lit à l'infirmerie. Il y restera, gémissant et grognant, pendant un mois et demi. « Ces deux vieux imbéciles ont trouvé que j'avais au genou une hydropisie aqueuse, et, pour cela, il s'agit de compresses humectées d'eau minérale [...]. Me voilà de nouveau au lit, emprisonné, à la merci de deux bourreaux que je voudrais étrangler[2]. »

Bien que séparé de ses camarades, il étudie ses livres de classe, fait les compositions, se plonge dans l'*Histoire de France* du président Hénault ou *Le Dernier Jour d'un condamné* de Victor Hugo. Sa mère vient le voir régulièrement. Chacune de ses visites est pour lui une fête. Son beau-père aussi, bien que très occupé, se rend parfois à son chevet. « Remercie bien papa pour la visite qu'il m'a faite, écrit Charles à sa mère ; elle m'a fait un plaisir infini ; ses visites ne sont pas fréquentes ; mais plus les choses sont rares et plus elles sont précieuses. Je l'aime bien, ce père ; il ne faut pas oublier de lui dire ma place [deuxième en version latine]. Ma jambe va mieux[3]. » Une autre personne dont il apprécie les brèves apparitions à l'infirmerie est un de ses professeurs, M. Rinn. Ce pédagogue a sur ses collègues l'avantage de s'intéresser à la

---
1. Lettre de la mi-août 1837.
2. Lettre à sa mère du 7 novembre 1837.
3. Lettre du 5 décembre 1837.

littérature moderne. Il discute volontiers avec le garçon des auteurs à la mode et le conseille dans ses lectures. Mais Charles est tellement entraîné à écrire des vers en latin qu'il se demande s'il existe un autre mode d'expression digne qu'on s'y applique.

Enfin, le 16 décembre 1837, il est autorisé à quitter l'infirmerie. Aussitôt, il en avertit sa mère : « Grande joie ! pour moi et pour toi. Je rentre dans la classe lundi matin. Le médecin l'a dit [...]. Ah ! je t'assure que j'ai besoin de te voir, de voir papa, un jour entier ; j'ai besoin de rentrer dans la vie. Je suis heureux, content, fou [...]. Adieu, amour, réjouis-toi avec papa de ces bonnes nouvelles [1]. »

Son long repos forcé lui a redonné du cœur à l'ouvrage. Premier en dessin, premier en discours latin. Cependant, il craint l'avenir qui l'attend, parce qu'il manque de persévérance dans tous les domaines. « Plus je vois approcher le moment de sortir du collège et d'entrer dans la vie, plus je m'effraie, avoue-t-il à Alphonse ; car alors il faudra travailler, et sérieusement ; et c'est une chose effrayante à penser [2]. » Punitions, privations de sortie jalonnent, comme d'habitude, son parcours scolaire. Même M. Rinn, son professeur préféré, se voit obligé de le mettre en retenue. Il est vrai que le brave homme s'excuse de sa sévérité en disant au coupable : « Je vous assure qu'il en coûte bien pour punir ses amis ! » Ému, Charles lui répond : « Avec ce mot-là, les punitions ne peuvent pas faire de peine. » Et, rapportant la scène à sa mère, il la commente ainsi : « M. Rinn est le seul maître à qui je dise de ces choses-là sans rougir. Pour un autre, je serais honteux de lui avoir dit une vile flatterie, mais on n'a jamais honte de dire ce qu'on pense aux personnes qu'on affectionne. Et c'est pour cela, quoi que tu dises, qu'on ne craint jamais

---
1. Lettre du 16 décembre 1837.
2. Lettre du 5 mars 1838.

d'embrasser sa mère devant la foule du parloir. Voici ma vie : je lis des livres que l'on me permet de prendre à la bibliothèque, je travaille, je fais des vers, mais maintenant ils sont détestables. Malgré cela, je m'ennuie. La grande raison, c'est que je ne vous vois plus. »

Cette longue lettre, Charles l'a envoyée à Barèges, où ses parents sont allés prendre les eaux. Depuis le début de leur voyage, il se sent abandonné et le bavardage de ses camarades de classe le fatigue. « J'aime mieux nos longs silences, de 6 heures à 9 heures, pendant lesquels tu travailles et papa lit », confie-t-il encore à sa mère [1]. De plus en plus, il redoute le choc avec la réalité lorsqu'il aura définitivement franchi les portes du collège : « Toutes les connaissances qu'il faudra acquérir, tout le mouvement qu'il faudra se donner pour trouver une place vide au milieu du monde, tout cela m'effraie. » Mais, ayant fait part à Caroline de ses inquiétudes, il cherche aussitôt à la rassurer : « Tu sais aussi combien j'ai de courage et comme je fais vite quand la nécessité me presse [...]. Alors qui sait si subitement je ne changerai pas pour toujours, comme je change parfois subitement pour des devoirs de collège ? [...] Mais, ma pauvre mère, si la nature ne m'a pas fait apte à te contenter, si je suis trop pauvre d'esprit pour contenter ton ambition, alors tu mourras donc avant que j'aie pu te récompenser faiblement de toutes les peines que tu t'es données [2]. » Dans la lettre suivante, le ton se hausse jusqu'aux inflexions d'une véritable déclaration d'amour : « Je m'ennuie à mourir, je t'aime plus que jamais [...]. Il me semble qu'on s'aperçoit bien mieux du prix des personnes lorsqu'elles sont absentes. Voilà le vide qui se fait, qui s'agrandit ; il est vrai que M. Émon [3] vient me voir ; mais que lui dirai-je quand tous les sujets de conversation

---

1. Lettre du 10 juin 1838.
2. Lettre du 27 juin 1838.
3. Un ami du colonel Aupick.

que je puis avoir avec lui seront épuisés ? Tandis que toi, nous n'avons qu'à parler, toi du travail, moi, combien je t'aime, et nous sommes charmés l'un de l'autre [...]. Ma bonne mère, si tu savais combien je veux jouir de toi, et te rendre heureuse avant que tu ne meures [1] ! »

Le seul événement qui marque ces journées grisâtres est une visite des élèves du collège au château de Versailles, avec déambulation en groupe dans le parc, dans les salles d'apparat, dans la chapelle, dans le théâtre, dîner dans une pièce basse et courte apparition du roi qui salue ses jeunes sujets par quelques mots bienveillants. « Partout, sur notre route, écrit Charles à son beau-père, les passants s'arrêtaient pour voir défiler les *cent* voitures de louage. » Il poursuit en donnant son avis, dédaigneux, sur les tableaux aperçus dans les galeries. Seules les toiles de Vernet, de Scheffer, de Regnault et *La Bataille de Taillebourg* de Delacroix trouvent grâce à ses yeux. « Tous les tableaux du temps de l'Empire, qu'on dit fort beaux, paraissent souvent si réguliers, si froids ; leurs personnages sont souvent échelonnés comme des arbres ou des figurants d'opéra, juge-t-il. Je parle peut-être à tort et à travers ; mais je ne rends compte que de mes impressions. » Sans doute a-t-il demandé, à ce sujet, l'opinion de M. Rinn, son professeur et son confident. Ils parlent souvent entre eux d'art et de littérature : « Comme il a vu que j'aimais beaucoup les auteurs modernes, il m'a dit qu'il serait satisfait s'il pouvait un jour analyser longuement avec moi un ouvrage moderne, m'en faire sentir le bon et le faux [...]. M. Rinn pour moi est un oracle [2]. »

Plus chaleureuse et plus intime est la lettre que Charles adresse, deux semaines plus tard, à sa mère pour lui dépeindre son désarroi, tout en la suppliant de ne pas abré-

---

1. Lettre du 2 juillet 1838.
2. Lettre du 17 juillet 1838.

ger, à cause de lui, son séjour à Barèges. « D'abord, je suis de mauvaise humeur contre moi : menacé de n'avoir pas de succès ; je t'avoue que mon amour-propre est cruellement vexé ; j'ai beau faire le philosophe, me dire que les succès de collège ne sont rien, qu'ils ne prouvent que très peu de choses, etc., il n'en est pas moins vrai qu'ils causent un grand plaisir. Ainsi, je m'ennuie moi-même, les autres m'ennuient encore plus. » Sa seule consolation est, dit-il, la lecture. Mais quel déchet parmi ces livres que les journaux portent aux nues ! « Tout cela est faux, exagéré, extravagant, boursouflé. C'est surtout à Eugène Sue que j'en veux. Je n'ai lu de lui qu'un livre, il m'a ennuyé à mourir. Je suis dégoûté de tout cela ; il n'y a que les drames, les poésies de Victor Hugo et un livre de Sainte-Beuve (*Volupté*) qui m'aient amusé. Je suis complètement dégoûté de la littérature ; et c'est qu'en vérité, depuis que je sais lire, je n'ai pas encore trouvé un ouvrage qui me plût entièrement, que je pusse aimer d'un bout à l'autre ; aussi je ne lis plus. Je suis bourré ; je ne parle plus ; je pense à toi ; au moins toi tu es un livre perpétuel ; on cause avec toi ; on s'occupe à t'aimer ; on n'est pas rassasié comme on l'est des autres plaisirs. Ma foi, c'est peut-être un bonheur que nous ayons été séparés ; j'ai appris à me dégoûter de la littérature moderne ; j'ai appris plus que jamais à aimer maman parce que je sentais qu'elle était absente : aussi tu verras à ton retour ; comblée de baisers, de soins, de prévenances, bien que tu saches que je t'aime, tu seras encore étonnée que je t'aime tant. Adieu — à qui s'aimera le plus [1]. »

Cette année-là, bien que n'ayant rien obtenu au concours général, il peut s'enorgueillir de deux premiers prix au collège, en discours français et en vers latins, et de quel-

---

1. Lettre du 3 août 1838.

ques accessits. Il s'attendait à un désastre : c'est un demi-succès. Mais ce ne sont pas ces récompenses mineures qui le transportent de joie. Il vient d'apprendre que ses parents l'invitent à les rejoindre à Barèges. Et, pour que son bonheur soit complet, ils l'autorisent à voyager seul. « Maintenant l'impatience me brûle, écrit-il à sa mère. La malle est faite ; je ne sais combien je resterai de temps en voyage ; mais à coup sûr ce sera toujours trop long. Bien loin de m'effrayer parce que je fais un voyage tout seul, j'en suis content, heureux : me voilà obligé de faire l'homme, de me surveiller ; d'écrire ma dépense, de voir les curiosités, monter les côtes, me promener à Toulouse, j'ai toutes les peines du monde à ne pas crier partout que je suis content. » Pour affirmer son indépendance, il indique déjà à sa mère que, si le général Durrieu, un ami de la famille, est absent de Toulouse, il compte coucher à l'auberge : « J'aime bien mieux cela que coucher dans une maison que je connais, et où il me faudra causer et faire l'aimable [...]. Adieu, chère maman ; je vais vous arriver dans quelques jours avec de l'expérience, couvert de poussière et fou de joie. Embrasse bien papa pour moi, c'est pour le coup qu'il faut l'embrasser[1]. » Cette lettre, si naïve dans son enthousiasme, est celle d'un enfant parfaitement normal, sans arrière-pensées, sans secrets, sans problèmes affectifs, aimant sa mère, son beau-père, soucieux avant tout de gagner leur estime et, comme tous les garçons de son âge, avide d'oublier ses études dans le grand chambardement des vacances.

A Barèges, pendant quinze jours, Charles se promène à cheval avec ses parents. Il les accompagne ensuite à Bagnères, « au bout de la vallée de Campan ». « Bagnères est un lieu de délices : le plus beau pays de France[2] »,

---
1. Lettre du 23 août 1838.
2. Lettre à Alphonse du 23 octobre 1838.

juge-t-il. Puis on pousse jusqu'à Tarbes, Auch, Agen, Bordeaux, Royan, « où maman a beaucoup souffert du mal de mer », Rochefort, « où l'on ne voit rien le dimanche », La Rochelle, Nantes, « où il y a un musée magnifique » ; enfin, ce sont les bords de Loire, qui « ne méritent guère leur réputation[1] ». Le retour à Paris se fait par Blois et Orléans.

A la mi-octobre, la tête encore vibrante d'un torrent d'images où se mêlent les paysages, les musées, les châteaux, les cathédrales, les rives des fleuves et les cimes neigeuses des Pyrénées, Charles, âgé de dix-sept ans, entre en classe de philosophie au collège Louis-le-Grand. Le souvenir de son émerveillement devant le lac d'Escoubous, au-dessus de Barèges, lui inspire une poésie aux accents lamartiniens :

Tout là-haut, tout là-haut, loin de la route sûre,
Des fermes, des vallons, par-delà les coteaux,
Par-delà les forêts, les tapis de verdure,
Loin des derniers gazons foulés par les troupeaux,

On rencontre un lac sombre, encaissé dans l'abîme
Que forment quelques pics désolés et neigeux ;
L'eau, nuit et jour, y dort dans un repos sublime,
Et n'interrompt jamais son silence orageux[2].

En écrivant ces alexandrins laborieux, Charles a le sentiment bizarre d'avoir découvert une source en plein désert. Là où il n'y avait rien que des livres de classe, des notes de composition, des discours latins, une nouvelle raison de vivre lui est donnée. Il était un jeune homme comme les autres, préoccupé de ses résultats scolaires, et

---

1. Ibid.
2. Incompatibilité (« Poésies de jeunesse »).

voici qu'il emboîte le pas à ceux pour qui le besoin de chanter est plus important que celui de manger et de boire. A-t-il osé montrer ces premiers essais de plume à sa mère ? Peut-être. A son beau-père ? C'est peu probable. Vis-à-vis du colonel Aupick, il veut conserver son apparence d'élève consciencieux. Pour Caroline, c'est différent : son premier mari, François Baudelaire, se plaisait, dit-on, à rimer. Elle peut donc comprendre son fils. Sans doute le raisonne-t-elle doucement. Griffonner des vers, pourquoi pas ? Mais par amusement. Sans plus. Il ne faut pas qu'il se laisse aller à ce penchant futile pour les belles lettres. Quelle que soit la carrière choisie, on ne réussit jamais en agitant des grelots. C'est par le travail et le sérieux qu'un homme triomphe des difficultés de l'existence, non par le rêve. Le colonel Aupick en est la preuve. Que Charles prenne exemple sur lui et il avancera d'un pas ferme sur la route des honneurs !

V

ADOLESCENCE

En abordant la classe de philosophie, tout adolescent éprouve l'impression grisante de quitter les plats rivages de l'enseignement scolaire pour s'embarquer sur la mer déchaînée des grands sentiments et des grands problèmes. L'océan des passions, le secret de la vie, la signification de la mort, la jonction du corps et de l'âme, Dieu, la nature, la morale, la justice, autant de questions qui enfièvrent subitement les jeunes cerveaux. D'avance, Charles déguste les découvertes qui l'attendent. « Je suis maintenant en philosophie, annonce-t-il à Alphonse ; classe terrible où j'ai eu bien de la peine à passer. Le proviseur voulait encore me faire redoubler. J'ai échappé[1]. »

Tous ses professeurs lui plaisent. Et particulièrement celui de philosophie, Valette, qui pourtant le considère comme un élève « moyen » et note à son sujet, le 1er mars 1839 : « Baudelaire ne soigne pas assez ses rédactions, beaucoup d'idées, peu d'ordre. » De son côté, le maître d'études, Achille Carrère, remarque : « Baudelaire a repris depuis quelques jours ses allures pleines de bizarrerie. J'ai été obligé de lui imposer plusieurs punitions fort sévères. Il est fâcheux que cet élève, après avoir suivi la bonne voie depuis le commencement de l'année, s'amuse à donner un mauvais exemple. »

En vérité, Charles ne mord que du bout des dents à la philosophie. L'exposé des théories des grands maîtres de la pensée, depuis l'Antiquité jusqu'aux Temps modernes, lui paraît un verbiage fastidieux. Il s'intéresse davantage aux romans, aux drames, aux recueils de poésies que son ami Émile Deschanel, qui a la chance d'être externe, lui apporte du dehors. A lire Lamartine, Hugo, Musset, Vigny, Sainte-Beuve, il se sent en famille. Être comme eux. Vivre dans le bruissement des mots. Livrer au monde les battements de son cœur. En classe, il gribouille des vers au lieu d'écouter le professeur et fait passer ses billets, subrepticement, de main en main, jusqu'à Deschanel. Dans ces poèmes improvisés, il raconte volontiers ses émois devant une jeune fille, presque une enfant, rencontrée sans doute pendant sa période lyonnaise :

N'est-ce pas qu'il est doux, maintenant que nous sommes
Fatigués et flétris comme les autres hommes,

---

[1]. Lettre du 23 octobre 1838.

De regarder parfois à l'Orient lointain
Si nous voyons encor les rougeurs du matin [...].
Il aimait à la voir, avec ses jupes blanches,
Courir tout au travers du feuillage et des branches,
Gauche et pleine de grâce, alors qu'elle cachait
Sa jambe, si la robe aux buissons s'accrochait. [...]
Mais, plus tard, à Paris lorsqu'il revint enfin,
Riche, elle demeurait au faubourg Saint-Germain [...].
Maintenant, sans rougir, il l'appelle Madame,
Trouve cela tout simple, et n'a plus rien dans l'âme[1].

Ainsi le poète débutant, « fatigué et flétri » avant l'âge, se rafraîchit le cœur au souvenir d'une idylle enfantine et conclut avec cynisme que l'objet de sa passion, devenu une épouse respectable et adulée, ne lui inspire plus que de l'indifférence. Sans avoir vécu, Charles se veut froid, ironique et amer. Cette attitude, il l'adopte d'instinct, comme un costume qu'on choisirait sur un coup de tête. Pourtant, sous le déguisement romantique, le gamin indiscipliné remue encore. « Quant à moi, écrit-il à Alphonse pendant les vacances de Noël, je désire par-dessus tout faire une bonne année de philosophie, tant j'ai peur de la redoubler, parce qu'on me trouve bien jeune à la maison. Il paraît que je n'ai pas du tout l'air d'un philosophe, il n'a tenu qu'à un fil que je redoublasse ma rhétorique ; j'ai beau prendre un air grave, mon père et ma mère s'obstinent à me trouver un enfant [...]. Pour commencer mon apprentissage de gravité, je vais aller pour la première fois à la Chambre des députés[2]. »

Bientôt, Charles se persuade qu'il est incapable de suivre le train de la classe. Il lui faut un répétiteur, lequel l'aiderait à pénétrer plus avant dans la connaissance des

---

1. Voir les « Poésies de jeunesse ».
2. Lettre du 31 décembre 1838.

matières qui l'intéressent. Son beau-père lui a promis des leçons d'armes, de manège. Il n'en a que faire. Pourquoi ne pas lui offrir, à la place, la compagnie d'un homme jeune et savant qui le guiderait dans ses études ? « Ce que je demanderais à mon répétiteur, écrit-il au colonel Aupick, ce serait un surcroît de philosophie, ce serait ce qui ne se fait pas en classe, savoir la *religion* dont l'étude n'entre pas dans le programme de l'Université, et l'esthétique ou la philosophie des arts que notre professeur à coup sûr n'aura pas le temps de nous faire voir. Ce que je lui demanderais aussi, ce serait du grec, oui, de m'apprendre le grec que je ne sais pas du tout, comme tous ceux qui l'apprennent au collège, et que j'aurai tant de peine à apprendre tout seul, quand je serai accablé de bien d'autres choses. Tu sais que je me suis pris de goût pour les langues anciennes, et le grec m'inspire une grande curiosité [...]. L'étude du grec facilitera peut-être celle de l'allemand. Je crois qu'un répétiteur coûte 30 francs par mois [...]. Une demi-heure par jour ou une heure tous les deux jours. Je choisirais un jeune maître fort distingué, sorti récemment de l'École normale et connu à Louis-le-Grand, M. Lasègue. S'il ne pouvait me donner ses leçons, j'aimerais mieux me passer d'un répétiteur. Ce n'est pas là un vain caprice. J'ai tant de fois changé, ou laissé de côté de fort beaux projets, que je crains toujours qu'on ne se défie de moi [...]. Dernièrement, je me suis examiné, et je me suis demandé ce que je savais — un assez grand nombre de choses sur tous les sujets, mais vagues, brouillées, sans ordre, se nuisant mutuellement — rien de clair, de net, de systématisé — ce qui revient à dire que je ne sais rien — et pourtant je vais entrer dans la vie — il me faut un bagage quelconque de connaissances bien arrêtées. Que puis-je désirer de mieux pour le moment que l'étude d'une langue qui me permettra de lire dans les originaux des livres fort utiles ? et que l'étude de la plus belle partie de la philosophie, de la religion ? [...] Je t'embrasse bien, comme je voudrais t'embrasser quelquefois au parloir du collège[1]. »

Cette supplique, malgré son éloquence, ne semble pas avoir convaincu le colonel Aupick. Il soupçonne son beau-fils de ne souhaiter l'assistance d'un répétiteur que pour le plaisir de bavarder, à heure fixe, avec un homme jeune et instruit, sur des sujets aussi oiseux que l'art, la science des âmes et les subtilités de la langue grecque.

Pendant près de deux mois, il n'est plus question de leçons particulières. Et soudain la bombe éclate. Le 18 avril 1839, le colonel Aupick reçoit du proviseur de Louis-le-Grand la lettre suivante : « Monsieur, ce matin M. votre fils, sommé par le Sous-Directeur de remettre un billet qu'un de ses camarades venait de lui glisser, refusa de le donner, le mit en morceaux et l'avala. Mandé chez moi, il me déclare qu'il aime mieux toute punition que de livrer le secret de son camarade, et pressé de s'expliquer, dans l'intérêt même de cet ami qu'il laisse exposé aux soupçons les plus fâcheux, il me répond par des ricanements dont je ne dois pas souffrir l'impertinence. Je vous renvoie donc ce jeune homme, qui était doué de moyens assez remarquables, mais qui a tout gâté par un très mauvais esprit, dont le bon ordre du collège a eu plus d'une fois à souffrir. Veuillez agréer, Monsieur, avec l'expression de mes regrets, l'assurance de mes sentiments les plus respectueux et les plus distingués. Le Proviseur, J. Pierrot. »

Reconduit chez lui dans l'après-midi même, Charles doit affronter la colère du colonel Aupick et les larmes de sa mère. Certes, il est consterné d'avoir été chassé du collège comme une brebis galeuse. Cependant, pressé de

---

1. Lettre du 26 février 1839.

questions, il refuse, là encore, de révéler le sens du billet qu'il a ingurgité. S'agissait-il d'une allusion à une histoire de mœurs collégienne, ou d'une plaisanterie féroce contre un professeur, ou de quelques vers sentimentaux qui, lus à haute voix par le pion, auraient risqué de déclencher les rires de la classe ? Toujours est-il que le coupable, bien que reconnaissant son insolence, ne voit pas comment il aurait pu agir autrement. Quand on détient un secret, tous les moyens sont bons pour en empêcher la divulgation. Il faut savoir souffrir pour interdire aux autres de fourrer leur nez dans vos affaires. A la fois honteux et révolté, penaud et fier, Charles écoute les admonestations de ses parents et, sur leur conseil, écrit au proviseur : « Monsieur, je suis rentré dans ma famille ; quand j'ai vu la peine de ma mère, j'ai compris tout mon malheur et surtout le sien ; aussi je viens essayer de réparer ma faute ; si cela est possible. J'ai refusé de livrer un papier qui aurait fait punir un camarade, un papier à peu près insignifiant, vous le savez ; quelque exagéré que cela vous parût, vous me l'auriez pardonné sans doute ; mais quand vous m'avez dit que j'exposais mon camarade à des soupçons infâmes, cela m'a semblé si extraordinaire que j'ai ri et que je vous ai manqué de respect. Je vous en fais mes excuses, sincères, aussi profondes, aussi complètes que vous le désirerez [...]. Si, par mes prières, je puis obtenir de vous de rentrer dans le collège, je me soumets entièrement à votre volonté et j'accepte toutes les punitions qu'il vous plaira de m'infliger. Comme il se peut que cet événement m'ait perdu dans votre esprit, ce n'est pas à ma considération que je demande ma grâce, mais pour ma mère qui est si affligée de voir ma carrière entachée au commencement[1]. »

---

1. Lettre du 18 avril 1839.

Cette lettre a-t-elle été envoyée au proviseur ? Comme on l'a retrouvée intacte dans les papiers de la famille Aupick, il est probable que le colonel l'a simplement montrée au terrible M. Pierrot lors de la visite qu'il lui a faite pour régler le différend à l'amiable. Les deux hommes décident que Charles quittera le collège Louis-le-Grand, où il est jugé indésirable, et entrera, en qualité d'externe, au collège Saint-Louis. Selon son souhait, il prendra des leçons particulières avec Charles Lasègue. Les parents de son répétiteur acceptent de le loger chez eux, au 24 de la rue du Vieux-Colombier. Il est convenu qu'il se rendra, pour ses repas, dans une pension voisine, tenue par Mlle Céleste Théot, 1, rue du Pot-au-Fer-Saint-Sulpice[1]. Mais il se prélasse encore en famille lorsque, le 12 mai 1839, éclate l'insurrection fomentée par Barbès et Blanqui. Des coups de feu claquent de tous côtés. La troupe intervient. « Pendant ces jours de troubles, écrit Charles à Alphonse, maman a été dans une horrible inquiétude ; j'avais toutes les peines du monde à lui faire voir les choses moins en noir [...]. Papa est sorti à cheval avec l'état-major et le général [Pajol[2]] et puis il n'est pas rentré tant qu'il y a eu quelque bruit ; il a dormi au Carrousel[3]. » La révolte s'épuise vite. Après la prise de l'Hôtel de Ville, où Barbès lit une proclamation incendiaire, les rebelles sont dispersés, arrêtés, et la vie à Paris reprend son cours normal.

Quittant la capitale pacifiée, le ménage Aupick part pour Bourbonne-les-Bains, car le colonel souffre de plus en plus de sa jambe blessée, vingt-quatre ans plus tôt, à la bataille de Ligny[4]. Aussitôt, malgré la gentillesse de

---

1. Emplacement de l'actuelle rue Bonaparte.
2. Le général Pajol commandait la Ire division militaire.
3. Poste de garde du château des Tuileries.
4. Une balle s'était logée dans l'os crural d'Aupick, au-dessus de son genou gauche. Longtemps après, elle s'en était détachée, provoquant une plaie que la carie de l'os lui-même entretenait douloureusement.

M. Lasègue, son répétiteur, et de Mlle Théot, sa restauratrice, la solitude étreint le cœur de Charles, telle une punition imméritée. Comme chaque fois qu'il est séparé de sa mère, il emplit ses lettres de plaintes d'enfant gâté : « Je crois que c'est toi qui me manques. Il me manque cette présence de quelqu'un à qui l'on dit toutes sortes de choses, avec qui l'on rit sans aucune gêne — enfin, quoique je sois parfaitement bien, matériellement, je vous regrette [...]. Quand on est loin de sa mère, on est mieux encore seul qu'avec des étrangers. » Parmi ces étrangers, il y a l'ineffable Mlle Céleste Théot. « Cette vieille demoiselle m'a reçu avec des baissements d'yeux, un faux air de couvent et un ton doucereux, raconte Charles à sa mère. Un camarade de Louis-le-Grand que j'ai trouvé là, à la même table, m'a mis au fait du ton de la maison, et nous nous en sommes amusés ; il m'a dit que, dans cette maison, l'idée de religion et de légitimisme était si singulièrement unies [sic] qu'il suffisait de haïr le gouvernement pour être réputé catholique [...]. Je l'ai raconté à M. Lasègue et nous en avons ri tous deux [1]. »

Pour complaire à ses parents, Charles songe un moment à se présenter au concours général en dissertation française, puis il y renonce, par lassitude, par dégoût de tous ces lauriers qui ne sont que des hochets. Cependant, s'il néglige ses études, ce n'est pas pour se consacrer à des plaisirs plus substantiels. Bien que le quartier où il habite regorge d'hôtels garnis et de filles publiques, il demeure farouchement chaste, ne pensant qu'à sa mère, ne souffrant que de son absence. Cela fait déjà deux mois qu'elle est partie pour Bourbonne-les-Bains. Comment peut-elle se passer de lui si longtemps ? Un mari, fût-il prestigieux, ne saurait remplacer un fils. Délaissé, dédaigné, il étouffe et clame dere-

---

1. Lettre du 10 juin 1839.

chef sa douleur à l'ingrate : « Ce ne sont pas précisément tes caresses et nos rires que je regrette, c'est je ne sais quoi qui fait que notre mère nous paraît toujours la meilleure des femmes, que ses qualités nous conviennent mieux que les qualités des autres femmes ; il y a un tel accord entre une mère et son fils ; ils vivent si bien l'un à côté de l'autre — de sorte que, ma foi, depuis que je suis chez M. Lasègue, je suis mal à mon aise. » Il trouve que, malgré leurs belles qualités, les Lasègue ont des « trivialités » qui le « repoussent un peu ». Il règne dans leur maison « une gaîté perpétuelle » de mauvais aloi. Par moments, il se demande s'il ne préférait pas encore le collège : « Au collège, je m'occupais peu de la classe, mais enfin je m'occupais. Quand j'ai été renvoyé, cela m'a secoué, je me suis encore un peu occupé chez toi — maintenant, *rien, rien* et ce n'est pas une indolence agréable, poétique, non pas ; c'est une indolence maussade et niaise [...]. Au collège, je travaillais de temps en temps, je lisais, je pleurais, je me mettais quelquefois en colère ; mais au moins je vivais — maintenant point — aussi bas qu'on peut l'être — des défauts à foison, et ce ne sont plus des défauts agréables. Si au moins cette vue pénible me poussait à changer violemment — mais non, de cet esprit d'activité qui me poussait tantôt vers le bon, tantôt vers le mauvais, il ne reste rien, rien qu'indolence, maussaderie, ennui. »

Pour s'évader de cet état d'incertitude et de paresse, une seule issue : le baccalauréat. « Je vais, et j'ai déjà commencé, faire tout mon possible pour revoir toutes les matières en quinze jours et être prêt pour les premiers jours d'août [...]. Dans mes tristesses, je suis content de sentir l'amour de ma bonne mère se développer en moi ; c'est toujours ça[1]. »

---

1. Lettre du 16 juillet 1839.

Le 12 août 1839, Charles, qui s'est présenté, sans grand espoir, aux épreuves du baccalauréat, est reçu de justesse. A ses amis, il affirme en riant qu'il doit cette faveur à la recommandation de Mlle Céleste Théot, qui a l'oreille de l'un des examinateurs. Le lendemain de ce jour faste, *Le Moniteur* publie une ordonnance, datée de la veille, qui nomme Aupick maréchal de camp, autrement dit général de brigade. Double succès, en ce 12 août, pour la famille. Caroline pleure de joie. Dans son émotion d'épouse et de mère, elle ne sait plus si c'est son fils ou son mari qui est monté en grade. Charles écrit aussitôt à son beau-père : « Je viens de voir une bonne nouvelle et j'en ai une bonne à t'annoncer. J'ai lu ce matin ta nomination dans *Le Moniteur*, et je suis bachelier depuis hier soir à 4 heures. Mon examen a été assez médiocre, excepté le latin et le grec — fort bien —, c'est ce qui m'a sauvé. Je suis bien heureux de ta nomination — de fils à père, ce ne sont pas des félicitations banales comme toutes celles que tu recevras. Moi je suis heureux, parce que je t'ai vu assez souvent pour savoir combien cela t'était dû[1]. »

Il espère que, stimulés par ces consécrations simultanées, l'une militaire, l'autre scolaire, ses parents reviendront en toute hâte à Paris. Mais ils prolongent leur séjour à Bourbonne-les-Bains, et il s'en désole. Leur présence lui semble indispensable à l'équilibre de son esprit et à la justesse de ses décisions. Irrégulier dans son travail, incertain dans ses projets, enclin à des extravagances qui déroutent son entourage, il doute s'il doit se réjouir d'avoir terminé le cycle de ses études secondaires. Il était au collège comme dans une prison, soumis à un règlement strict, entouré de gardes-chiourme aimables, nourri, logé, enseigné, puni, récompensé, tel n'importe lequel de ses camarades. Il étudiait non par goût, mais pour faire plaisir à ses

---
1. Lettre du 13 août 1839.

parents. Son avenir ne le préoccupait que d'une façon théorique. A présent que les portes de la geôle se sont ouvertes, il est terrifié par l'espace infini qui s'étend devant lui. Où aller ? Que faire ? Il tremble, se hérisse et, comme un enfant qui a peur dans le noir, souhaite que son père et sa mère le prennent vite par la main pour l'aider à franchir le seuil fatidique. Enfin, le 23 août 1839, il peut écrire à Alphonse : « Ma mère va revenir de Bourbonne-les-Bains, dans quelques jours, et mon père, un peu plus tard. » Il n'est plus seul au monde. Il respire.

VI

LA VOCATION

Comme toute famille de bon rang, celle de Charles souhaiterait pour lui une carrière digne, paisible et lucrative. Son beau-père le presse de choisir la diplomatie ou l'armée. Sa mère l'imagine avec ravissement attaché d'ambassade. Tous deux l'assurent qu'avec leurs relations il pourra gravir les échelons de la hiérarchie. Mais Charles, qui décidément n'a pas une once de raison, répète qu'il voudrait devenir écrivain. Ses parents ont beau lui expliquer qu'il ne s'agit pas là d'un véritable métier, que les gens de plume sont, sauf de rares exceptions, des traîne-savates et des songe-creux, il s'obstine. Consulté à son tour, Alphonse suggère, en zélé serviteur de la Justice, que Charles s'inscrive à l'École de droit. Cette option lui permettrait, dit-il, de ne pas trop contrarier ses goûts littéraires et le préparerait à différentes fonctions, soit dans l'administration publique, soit dans la magistrature, soit dans le notariat, soit au barreau, soit même dans la politique.

Les arguments des uns et des autres finissent par ébranler les convictions de Charles. De guerre lasse, il accepte la solution préconisée par Alphonse. Il s'est rapproché de son demi-frère durant l'absence de ses parents, au point de lui confier un secret intime qui le tourmente. En couchant avec une petite prostituée juive, Sarah, dite « Louchette » à cause de ses yeux bigles, il a contracté une blennorragie et ne sait comment la soigner. Magnanime, Alphonse le met en rapport avec un conseiller municipal de Fontainebleau, Denis-Alexandre Guérin, propriétaire d'une pharmacie à Paris, rue de la Monnaie, et inventeur d'une drogue, l'« opiat balsamique contre les maladies récentes et invétérées », tout à fait indiquée dans le cas de Charles. Le traitement commence aussitôt.

Charles n'en veut pas à Louchette de l'avoir contaminé. A-t-elle été son initiatrice ou l'a-t-il approchée — ce qui est plus probable — après quelques expériences sans lendemain ? Toujours est-il qu'il se souviendra d'elle, avec une rage fervente, dans un de ses premiers poèmes :

> *Je n'ai pas pour maîtresse une lionne illustre ;*
> *La Gueuse de mon âme emprunte tout son lustre,*
> *Invisible aux regards de l'univers moqueur,*
> *Sa beauté ne fleurit que dans mon triste cœur* — [...]
>
> *Elle louche, et l'effet de ce regard étrange,*
> *Qu'ombragent des cils noirs plus longs que ceux*
>   [*d'un ange,*
> *Est tel que tous les yeux pour qui l'on s'est damné*
> *Ne valent pas pour moi son œil juif et cerné.*
>
> *Elle n'a que vingt ans ; sa gorge — déjà basse —*
> *Pend de chaque côté comme une calebasse,*
> *Et pourtant me traînant chaque nuit sur son corps,*
> *Ainsi qu'un nouveau-né, je la tète et la mords* [...][1].

---

1. Dans les « Poésies de jeunesse ».

Il l'évoquera plus tard dans *Les Fleurs du Mal* :

Une nuit que j'étais près d'une affreuse Juive,
Comme au long d'un cadavre un cadavre étendu [...][1].

Et c'est elle encore qui lui inspirera ce cri :

Tu mettrais l'univers entier dans ta ruelle,
Femme impure ! L'ennui rend ton âme cruelle[2].

Qu'est-ce donc qui le séduit dans cette fille disgraciée et malade ? Eh bien, justement, sa laideur, son délabrement, sa malchance, son vice ! Jusqu'à sa découverte de l'amour physique, il n'y avait pour lui qu'une femme au monde : sa mère. C'est pour ne pas la trahir qu'il choisit comme partenaires de ses ébats les créatures qui lui paraissent le plus éloignées de l'idéal qu'elle a toujours représenté pour lui. En faisant l'amour avec une Louchette, il est sûr que l'image de sa mère ne viendra pas troubler son plaisir. Son refus de la beauté, de la grâce dans les rencontres charnelles le prémunit, lui semble-t-il, contre le remords. Et puis, il y a une griserie subtile dans l'avilissement. En associant la hideur à la volupté, on jouit doublement, d'abord parce qu'on se singularise, ensuite parce qu'on insulte les sacro-saints canons de la perfection esthétique. Chevaucher une fille qui est un épouvantail pour les autres hommes procure au bénéficiaire de ses faveurs une satisfaction d'orgueil sombre et ricanant, laquelle n'a pas de prix. Peu importe s'il faut payer cette extase d'une blennorragie.

---

1. *Les Fleurs du Mal*, XXXII.
2. *Ibid.*, XXV.

Celle de Charles suit son cours et il informe Alphonse de l'effet des drogues qui lui ont été recommandées : « Je n'ai plus de courbatures, presque plus de maux de tête, je dors beaucoup mieux, mais j'ai des digestions détestables et un petit écoulement continuel sans aucune douleur ; avec cela un teint magnifique, ce qui fait que personne ne se doute de la chose [1]. » Comme il ne peut être question de mettre les parents dans la confidence de cette mésaventure, Alphonse demande à l'obligeant pharmacien (et conseiller municipal) Guérin d'avancer, de sa part, un peu d'argent à Charles pour l'achat de médicaments et pour les menus frais de la vie courante. Charles en remercie son demi-frère et, dans la même lettre, prend de fermes résolutions pour l'avenir : « Je m'ennuie tellement que je vais me mettre à travailler. [...] Je veux être indépendant le plus tôt possible, c'est-à-dire dépenser *mon* argent, celui que les hommes m'auront donné en retour d'un plaisir ou d'un service que je leur aurai procuré ; et j'y veux parvenir par quelque moyen que ce soit. En attendant, puisque c'est ton argent que je dépense, reçois bien mes remerciements [...]. Je vais plonger dans la science, maintenant ; je vais tout reprendre, *droit, histoire, mathématiques, littérature*. Je vais oublier dans Virgile toutes les mesquineries et les saletés de ce monde. »

En réalité, il n'a nulle intention d'approfondir ses connaissances en droit, histoire et mathématiques. Seule la littérature l'attire jusqu'au vertige. Il lit, il rime, il rêve d'égaler les plus grands. Ayant assisté à une représentation de *Marion de Lorme*, il saute sur sa plume et écrit à Victor Hugo : « La beauté de ce drame m'a tellement enchanté et m'a rendu si heureux que je désire vivement connaître l'auteur et le remercier de près. Je suis encore un écolier

---

1. Lettre du 20 novembre 1839.

et je commets peut-être une impertinence sans exemple ; mais j'ignore tout à fait les convenances de ce monde et j'ai pensé que cela vous rendrait indulgent à mon égard. Les éloges et les remerciements d'un étudiant doivent peu vous toucher, après ceux que vous ont prodigués tant d'hommes de goût [...]. Pourtant, si vous saviez combien notre amour, à nous autres jeunes gens, est sincère et vrai — il me semble (peut-être est-ce bien de l'orgueil) que je comprends tous vos ouvrages. Je vous aime comme j'aime vos livres [...]. J'imagine qu'auprès de vous, Monsieur, j'apprendrais une foule de choses bonnes et grandes [...]. Puisque vous avez été jeune, vous devez comprendre cet amour que nous donne un livre pour son auteur, et ce besoin qui nous prend de le remercier de vive voix et de lui baiser humblement les mains ; à dix-neuf ans, eussiez-vous hésité à en écrire autant à un écrivain dont votre âme eût été éprise, à M. de Chateaubriand par exemple ? Tout cela n'est pas assez bien dit, et je pense mieux que ma lettre ; mais j'espère qu'ayant été jeune comme nous, vous devinerez tout le reste, qu'une démarche si nouvelle, si inusitée ne vous choquera pas trop ; et que vous daignerez m'honorer d'une réponse ; je vous avoue que je l'attends avec une impatience extrême. Que vous ayez ou non cette bonté, recevez le témoignage d'une reconnaissance éternelle. — Ch. Baudelaire[1]. »

Sans doute Victor Hugo, submergé de lettres analogues, ne prend-il pas la peine de répondre à son jeune correspondant, encore moins de le recevoir. Si ce silence afflige Charles, il n'affaiblit en rien son engouement pour l'auteur ni sa passion pour la littérature. Certes, il a consenti à entamer des études juridiques, mais ce n'est là qu'un subterfuge destiné à apaiser les inquiétudes de ses parents. Sa

---

1. Lettre du 25 février 1840.

décision à lui n'a pas varié : vivre n'importe comment, mais rechercher la perfection en poésie.

Docile en apparence, il s'inscrit à l'École de droit et s'installe à la pension Bailly et Lévêque, dite « Maison de hautes études », située 11, place de l'Estrapade. Cet établissement, de bonne renommée bourgeoise, accueille les fils de famille venus des quatre coins de la France. Le maître des lieux, Emmanuel Bailly, est l'un des imprimeurs du quotidien catholique *L'Univers*. Aussi est-il plus souvent auprès des typographes qu'auprès des élèves. L'activité désordonnée de ces derniers n'est que peu surveillée. Ils entrent et ils sortent à volonté de la « boîte Bailly » en prétextant des cours à suivre à l'extérieur. Bien que les portes soient — théoriquement — fermées à neuf heures du soir, il est facile d'obtenir une permission de minuit, dite « permission de théâtre ». Une seule interdiction formelle : pas de femme dans la maison ! Mais on se reçoit de chambre à chambre, pour souper, boire, discuter et fumer. Charles ne tarde pas à se faire des amis dans cette joyeuse compagnie : Gustave Le Vavasseur, originaire de Normandie, un blondinet rondouillard et enthousiaste, qui poursuit des études de droit tout en rimant avec frénésie ; un autre Normand, Philippe de Chennevières, lui aussi fou de littérature ; Ernest Prarond, grand gaillard « chevelu comme un Mérovingien », médiocre poète et cœur ardent ; et aussi Louis de La Genevraye, un condisciple de Louis-le-Grand, Alexandre Privat d'Anglemont, un mulâtre nonchalant mais toujours prêt à rendre service, Jules Buisson, féru de peinture, Auguste Dozon, qui rêve d'être consul dans un pays lointain et s'initie aux langues russe et roumaine en courtisant de près quelques jeunes émigrées slaves du quartier... Avec plusieurs de ses camarades, Charles fonde un petit groupe, baptisé « École normande » parce que la majorité de ses membres vient de la même province. Dans ce cénacle estudiantin, on cultive l'amitié, la curiosité pour les livres et la raillerie tous azimuts. De là fusent aussi bien des élégies que des satires. Parfois on se met à deux pour moquer en chanson tel ou tel personnage illustre. Ainsi Baudelaire et Le Vavasseur s'attaquent-ils à Casimir Delavigne sur l'air du *Roi d'Yvetot* :

> *Il est un académicien*
>   *Connu... de mon grand-père,*
> *On le prétend homme de bien,*
>   *Homme de lettres, guère [...].*
>
> *Poète du juste milieu,*
>   *Hugo lui fait la nique.*
> *Racine qu'il nomme son Dieu*
>   *Le trouve... romantique !*
> *Mais en revanche, maint ventru*
> *A son talent (sans l'avoir lu)*
>   *A cru.*
> *Oh, oh, oh, oh ! ah, ah, ah, ah !*
> *Connaissez-vous cet auteur-là ?*
>   *La la*[1].

Pour les autres pensionnaires, Charles est un garçon singulier, secret, ironique et sombre, toujours vêtu avec soin et s'exprimant dans un langage choisi. Le Vavasseur le décrira ainsi à Eugène Crépet : « Il était brun, moi blond ; de taille moyenne, moi tout petit ; maigre comme un ascète, moi gros comme un chanoine ; propre comme une hermine, moi négligé comme un caniche ; mis comme un secrétaire d'ambassade anglaise, moi comme un vendeur de contre-marques ; réservé, moi bruyant ; libertin par curiosité, moi sage par indolence ; païen par révolte, moi

---

1. *Un soutien du valet de trèfle* (« Poésies écrites en collaboration »).

chrétien par obéissance ; caustique, moi indulgent ; se tourmentant l'esprit pour se moquer de son cœur, moi laissant tous les deux trottiner comme une attelée. » De son côté, Prarond évoquera Charles descendant l'escalier de la « boîte Bailly, mince, le cou dégagé, un gilet très long, des manchettes intactes ». Cette élégance stricte et ce souci de propreté intriguent d'autant plus ses camarades que les jeunes de l'époque affectent volontiers le genre débraillé. Ce qui les étonne également, c'est qu'avec ses allures de dandy sarcastique il proclame à tout bout de champ sa préférence pour les femmes viles, sales, monstrueuses. La Louchette et ses semblables sont les reines de ses désirs et les inspiratrices de ses songes. Dans le poème qu'il placera en tête des *Fleurs du Mal* éclatera cet aveu insolent :

C'est le Diable qui tient les fils qui nous remuent !
Aux objets répugnants nous trouvons des appas[1].

Appelé à commander une brigade au camp de Fontainebleau, sous les ordres du duc d'Orléans, Aupick n'a guère le temps de s'occuper de sa famille. Charles ne met pas les pieds à l'École de droit, fréquente les filles, griffonne des vers et tourne résolument le dos à tous les projets d'avenir que ses parents ont faits pour lui. En revenant des grandes manœuvres, le général découvre avec stupeur l'oisiveté systématique et la tranquille effronterie de son beau-fils. Pressé de questions, Charles lui annonce qu'il refuse de continuer à se fatiguer les yeux sur des traités de science juridique. Pourtant, devant l'indignation de son beau-père et la consternation de sa mère, il consent à reprendre le travail et à faire un stage dans une étude d'avoué. Vaines promesses. Dès le 31 décembre 1840,

---
1. *Au lecteur.*

Charles écrit à son demi-frère, chez qui il a passé quelques jours : « Je crois que tu serais assez aise de savoir comment j'emploie mes journées à Paris. Depuis que tu m'as renvoyé ici, je n'ai vu ni l'École ni l'avoué, si bien qu'on s'est plaint que j'y allais peu. Mais j'ai remis à l'an 1841 une réforme générale de ma conduite. » Un sonnet accompagne sa lettre, avec prière de le montrer à Félicité, sa belle-sœur, dans l'espoir que cette plaisanterie la « divertira ». Les derniers vers du morceau ont dû stupéfier la prude jeune femme :

J'eus, quand j'étais enfant, ma naïve folie
— Certaine fille aussi mauvaise que jolie —
Je l'appelais mon ange. Elle avait cinq galants.

Pauvres fous ! nous avons tant soif qu'on nous caresse
Que je voudrais encor tenir quelque drôlesse
A qui dire : mon ange *— entre deux draps bien blancs*[1].

Peu de temps après, Alphonse et Félicité se rendent à Paris, en visite, et Charles saisit l'occasion pour essayer de soutirer de l'argent à son demi-frère. A l'entendre, la pension, fort confortable, que lui versent ses parents ne lui suffit pas. Les créanciers le prennent à la gorge. Au secours ! Malgré toute son affection pour ce gamin extravagant et dépensier, Alphonse refuse d'entrer dans sa logique de fou. Avant de décider quoi que ce soit, il exige que Charles dresse une liste détaillée de ses dettes. Et Charles, douché, promet de le faire.

Le 20 janvier 1841, Alphonse étant reparti avec sa femme pour Fontainebleau, il lui expédie l'état demandé. On y trouve, pêle-mêle, le tailleur, le cordonnier, le bon-

---

1. Dans les « Poésies de jeunesse ».

netier, le chemisier, des amis, un camarade qui lui a prêté de l'argent pour habiller une fille retirée d'une « maison ». La facture du tailleur est précise : « 2 habits, l'un négligé, l'autre habillé, 1 paletot ouaté, 1 robe de chambre ouatée, 4 pantalons, 3 gilets, 1 petit manteau. » « Dans tout cela, il n'y a pas un mensonge ni un chiffre chargé à dessein, affirme Charles dans sa lettre. Je serai bien aise de donner quelque argent à mon tailleur. Je le soupçonne de me négliger [...]. Si tu peux m'aider, je te prie en grâce de ne pas même le faire deviner à mes parents. Autant pour ne pas tourmenter la maman que dans mon intérêt. *Je te jure* que, sorti de cet embarras, je serai *raisonnable* dans toute l'extension de ce mot ; si tu te défies un peu de moi, je te montrerai les factures à mesure que tu me donneras de l'argent. Adieu. Je t'embrasse de tout mon cœur ainsi que ma chère sœur [Félicité] à qui tu as probablement conté tout ceci et qui doit m'en vouloir cruellement. »

On ne peut être plus humble ni plus insistant. Mais Alphonse se rebiffe. Son devoir de frère aîné est d'administrer une leçon à cet hurluberlu. Rageusement, il annote la liste des dettes : « 120 francs 3 gilets. C'est 40 francs chaque gilet. Ils ne me coûtent que de 18 à 20, à moi qui suis colossal. » Ayant fait le total, il arrive au chiffre écrasant de deux mille trois cent soixante-dix francs. Gonflé d'indignation, il écrit à Charles, le 25 janvier 1841 : « Mon cher frère, tu dois comprendre que j'ai dû être douloureusement affecté en te voyant l'autre jour et en t'entendant m'avouer que tu avais besoin d'argent, car cela seul annonçait du désordre dans ta conduite. Je te priai alors de m'écrire ta position, de déposer entre mes mains fraternelles le *bilan* général de toutes tes dettes et de m'indiquer les noms et demeures de tes créanciers, les causes des créances. Je m'attendais à recevoir une lettre d'un homme sérieux et non un chiffon de papier sur lequel on a mis de l'encre, un vrai compte d'apothicaire, digne d'être offert à un de ces parents de comédie qui payent toutes les dettes *in globo* sans examen [...]. Tu comprends que moi, ton frère aîné, je ne puis te faire de cadeau, que si j'ai quelque aisance je la dois au soin que j'ai mis à ne pas manger mon patrimoine, et que quand je ne puis gagner, par un travail assidu de 8 heures par jour, qui m'a coûté quinze années d'études, que 1 500 francs, je ne puis donner à mon frère 2 370 francs pour payer ses folies, ses maîtresses, ses sottises en un mot. » Il poursuit en s'appuyant sur l'autorité et la sagesse du général Aupick, pour qui il a « la plus profonde estime » et qui a élevé Charles « comme son fils » : « Tu es un ingrat envers lui. Tu as frappé à bien des portes pour avoir de l'argent, tout le monde t'a refusé, parce que tu ne trouveras personne, jouissant de la raison, qui veuille te prêter, et se brouiller avec un homme aussi généralement estimé que M. Aupick. » Dans la situation actuelle, Alphonse conseille à Charles de tout avouer à son beau-père. Au besoin, il se chargera lui-même de préciser au général l'étendue des dégâts, de réunir les créanciers et de les payer en empruntant sur la part d'héritage de Charles. La conclusion de la lettre bouleverse le destinataire : « Réfléchis bien sur ce que tu dois faire. Tu as déjà diminué l'affection du général pour toi, ce qui est très mal à mes yeux. Tu causes de vifs chagrins à ta mère, et tu rendras son existence à venir bien malheureuse. Quant à moi, comme je t'aime bien, je t'invite à réfléchir, à tout avouer, à rompre tes liaisons et à effacer ta conduite passée par un meilleur avenir. Réponds-moi ce que tu auras décidé. »

Au reçu de ce réquisitoire, Charles s'interroge. Tout en reconnaissant qu'il a mené jusqu'ici une existence décousue et dispendieuse, il ne peut se résoudre à affronter, une fois encore, le général Aupick. Le courant ne passe plus entre lui et son beau-père. Dès qu'il le voit dans son uniforme chamarré, il se sent fautif, vulnérable, bon à jeter aux orties. Cet homme, qu'il a sincèrement aimé et admiré dans sa prime jeunesse, lui fait peur maintenant. Le 1er février 1841, réfugié dans l'étude de l'avoué, entre des piles de dossiers aux pages calligraphiées, il répond hâtivement à Alphonse : « Tu m'as écrit une lettre dure et humiliante — *je veux payer moi-même* ce que je dois à mes connaissances. Quant aux fournisseurs, comme je ne puis pas m'en tirer tout seul, je te *supplie* d'en payer deux, deux très pressés — un chemisier, et un ancien tailleur à qui je dois encore 200 francs et qui *veut* les avoir demain mardi. J'en dois autant au chemisier. — Si tu me tires de là, je me tirerai du reste sans que père et mère le sachent. — Si tu ne m'en tires pas, j'aurai demain une rude avanie [...]. Tu appelleras encore ceci un griffonnage ; mais je n'ai pas pu faire autrement ; je suis chez l'avoué, et j'ai pris un morceau de papier au hasard [...]. Ceci est la septième lettre que je t'écris. — J'ai déchiré les six premières les unes après les autres, et j'ai enfin pris le parti de payer moi-même ce que je dois — seulement ce sera lent [...]. Je t'embrasse et je suis inquiet. »

Alphonse réplique à Charles, par retour du courrier, qu'il ne veut pas se brouiller avec Aupick en agissant à l'insu de la famille et qu'il a absolument besoin des noms et adresses des créanciers pour préparer le règlement de l'affaire : « Je me charge, écrit-il encore, de faire auprès du général l'aveu de tes sottises, de te servir de paratonnerre à sa juste colère, et puis, tes sottises avouées, de réunir tes créanciers et d'arriver avec eux à un arrangement qui permette de les payer avec le temps [1]. »

Le général ayant été nommé, le 1er mars 1841, au commandement de l'École d'application d'état-major, M. et Mme Aupick déménagent du logement qu'ils occupaient, depuis quelque temps déjà, rue Culture-Sainte-Catherine

---

1. Lettre du 3 février 1841.

pour habiter l'appartement de fonction qui leur est réservé, 136 *bis*, rue de Grenelle-Saint-Germain, en l'hôtel de Sens. Le remue-ménage de l'installation détourne un moment Aupick des soucis que lui cause la conduite déréglée de son beau-fils. Mais, dès que ses obligations militaires lui en laissent le loisir, il est repris par une saine colère paternelle. Bien qu'Alphonse, tenant parole, ne lui ait pas révélé la situation financière désespérée de Charles, il a eu vent des frasques du jeune homme par des amis bien informés, tel le député Edmond Blanc qui a ses entrées au ministère de l'Intérieur et des intelligences à la préfecture de Police. Dans sa tête de chef, il ne peut tolérer tant de légèreté, d'indiscipline et d'arrogance. Depuis quand un conscrit se permet-il de braver un général ? De prise de bec en querelle sourde, on en arrive à un éclat.

Le 19 avril 1841, Aupick écrit à Alphonse : « Mon cher Monsieur Baudelaire, le moment est arrivé où quelque chose doit être fait pour empêcher la perte absolue de votre frère. Je suis enfin au courant, ou à peu près, de sa position, de ses allures, de ses habitudes. Le péril est grand ; peut-être y a-t-il encore un remède ; mais il faut que je vous voie [...] que vous appreniez le point de démoralisation d'esprit, sans parler du physique, auquel Charles est parvenu. » Et, d'emblée, Aupick propose à son correspondant une solution raisonnable afin de soustraire Charles « au pavé glissant de Paris » : « Un long voyage sur mer, aux unes et autres Indes, dans l'espérance qu'ainsi dépaysé, arraché à ses détestables relations, et en présence de tout ce qu'il aurait à étudier, il pourrait rentrer dans le vrai, et nous revenir, poëte peut-être, mais poète ayant puisé ses inspirations à de meilleures sources que les égouts de Paris. » Selon le plan d'Aupick, il serait bon, au préalable, d'instituer un conseil judiciaire pour veiller aux intérêts du coupable. « Ma femme est bien malheureuse ! » conclut-il.

Avant même qu'une décision officielle ne soit prise, Charles en devine l'imminence et, vers le 27 avril, annonce à Alphonse qu'il se prépare à partir. Celui-ci le remercie de son « petit mot » et profite de l'occasion pour dresser le constat de l'échec moral et social de son demi-frère : « Enfant, tu étais d'un commerce charmant, jeune homme tu es devenu difficile, soupçonneux, toujours prêt à te rebeller quand on ne voulait que t'imposer un frein salutaire. Tes camarades t'ont conduit chez des femmes, et tu as cru que ces femmes, parce qu'elles avaient le tort de céder à la misère et au désir du libertinage, devaient être des modèles de la vie dans l'état de liberté. Tu t'es endetté pour soutenir, nourrir, vêtir quelque *drôlesse*, expression dont tu t'es servi et qui me paraît fort juste. Tu as changé cet enfant plein d'espérance en un jeune homme exalté. Ne vivant que pour un jour, sans songer au lendemain, brisant tous les liens de société, rompant avec les mœurs, avec les usages, tu t'es constitué en état d'hostilité avec ceux qui, te paraissant plus âgés, ne pouvaient voir ta manière de vivre du même point de vue que toi [...]. Songe combien ta mère était fière de tes succès au collège, combien tes prix dans une bibliothèque attestaient ta capacité. Tes succès du collège, tu les as méprisés, tes prix, tu les as vendus. Je voudrais à ta place rejeter loin de moi cette conduite passée, et, prenant sur moi-même, avec moi-même, dans l'intérieur de ma conscience, une détermination énergique, rejeter au loin ce passé qui t'a dégradé de ta dignité d'homme de mérite et faire valoir que, si j'ai eu quelques moments d'oubli, si j'ai été entraîné par de mauvaises gens, par des têtes sans cervelle, par des hommes sans cœur qui flétrissaient ce beau nom d'ami, je puis encore, par l'énergie de mon travail, par ma bonne conduite, par un désir sincère de devenir un homme de mérite, contenter et ma mère qui a tant souffert et le général qui t'aime comme son fils et ce frère qui guida tes premiers pas, qui, séparé longtemps de toi par la nécessité de ton éducation, te voyait grandir avec orgueil, et aurait été si heureux de te présenter à tous ceux qui le connaissent, qui l'estiment, qui l'entourent d'une amitié dont chaque jour il reçoit des marques, comme un homme supérieur par sa bonne éducation, distingué par ses bonnes manières, éminent par ses capacités. »

Dans ce pathos prétentieux et bien intentionné, une seule chose émeut Charles : l'idée que sa mère souffre par sa faute. Leurs relations ont évolué avec les années. Durant son enfance, il la voyait comme un être à la fois séduisant et immatériel, dont il était la principale raison de vivre. Même la présence d'Aupick dans la chambre conjugale ne le troublait pas outre mesure. Mais la puberté a bouleversé ce climat d'innocente adoration. Dès que Charles a été initié aux jeux de l'amour, il a découvert que sa mère, elle aussi, était une femme, aux exigences impures, et le rôle du général auprès d'elle lui a paru de plus en plus insupportable. Son refus de toute discipline a été encouragé par l'hostilité croissante qu'il éprouvait envers celui qui lui avait volé « la bien-aimée » et qui la souillait, la nuit, à l'abri des portes closes. Toutes les gentillesses, tous les conseils d'Aupick n'ont pu qu'alimenter un ressentiment dont Charles s'explique mal les causes. Son tempérament de rebelle est exaspéré par la soumission de Caroline à son époux, ses coquetteries de femelle comblée, ses sourires, ses soupirs, les larmes qu'elle verse à cause de son fils qui ne fait pas honneur à la famille. Le projet d'un voyage aux Indes, dont on lui parle incidemment, l'exalte et l'effraie. Il y voit en même temps une occasion de fuite hors de la morne vie quotidienne et une façon pour ses parents de se débarrasser de lui. Est-ce parce que sa mère ne l'aime plus ou parce qu'elle espère qu'il se régénérera loin d'elle qu'elle insiste sur la nécessité d'un tel départ ?

Pour commencer, on l'expédie dans l'Oise, chez un ami du général, le lieutenant-colonel Dufour, qui habite le hameau de Vaux. « Je suis ici, écrit Charles à sa mère, avec des cabaretiers en retraite, des maçons enrichis et des femmes qui ressemblent à des portières. » Juste à côté, dans un château, réside une veuve sexagénaire, alliée à la famille Dufour, Mme Hainfray. C'est chez elle qu'au début de son mariage Caroline a fait, en secret, une fausse couche. Cette dame reçoit Charles avec une tendresse toute maternelle, lui prépare les plats qu'il aime — soupe à l'oignon et omelette au lard — et aménage une chambre à son intention : « Elle [...] y a fait mettre des rideaux, un papier, une pendule, a couvert elle-même un paravent. » Pour tuer le temps, Charles se promène dans les champs, se chauffe au soleil et observe la société provinciale de Creil, où « tout le monde aime l'argent » et est « effroyablement cancanier ». Tandis que son sort se décide à Paris, il s'inquiète de la santé de sa mère qui a été fortement ébranlée par les disputes de ces derniers jours : « N'est-ce pas, chère maman, que, ne fût-ce que par amour-propre pour ton fils, tu te porteras bien, tu mangeras bien, afin que ton mari [il ne dit plus "papa"] ne me reproche pas de t'avoir rendue malade ? Persuade-le, si tu peux, que je ne suis pas un grand scélérat, mais un bon garçon [1]. »

Cependant, à Paris, Aupick profite de l'absence de son beau-fils pour accélérer le règlement de l'affaire. Dès le 4 mai 1841, il écrit à Alphonse, en qui il devine un homme énergique, honorable et sensé, bref un allié selon son cœur : « Mon cher Monsieur Baudelaire, le voyage outre-mer exige une dépense de 4 000 francs (3 000 pour l'aller et le retour comme passager, 1 000 francs environ

---
1. Lettre du début mai 1841.

pour menues dépenses indispensables et le voyage à Bordeaux et retour à Paris). La destination sera Calcutta. Durée du voyage, un an environ. — Le capitaine paraît être l'homme que nous pouvions désirer. » Par ailleurs, le général précise que, ayant emprunté personnellement trois mille francs pour régler les dettes de son beau-fils, il ne peut faire davantage et qu'une réunion du conseil de famille est indispensable pour autoriser un autre emprunt, cette fois sur les biens de Charles, qui est encore mineur : « Le départ du bâtiment est fixé au 15 de ce mois [il sera retardé]. Tâchez donc de venir avec une permission de plusieurs jours [...]. Je me procure les 4 000 francs, persuadé que je suis que le conseil de famille partagera notre opinion sur la nécessité de dépayser Charles. Nous régulariserons l'emprunt au compte de Charles après son départ. Ce serait impossible avant ; le temps nous manque. Ma femme désire vivement que Charles ignore cette réunion du conseil de famille. Ne lui en dites donc rien. »

Quand, rappelé à Paris, Charles apprend la sentence de ses parents, il ne bronche pas. Ce départ revêt soudain pour lui la valeur d'un symbole. Il ne s'agit pas d'un exil mais d'une évasion. Dans moins d'un an, il sera majeur ; libéré de la tutelle des grandes personnes, il pourra disposer à son gré de l'argent que son père lui a laissé en mourant. Ainsi, après avoir visité des pays étrangers, il reviendra enrichi de mille souvenirs et se consacrera à la poésie sans que quiconque ait le droit de le lui reprocher. Il sera aussi gigantesque, aussi indépendant qu'un Lamartine ou un Hugo. Mais sa verve sera autre. Cette attirance envers la violence, la hideur, la pourriture, qui désole tant ses proches, il sent confusément qu'il doit la cultiver en lui s'il veut se distinguer du lot des poètes à la mode.

A présent, il a hâte de rompre avec son passé pour cingler vers un nouveau destin. Ses bagages sont vite faits. Les adieux se déroulent dans une atmosphère d'émotion et de solennité. Sa mère pleure. Son beau-père a un visage de justicier. Assourdi de recommandations, Charles monte dans la diligence qui doit le conduire à Bordeaux. Là, il embarque sur le *Paquebot des Mers du Sud*. Ses parents ont préalablement remis au capitaine Saliz cinq mille francs et avancé à Charles cinq cents francs pour les frais du voyage. Le navire appareille le 9 juin 1841. Et, le 14 juin, le conseil de famille, présidé par un juge de paix, entend les explications du général Aupick et l'autorise à emprunter, au nom de Charles, la somme nécessaire.

Bref, tout le monde est content : Aupick est soulagé de n'avoir plus, pour quelques mois, ce chenapan sur les bras ; Caroline remercie le ciel d'avoir évité un affrontement tragique entre son mari et son fils ; et Charles, accoudé au bastingage du *Paquebot des Mers du Sud*, le front baigné par les embruns, se réjouit d'être brusquement devenu un adulte.

VII

LE GRAND VOYAGE

Avant que le pilote, qui a conduit le *Paquebot des Mers du Sud* de Bordeaux jusqu'à la Gironde, ne quitte le bord, Charles griffonne un billet à sa mère : « Nous avons un tel vent qu'avant une heure nous serons en pleine mer [...].

Le capitaine est admirable. Bonté, originalité, instruction [...]. Je ne veux pas que tu m'écrives de lettres comme la dernière. Il faut qu'elles soient gaies. Je veux que tu manges bien et que tu sois contente en pensant que je suis content. Car c'est vrai. Ou à peu près. Par la prochaine occasion, j'écrirai au général [il s'obstine à ne plus l'appeler "papa"]. [...] Nous avons déjà un tangage assez fort[1]. »

Le bateau, un solide navire marchand à trois mâts et à dunette, ne transporte que peu de passagers : en majorité des commerçants et des officiers de l'armée coloniale. D'abord amusé par le changement d'existence, Charles ne tarde pas à souffrir de l'inconfort des cabines, où l'on est entassé à dix dans une atmosphère confinée, du pullulement des cafards, de la promiscuité de la salle à manger, avec les histoires grasses et les éclats de rire des convives, de la nourriture de conserve fortement assaisonnée et de l'eau saumâtre. Il ne goûte quelque plaisir qu'en rejoignant, sur la dunette, le capitaine Saliz. Là, le nez au vent, il se laisse pénétrer par la fascination énorme de la mer, tandis que le *Paquebot des Mers du Sud*, toutes voiles dehors, longe les côtes du Portugal. Cependant, fidèle à la promesse qu'il a faite aux parents de Charles, le capitaine tente de le persuader qu'il perd son temps en s'obstinant à écrire des vers et qu'il devrait plutôt choisir un métier raisonnable, dont le général n'eût pas à rougir. Dès qu'on aborde avec lui ce sujet, le jeune homme se raidit, se pince et change de conversation. Dédaigneux et distant, il ne se lie avec aucun de ses compagnons de traversée. Bien au contraire, il s'ingénie à les choquer en raillant devant eux la famille, la patrie, la vertu, la religion. Tout ce que les autres honorent lui semble automatiquement ridicule. Et il

---

1. Lettre du 9 juin 1841.

le dit d'un ton cassant, devant une tablée dont les visages se ferment. On jurerait qu'il prend plaisir à se rendre odieux aux gens qu'il méprise.

Après une escale aux îles du Cap-Vert pour renouveler sa provision d'eau douce, le *Paquebot des Mers du Sud* se rapproche de l'équateur. Une chaleur moite enveloppe les voyageurs qui transpirent et errent sur le pont en quête d'un peu de fraîcheur. Un jour, le capitaine abat, d'un coup de carabine, un albatros qui tournait au-dessus de leurs têtes. On hisse l'oiseau à bord, sans ménagement. C'est une bête magnifique, de douze pieds d'envergure. Comme elle n'est que légèrement blessée, les matelots l'attachent par une patte et s'amusent à la tourmenter, tandis qu'elle tente de marcher malgré ses longues ailes traînantes. L'un d'eux cherche à lui agacer le bec avec sa pipe allumée. Aussitôt, Charles se rue sur l'homme et, ivre de rage, le frappe des pieds et des poings jusqu'à ce que le capitaine Saliz accoure et les sépare [1]. Enfin on achève le volatile et le maître-coq en confectionne un pâté pour fêter, selon la tradition, le passage de la ligne. Cet incident a si fortement marqué Baudelaire qu'il y consacrera un de ses plus beaux poèmes dans *Les Fleurs du Mal* :

Souvent, pour s'amuser, les hommes d'équipage
Prennent des albatros, vastes oiseaux des mers [...].

Le 8 août, à midi, au large du cap de Bonne-Espérance, alors que le *Paquebot des Mers du Sud* pénètre dans l'océan Indien, une violente tornade s'abat sur le navire,

---

[1]. Cf. François Porché, *Baudelaire*. L'incident fut rapporté par Mme Solange Rosenmark, née Autard de Bragard, petite-nièce de la « dame créole » à qui Baudelaire dédia un sonnet. Le fait aurait été relaté aux Bragard par un témoin, compagnon de route du poète.

le secoue, le démâte et lui arrache les voiles. Déferlant par-dessus le bastingage, les vagues balaient furieusement le pont. Les passagers, perclus de peur, se terrent dans leurs cabines à demi inondées. Mais Charles veut être à la pointe du combat contre les éléments déchaînés. Il est plus à son aise parmi les matelots qui triment que parmi les bourgeois qui tremblent. Souffleté par l'ouragan, trempé par les paquets d'eau qui le frappent en pleine poitrine, il aide les marins à dérouler un prélart goudronné et à le fixer au reste des haubans, ce qui permet de redresser la coque, penchée sur le flanc et qui craque de partout. La tempête dure jusqu'au lendemain. Enfin, secouru par un bateau américain, le *Thomas Perkins*, qui fournit au capitaine Saliz des voiles de cacatois et des bonnettes, le *Paquebot des Mers du Sud* peut se traîner jusqu'à la rade de Port-Louis, capitale de l'île Maurice, où il arrive le 1er septembre 1841.

Là, le capitaine Saliz fait exécuter les réparations indispensables. Comme elles menacent de s'étendre sur deux ou trois semaines, les passagers débarquent et vont loger dans l'unique hôtel de la ville. Refusant de se joindre à leur groupe, Charles est reçu, à Port-Louis, par la famille Autard de Bragard. Magistrat et planteur, Adolphe Autard de Bragard a une femme belle et aimable, dont le charme discret repose Charles de la fréquentation de ses rudes compagnons de voyage. Le climat, d'une douceur malsaine — c'est l'hiver, en septembre, dans l'hémisphère austral —, l'affaiblit et l'énerve. Il est vaguement écœuré par la vue des palétuviers aux racines enchevêtrées, par le bleu cru du ciel, par les immenses plantations de canne à sucre, par la susurration des moustiques omniprésents, par le grouillement des Hindous et des nègres dans les rues, avec çà et là la veste blanche et le casque d'un colon. La brume et la crasse de Paris lui manquent. Il a soif d'amertume et, ici, tout a un goût de mélasse.

Enfin, le 18 septembre 1841, le *Paquebot des Mers du Sud* lève l'ancre et cingle vers Saint-Denis de Bourbon[1], où il arrive le lendemain. Cette fois, Charles n'a nulle envie de mettre pied à terre. Il reste à bord, pendant que des ouvriers indigènes s'affairent pour achever de remettre le navire en état. Tout en surveillant les travaux, le capitaine Saliz ne perd pas de vue le précieux passager dont on lui a confié la garde. La prostration de Charles l'inquiète. A l'évidence, loin de distraire ce singulier garçon, le dépaysement ne fait qu'accentuer son ennui, son désarroi, son dégoût de toute chose. Insensible aux surprises de la navigation et aux beautés des escales, il a un refus de vivre comparable à celui d'un vieillard. Le seul voyage qui l'intéresse, c'est son voyage intérieur. Le capitaine Saliz a beau lui vanter les mystères de Calcutta où ils doivent se rendre directement, son interlocuteur demeure de marbre. Enfin, poussé à bout, Charles annonce carrément qu'il n'ira pas plus loin et qu'il veut rentrer chez lui par le prochain bateau en partance. Justement, il y en a un, l'*Alcide*, qui appareillera bientôt pour Bordeaux. Consterné par cet échec, dont il se sent responsable, le capitaine Saliz écrit au général Aupick, le 14 octobre 1841 : « Général, je viens avec regret vous dire que je ne peux faire terminer à votre beau-fils, M. Charles Beaudelaire [*sic*], le voyage que vous aviez projeté pour lui sur le navire que je commande [...]. Dès notre départ de France, nous avons tous pu voir à bord qu'il était trop tard pour espérer faire revenir M. Beaudelaire soit de son goût exclusif pour la littérature telle qu'on l'entend aujourd'hui, soit de sa détermination de ne se livrer à

---
1. Ancien nom de l'île de la Réunion.

aucune autre occupation [...]. Je dois vous dire aussi, quoique je craigne de vous faire de la peine, que ses notions et ses expressions tranchantes sur tous les liens sociaux, contraires aux idées que nous étions habitués à respecter depuis l'enfance, pénibles à entendre de la bouche d'un jeune homme de vingt ans et dangereuses pour les autres jeunes gens que nous avions à bord, venaient encore circonscrire ses rapports de société [...]. Ses expressions péremptoires sur tout ce qui tenait à ce sujet me convainquirent bientôt qu'il n'y avait aucune chance de réussir là où ses parents avaient échoué [...]. Bref, sa position à bord, d'ailleurs il faut en convenir, offrant un immense contraste avec la vie que ce jeune homme avait jusque-là menée, le mit dans un état d'isolement qui, je le crois, n'a fait qu'augmenter ses goûts et ses poursuites littéraires. Un événement de mer comme je n'en avais jamais éprouvé dans ma longue vie de marin, dans lequel nous pûmes presque toucher la mort du bout des doigts, sans qu'il s'en fût démoralisé pas plus que nous, vint ajouter à son dégoût pour un voyage qui dans ses idées était sans but pour lui [...]. Contre mon attente et à mon grand étonnement, notre arrivée à Maurice ne fit qu'augmenter cette tristesse [...]. Rien dans un pays, dans une société, tout nouveaux pour lui, n'a attiré son attention [...]. Ses idées se sont fixées sur le désir de retourner à Paris le plus tôt possible [...]. Je craignis qu'il ne fût atteint de la Nostalgie, cette maladie cruelle dont j'ai vu des effets terribles dans mes voyages [...]. Je dus donc, au moment où seul il me retenait à Maurice, lui donner pour l'entraîner à bord l'espoir que je me rendrais à sa volonté, s'il y persistait encore [...]. Ici [à Saint-Denis de la Réunion], sans entrer dans de plus grands détails, je vous dirai qu'il n'a fait que persister dans son idée, qu'il a réclamé l'exécution de la promesse que je lui ai faite à Maurice, que j'ai dû consentir à son embarquement sur un navire de Bordeaux [...] et qu'il a choisi lui-même, l'*Alcide*, capitaine Jude de Beauséjour. Malheureusement, ce navire ne part qu'après moi, mais je prends mes mesures pour que tout s'exécute régulièrement [...]. Je peux vous assurer que j'ai conçu pour lui un vif intérêt et que j'apprendrais avec bonheur qu'il est entré dans la voie que votre affection pour lui voudrait lui faire prendre[1]. »

Ayant obtenu ce qu'il désirait, Charles attend dans la fièvre que l'*Alcide* veuille bien appareiller. Néanmoins, avant de reprendre la mer, il tient à saluer une dernière fois ses hôtes, les Autard de Bragard, qui l'ont si chaleureusement accueilli à l'île Maurice et lui ont même fait connaître quelques poètes locaux. En remerciement, il envoie, le 20 octobre 1841, une lettre à Adolphe Autard de Bragard et y joint un sonnet pour sa femme : « Comme il est bon, décent et convenable que des vers adressés à une dame par un jeune homme passent par les mains de son mari avant d'arriver à elle, c'est à vous que je les envoie afin que vous ne les lui montriez que si cela vous plaît. [...] Si je n'aimais et si je ne regrettais pas tant Paris, je resterais le plus longtemps possible auprès de vous et je vous forcerais à m'aimer et à me trouver un peu moins *baroque* que je n'en ai l'air. » Voici le sonnet :

> *Au pays parfumé que le soleil caresse,*
> *J'ai vu, dans un retrait de tamarins ambrés*
> *Et de palmiers d'où pleut sur les yeux la paresse,*
> *Une dame créole aux charmes ignorés.*
>
> *Son teint est pâle et chaud ; la brune enchanteresse*
> *A dans le cou des airs noblement maniérés ;*

---

[1]. Cf. Claude Pichois et Jean Ziegler, *op. cit.*

Grande et svelte en marchant comme une
                              [chasseresse,
Son sourire est tranquille et ses yeux assurés.

Si vous alliez, Madame, au vrai pays de gloire,
Sur les bords de la Seine ou de la verte Loire,
Belle digne d'orner les antiques manoirs,
Vous feriez, à l'abri des ombreuses retraites,
Germer mille sonnets dans le cœur des poètes,
Que vos grands yeux rendraient plus soumis que vos
                              [noirs[1].

Après avoir expédié ce madrigal à la belle créole, Charles se prépare à embarquer. Le capitaine Jude de Beauséjour a reçu les consignes les plus affectueuses et les plus fermes à son égard. Mais l'*Alcide* ne lève l'ancre que le 4 novembre 1841, avec sa lourde cargaison de balles de sucre et de café. Le mauvais temps bloque le navire, le 4 décembre, au cap de Bonne-Espérance. L'*Alcide* ne s'échappe de la baie que quatre jours plus tard, essuie une tempête au large des Açores et poursuit sa route, malgré une voie d'eau qui s'est ouverte dans sa coque. Les vivres venant à manquer, un brick-goélette génois veut bien ravitailler l'équipage qui commence à souffrir de la faim. Charles est pressé d'en finir avec le roulis, le tangage et les biscuits de mer. En même temps, une crainte le tenaille. Comment le général Aupick le recevra-t-il à son retour ? Dans l'impossibilité de donner de ses nouvelles à ses parents par lettre ou par dépêche (le télégraphe aérien étant réservé aux communications officielles), il a pris sa décision sans en avertir personne. Alors que, dans la famille,

---
1. *Les Fleurs du Mal*, LXI (*A une dame créole*). Le deuxième vers a été modifié ainsi dans la version définitive : *J'ai connu, sous un dais d'arbres tout empourprés...*

on le croit sur le point de toucher aux Indes, il se prépare à refaire surface à Paris. Et cela en dépit des ordres d'Aupick et de ses propres serments.

Une fois de plus, il a failli à sa parole. Ce vague remords lui rappelle la gêne qu'il a connue lorsqu'il a été expulsé du collège Louis-le-Grand. L'idée se renforce dans son cerveau d'une sorte d'inadaptation entre lui et le monde. Quelle que soit la direction qu'on lui propose, il a envie d'en sortir. Il a la phobie des rails, qui constituent ce qu'il est convenu d'appeler la bonne voie. De son long périple, il rapporte certes des images étranges, des parfums persistants, des sensations d'ennui doucereux, mais il n'a pas besoin de ces ingrédients exotiques pour bâtir son œuvre. Son inspiration — il le devine déjà confusément — ne se nourrira pas de pittoresque extérieur, mais de douleur intime, de mystère morbide, d'anathème, d'horreur, de révolte. Aussi ne regrette-t-il nullement d'avoir dédaigné les Indes. Cela ne l'empêchera pas d'ailleurs de prétendre plus tard, par forfanterie, y être allé. Il écrira même dans une note autobiographique : « Voyage dans l'Inde (d'un consentement commun). Première aventure (navire démâté). Maurice, île Bourbon, Malabar, Ceylan, Indoustan, Cap ; promenades heureuses. » Singulier mensonge à soi-même. Le vrai et le faux jouent à colin-maillard dans sa tête. A quoi bon voyager quand on a tant soit peu de lecture et d'imagination ? A mesure que les côtes de France se rapprochent, Charles sent croître son malaise. Pour se donner du courage, il songe à sa mère qui, elle au moins, sera heureuse de l'accueillir, bien qu'il ait rebroussé chemin sans avoir vu Calcutta !

VIII

LE CONSEIL JUDICIAIRE

Ignorant encore que son beau-fils a écourté son voyage pour rentrer au plus vite en France, Aupick se préoccupe tout naturellement de le mettre en règle avec l'autorité militaire. Les opérations préliminaires à l'appel de la classe 1841 sous les drapeaux vont commencer. Par ordonnance royale, les jeunes gens nés en 1821, comme Charles, doivent être inscrits sur les tableaux de recensement de l'armée, soit personnellement, soit par leurs parents ou leurs tuteurs. C'est ce que fait le général, en l'absence de l'intéressé, dès le début du mois de janvier 1842. Il compte le représenter à la séance du tirage au sort fixée au 3 mars dans la mairie du 10ᵉ arrondissement (actuel 7ᵉ). Mais, dans les premiers jours de février, il reçoit la lettre du capitaine Saliz, datée du 14 octobre 1841 et acheminée par *Le Progrès*, qui a quitté l'île Bourbon peu avant l'*Alcide*. Ainsi, Charles a osé, de son propre chef, tourner bride et, en dépit de ses promesses, renoncer à la destination qui lui était assignée ! Mieux, à bord, il a irrité tout le monde par son attitude irrespectueuse et fantasque. Serait-il incorrigible ? Aupick fulmine, devant Caroline qui feint d'être de son avis et pleure tout en se réjouissant, *in petto*, de la prochaine arrivée de son capricieux et malheureux enfant.

Pour décharger sa bile, Aupick écrit à Alphonse et lui communique la lettre accablante de Saliz. Entre général et magistrat, on ne peut que se comprendre. Cependant Alphonse, dans sa réponse à Aupick, lui conseille la modération. Pour sa part, il estime que, si Charles est mobilisé, la discipline militaire brisera ses velléités d'indépendance et que, s'il est exempté, on devra envisager le moyen de « mettre à couvert une partie de sa fortune » pour l'empêcher de la dilapider. « A force de raisonnement, nous vaincrons peut-être ses idées fausses, écrit encore Alphonse. Ce qu'il faut avant tout, c'est consoler Mme Aupick, c'est amener sa tendresse de mère à bien comprendre que, pour vous et pour moi, nous ne désirons que l'avenir heureux de Charles. J'ai cru entrevoir par vos lettres que, dans son inquiétude de ne pas revoir son fils, sa tendresse nous regardait comme ayant occasionné un éloignement qu'elle ne croyait pas momentané tant elle craignait qu'il ne fût éternel. Aujourd'hui, tâchons d'accueillir Charles comme l'enfant prodigue qui revient dans sa famille [...]. Il en est des chagrins domestiques comme des tempêtes : ils ne peuvent pas toujours durer. »

Le 16 février 1842, en débarquant à Bordeaux, Charles se sent aussi mal assuré sur ses jambes que dans sa tête. Entre le mouvement de roulis du bateau qui persiste dans son corps et la pensée des affrontements qui, sans doute, l'attendent à la maison, il a l'impression de n'avoir pas fini de naviguer. Aussitôt, il écrit à sa mère : « Chère petite maman, je vais t'embrasser dans deux ou trois jours d'ici. J'ai fait deux vilaines traversées, mais puisque nous causerons et que nous rirons encore ensemble, le bon Dieu n'est pas tout à fait méchant [...]. En mer, je ne faisais que penser à ta pauvre chère santé. Maintenant, tu peux être tranquille. — Les voitures se perdent moins facilement que les navires[1]. » Le même jour, il expédie une lettre à son beau-père : « Me voici revenu de ma longue promenade [...]. Je ne rapporte pas un sou *et j'ai souvent manqué des choses nécessaires*. Tu sais ce qui nous est arrivé en allant. Le retour, pour être moins extraordinaire, a été

---

1. Lettre du 16 février 1842.

beaucoup plus fatigant ; toujours des gros temps et des calmes [...]. Je crois que je reviens avec la sagesse en poche. »

Les retrouvailles, tout élan de la part de Caroline, toute circonspection de la part d'Aupick, sont moins pénibles que Charles ne le craignait. Visiblement, la famille n'a pas perdu l'espoir de le convertir à la raison. Première épreuve : le tirage au sort qui a lieu, comme prévu, le 3 mars 1842 ; quatre cent soixante-dix jeunes gens de la classe 1841, domiciliés dans le 10ᵉ arrondissement (ancien), tentent leur chance ; Charles décroche le numéro 265. Quand la proclamation est affichée, il pousse un soupir de soulagement : la liste s'arrête au numéro 211. Sauvé !

Dispensé de l'uniforme, il songe immédiatement à se libérer aussi de la famille. A sa majorité, le 9 avril 1842, il entend jouir de toutes les prérogatives d'un homme fait : domicile séparé, pleine disposition de son argent et choix d'un métier à sa convenance. Ce métier, il l'affirme haut et fort, ne peut être que celui d'écrivain. Comprenant que son beau-fils ne fléchira pas dans son intention, Aupick finit par accepter l'éventualité d'une carrière littéraire, à condition qu'elle soit sérieuse et que Charles, par son travail et sa persévérance, se fasse « un nom » qui inspire le respect. Caroline, tout heureuse de voir s'éloigner l'orage, applaudit à cet arrangement.

Avec l'accord de ses parents, Charles quitte la maison familiale après avoir loué un logement modeste dans l'île Saint-Louis, au numéro 10 du quai de Béthune[1]. Une seule pièce au rez-de-chaussée, avec un lit, quelques fauteuils, une table, un bahut où il range ses livres. Et tout autour, dans les rues, une paix provinciale. Ici, on est à cent lieues des bruits et des lumières de Paris. N'est-ce pas un coin

---

1. Cet immeuble porte aujourd'hui le numéro 22.

idéal pour rêver et écrire ? A peine avait-il signé le contrat de location qu'il en avertissait sa mère : « Je sors de chez M. Place [le propriétaire de l'immeuble]. J'ai obtenu le logement à 225 — et je le prends parce qu'il n'y en a pas d'autre, et que j'ai la rage de la solitude. Ne t'effraie pas du prix. Si je n'ai pas assez pour vivre, j'ai la très ferme résolution — à défaut d'un travail littéraire — de prier mes anciens professeurs de me procurer des leçons pour remplir les vides de ma bourse. Si le propriétaire va chez toi chercher des renseignements sur moi, je t'en supplie, ne me joue pas maladroitement de mauvais tour[1]. »

A l'expiration de ses pouvoirs légaux de subrogé tuteur, le général tient à honneur de présenter à son beau-fils le bilan de la gestion qu'il a assumée jusqu'ici de son patrimoine. Le 30 avril, après avoir pris connaissance chez Me Ancelle, qui a succédé à Me Labie, notaire à Neuilly, des comptes de tutelle de M. et Mme Aupick, Charles signe le document et y exprime « sa reconnaissance sincère pour la sollicitude dans l'administration de sa personne et de ses biens et le soin donné à tout ce qui le concernait ». Le reliquat du compte de tutelle se monte à plus de dix-huit mille francs, auxquels s'ajoutent trois cent cinquante-neuf francs de rente sur l'État à 5 %. Charles possède également des terrains à Neuilly, dont l'un lui rapporte un fermage annuel de quatre cent quinze francs. Au total, son revenu est évalué à mille huit cents francs par an.

Grisé par ces chiffres, Charles croit son avenir matériel assuré, quoi qu'il arrive. Son premier souci est de rembourser une partie de ses dettes. Puis il achète quelques meubles, des bibelots... A sa mère qui s'inquiète de ces dépenses inconsidérées, il répond en riant qu'il n'a pas l'intention d'entamer son capital. Les fréquentes absences

---

1. Lettre de la fin mars ou du début avril 1842.

d'Aupick, qui, ayant été nommé entre-temps chef d'état-major général du corps d'observation sur la Marne, doit s'occuper de toutes les grandes manœuvres de la région, favorisent les tendres rencontres de Caroline et de son fils. Il lui offre des boucles d'oreilles, lui lit ses derniers vers, l'invite à dîner dans son logis de garçon. Malheureusement, après la mort du duc d'Orléans, survenue le 13 juillet 1842, et, quelques semaines plus tard, la dissolution du corps d'observation sur la Marne, Aupick rentre au foyer et reçoit le commandement du département de la Seine et de la place de Paris. Nouveau déménagement officiel. Cette fois, le couple Aupick s'installe 7, place Vendôme, dans l'hôtel de Créqui.

Tout va bien pour le général. Mais Caroline est de plus en plus alarmée. Charles est un « panier percé » : il vient de vendre pour six mille cinq cents francs deux actions de la Banque de France ; il a hypothéqué pour trois mille cinq cents francs ses terrains de Neuilly. Sa mère lui reproche le désordre de ses finances et il se moque gentiment de ses appréhensions. A la mi-novembre, il la supplie de l'aider à s'acheter un chapeau et un pantalon, afin d'être présentable. En récompense, il lui promet un « joli dîner » chez lui. Incapable de lui résister, elle le voit à l'insu de son mari, le gronde sur un ton de maternelle indulgence, écoute en pleurant ses promesses, fond de bonheur dans ses bras et rentre à l'hôtel de la place Vendôme avec le délicieux remords d'avoir fauté sans être en rien coupable.

De leur côté, Aupick et Alphonse se demandent s'il n'y aurait pas lieu de recourir à la nomination d'un conseil judiciaire pour défendre Charles contre sa maladive prodigalité. Le 11 juin, malgré leur avis, il met en vente ses terrains par le ministère de Me Ancelle. Cette opération lui rapporte soixante-dix mille cent cinquante francs. Toutes dettes payées, il lui reste cinquante-cinq mille cent cinquante francs qui produiront, dit-il, trois mille trois cents francs de revenu annuel. Le même jour, il signe une procuration en faveur de sa mère pour qu'elle veille à ses dépenses, le notaire procédant à leur règlement. Et, dès l'accord conclu, il la harcèle de demandes d'argent : « Tu m'as offert de m'avancer *le mois d'octobre*. Si tu peux le remettre à ma bonne, tu me feras *le plus grand plaisir*. Sinon, *ce que tu pourras. N'oublie pas M. Ancelle*. Je désirerais qu'à l'époque de son paiement, tu me donnasses *ce que tu me gardes mensuellement*, parce que juste à cette époque il serait bon de le donner à mon tailleur [1]. »

A la fin d'octobre 1843, ayant quitté le quai de Béthune pour une chambre rue Vaneau, puis pour un petit appartement à l'hôtel Pimodan, 17, quai d'Anjou, nouvelle lettre à sa mère : « J'enverrai aujourd'hui quelqu'un te dire le domicile que j'ai choisi. Je m'arrange parfaitement des conditions que tu m'as faites. Tu viendras toi-même les dire au maître de la maison. Seulement il ne sera pas question de *conseil judiciaire*. Si je m'apercevais que tu l'as fait à mon insu, je me sauverais immédiatement, et pour le coup tu ne [me] verrais plus, car j'irais demeurer chez Jeanne [2]. »

Cette Jeanne, dont il est question pour la première fois dans sa correspondance, est une mulâtresse avec qui il s'est acoquiné peu après son retour de voyage. Elle loge maintenant, avec sa mère, à proximité de l'hôtel Pimodan, 6, rue de la Femme-sans-Tête [3]. Charles a veillé à son emménagement et n'a pas lésiné sur la dépense pour sa propre installation, quai d'Anjou. Amateur de beaux objets, il devient le client assidu d'un brocanteur, Antoine Arondel, peintre à ses heures, qui possède un dépôt de

---
1. Lettre du 25 septembre 1843.
2. Lettre de la fin octobre 1843.
3. Actuellement rue Le Regrattier.

marchandises dans les remises de l'hôtel. Chaque jour ou presque, Baudelaire va fureter dans le bric-à-brac. Il achète sans grand discernement des toiles à la paternité douteuse, des meubles inutiles, des bibelots dont l'étrangeté le charme, et signe d'une main légère des billets à ordre et des traites. Incapable de renoncer à un plaisir, il n'a que mépris pour l'argent et ne peut concevoir que sa mère refuse d'approuver ses lubies. Et les dettes s'accumulent. Du restaurateur de la Tour d'Argent, quai de la Tournelle, à un tailleur qui tire la langue, Charles se débat parmi les créanciers.

Au début de 1844, Caroline consent à lui prêter encore huit mille francs. Excédé, le général ne veut plus entendre parler de son beau-fils et accuse sa femme de faiblesse. L'hostilité d'Aupick devient si évidente que Charles voit en lui à présent un ennemi irréductible, dont l'influence risque de le priver de l'amour de sa mère. Il évite désormais de se rendre au domicile de ses parents, place Vendôme. « Je ne suis pas allé chez toi, écrit-il à Caroline le 5 janvier 1844, et je n'ai pas osé pour deux raisons : j'avais quelque chose à te refuser, et quelque chose à te demander. Tu sais que j'ai un nouveau tailleur — j'en avais besoin — et que la première fois qu'on use de ces gens-là, il faut leur donner de l'argent. — Il se défiera de moi et fera une vilaine mine devant un billet. — J'ai besoin que tu m'avances de suite 300 francs — ce qui fait 25 francs de plus que *le mois de février* [...]. Je t'ai parlé de mettre une carte chez le général, parce que j'ai cru que c'était convenable, et que cette attention te ferait plaisir — puisque tu crois qu'il s'en offenserait au lieu d'en comprendre le vrai motif, il n'y a rien à faire, je ne puis rien. Ces rêves de conciliation me font mal. Je ne puis, comme je te l'ai dit, te promettre qu'une année de travail et de raison — rien de plus. Il y a des amours-propres virils, que toi, femme, et sa femme, tu ne peux pas comprendre ;

pourquoi m'obliges-tu à être si dur, et te fais-tu de pareilles illusions ? »

Ainsi, alors que Caroline essaie de le raccommoder avec son beau-père, il se drape dans sa dignité de fils incompris et outragé. Il veut bien qu'on subvienne à ses besoins les plus pressants, mais pas qu'on lui en fasse le reproche. Pour se justifier, il invoque l'argent qu'il touchera dès qu'il aura écrit « un ou deux romans ». « Deux mois de travail suffisent, affirme-t-il dans la même lettre. Un roman de dix feuilletons vaut — terme moyen — 500 francs — un roman de dix feuilles pour une revue 1 000. » En fait, ces romans restent dans sa tête à l'état de projets filandreux.

De temps à autre néanmoins, cédant aux supplications de sa mère, il lui rend visite dans l'appartement solennel qu'elle occupe, mais jamais les jours de réception. Il déparerait la brillante assemblée d'uniformes, de fracs et de robes luxueuses qui s'y réunit autour du ménage Aupick. D'ailleurs Caroline ne songerait pas à l'inviter quand elle a « du monde ». Et même leurs tête-à-tête, dans ces pièces d'apparat, indisposent Charles. Il flaire partout l'artifice, la vanité, l'ostentation, la rigueur militaire et bourgeoise. Alors que sa mère l'attend, il lui arrive de se décommander à la dernière minute, sur un coup d'humeur : « Je te fais mes bien sincères excuses de n'être pas allé chez toi, lui écrit-il le 3 mars 1844. Je ne saurais comment te dépeindre l'effet triste et violent que produit sur moi cette grande maison froide et vide où je ne connais personne que ma mère. Je n'y entre qu'avec précaution, je n'en sors que furtivement, cela m'est devenu insupportable. Excuse-moi un peu, et laisse-moi dans ma solitude jusqu'à ce qu'il en sorte un livre. » La suite n'est, comme d'habitude, qu'une litanie de plaintes : « J'ai besoin de mes 425 francs. Puis, je crois que, d'après les conditions que tu m'as faites, tu dois m'envoyer de l'argent pour la dépense du mois de mars. Il me semble que [tu] as fait œuvre de pauvre goût en envoyant un ami ou un domestique déguisé recommander à un restaurant de ne pas me faire de longs crédits. Épargne-moi cette tutelle, comme tu m'as laissé la petite vanité de payer moi-même. Et d'ailleurs à quoi bon ? puisque je veux sortir peu de chez moi, et ne pas me faire de nouveaux tracas. S'il m'arrive quelque chose d'heureux, je te le dirai tout de suite. »

Chaque lettre de son fils augmente le découragement de Caroline. Pas une qui ne contienne une demande d'argent. Poussée à bout, elle finit par admettre que son mari et Alphonse ont raison : dans l'intérêt même de Charles, il faut le doter d'un conseil judiciaire. Légalement, c'est elle qui doit présenter la requête au tribunal, le conseil de famille n'intervenant par la suite que pour donner son avis. Le cœur gros, elle charge donc son avoué, Me Legras, de rédiger le document, qui sera soumis aux juges le 31 juillet 1844. On y énumère les frasques du sieur Charles Baudelaire et les dépenses inconsidérées qu'il a faites depuis la remise du compte de tutelle. Le dernier des « considérants » expose « que, dans ces circonstances, voyant la moitié de la fortune de son fils engloutie, les habitudes de dépenses de plus en plus enracinées, la persistance à ne prendre aucune occupation utile, l'exposante [Mme Aupick] croit ne pouvoir éviter de nouvelles dilapidations dans un avenir prochain et la ruine totale de son dit fils qu'en recourant à l'intervention de la Justice pour lui faire nommer un conseil judiciaire sans l'intervention duquel il ne puisse désormais se livrer à aucun acte qui serait de nature à engager ses biens ».

La procédure est déclenchée aussitôt et, le 10 août 1844, le tribunal de première instance conclut à la nécessité de convoquer, pour avis, le conseil de famille. Celui-ci approuve à l'unanimité, le 24 août, la demande de Mme Aupick : on reproche à son fils de s'être livré aux plus folles prodigalités. En suite de la délibération, un huissier fait sommation à l'intéressé de se présenter au Palais de Justice, le 27 août, pour développer sa défense. Baudelaire refuse de s'y rendre.

Certes, il a été prévenu à plusieurs reprises qu'en s'obstinant à jeter l'argent par les fenêtres il s'exposait à la dation d'un conseil judiciaire. Mais il ne croyait pas que sa mère aurait la cruauté de mettre cette menace à exécution. Après la visite de l'huissier, il reste quelques jours assommé comme par un coup de massue sur la nuque. Puis, saisi de désespoir, de rancune et de honte, il écrit à Caroline, « sous le sceau du secret » : « Vous ne cessez, pour me faire avaler la pilule, de me répéter que cela n'a rien que de tout naturel et nullement déshonorant. C'est possible, et je le crois ; mais en vérité qu'importe ce que c'est réellement pour la plupart des gens, si c'est *tout autre chose* pour moi. — Tu regardes, m'as-tu dit, ma colère et mon chagrin comme tout passagers ; tu présumes que tu ne me fais un bobo d'enfant que pour mon bien. Mais persuade-toi donc bien d'une chose, que tu sembles toujours ignorer ; c'est que vraiment pour mon malheur, je ne suis pas fait comme les autres hommes. — Ce que tu regardes comme une nécessité et une douleur de circonstance, je ne peux pas, je ne peux pas le supporter. — Cela s'explique très bien. Tu peux, quand nous sommes seuls, me traiter de telle façon qu'il te plaît — mais je repousse avec fureur tout ce qui est attentatoire à ma liberté. — N'y a-t-il pas une cruauté incroyable à me soumettre à l'arbitrage de quelques hommes que cela ennuie, et qui ne me connaissent pas ? — Entre nous, qui peut se vanter de me connaître et de savoir où je veux aller, ce que je veux faire et de quelle dose de patience je suis capable ? Je crois sincèrement que tu tombes dans une grave erreur. — Je te le dis froidement, parce que je me regarde comme condamné par toi, et je suis sûr que tu ne m'écouteras pas : mais remarque bien ceci tout d'abord, c'est que tu me fais sciemment et volontairement une peine infinie, dont tu ne sais pas tout le poignant. »

Il poursuit en déplorant que cette démarche, si insultante pour lui, ait été effectuée alors qu'il est sur le point de terminer un premier travail dont il espère compliments et profits : « C'est juste le moment que tu choisis pour me casser bras et jambes. » Une dernière fois, il fait appel à la grandeur d'âme de cette mère qui prétend le comprendre et qui n'hésite pas à l'humilier devant tout le monde : « Tu es, m'as-tu dit, conduite par une tendresse inquiète et persistante. Tu veux me conserver ce que j'ai, malgré moi. — Je le veux bien — je n'ai jamais eu l'intention de le dévorer en entier. — Je suis prêt à te livrer tous les moyens de me le garder. — Excepté un pourtant, celui que tu as choisi [...]. Celui qui répugne le plus odieusement à ma nature — des arbitres, des juges, des étrangers — à quoi bon ? [...] Je te renouvelle mes prières avec instance. — Je suis sûr que tu te trompes — après cela — si je ne t'ai pas dûment expliqué combien il serait plus doux et plus raisonnable de nous arranger à l'amiable, fais ce que tu voudras et arrive que pourra[1]. »

Malgré cet appel au secours, Caroline, épaulée par Aupick et Alphonse, demeure inébranlable. Le conseil de famille, constitué de quelques amis proches, parmi lesquels quatre juristes, approuve la décision à l'unanimité. Le 10 septembre, un huissier se présente à l'hôtel Pimodan et dépose entre les mains d'une femme de service, pour être remises au sieur Charles Baudelaire, les pièces essentielles du dossier concernant la dation du conseil judiciaire et une assignation à comparaître devant la chambre de vacation du tribunal de première instance de la Seine. Le

---

[1]. Lettre non datée, du courant de l'été 1844.

21 septembre 1844, Mᵉ Ancelle est nommé aux fonctions de conseil judiciaire. Du jour au lendemain, Baudelaire retourne à l'état de mineur et perd le droit de disposer de ses biens et de contracter des dettes.

D'abord, il accueille cette déchéance avec résignation. Dans son accablement, il a même recours à sa mère pour le consoler : « M. Ancelle m'a donné hier les derniers sacrements. Ainsi je n'ai plus rien à faire qu'à me retourner à moi tout seul et qu'à me creuser le cerveau. Ayez la bonté de venir m'assister aujourd'hui après votre déjeuner, ne fût-ce que par quelques heures de conversation. Je suis trop abattu pour n'être pas très calme, et je vous promets que je ne me laisserai aller à aucune violence de langue ; n'y manquez pas, je vous en prie ; car j'en suis à ce point que je ne sais ni ce que je veux, ni ce que je vais faire. — Je présume que votre présence seule, ne me fût-elle d'aucune utilité, me rendra un peu de sécurité [...]. Je ne me suis aperçu que j'avais dû hier vous faire encore de la peine qu'après que vous êtes partie ; vous êtes si indulgente que vous aurez probablement attribué cela au trouble moral dans lequel je vis depuis quelques jours [1]. »

Puis, soudain, il s'emporte contre Caroline parce qu'elle le traite en individu mal entouré et irresponsable. « Il ne faut pas oublier mon loyer. Il faut que je vous avertisse d'avance pour vous empêcher de commettre une maladresse qui est tout à fait de votre caractère. Le parti pris ordinaire de vos habitudes brutales doit vous porter à avertir tous les gens à qui je dois — même les porteurs d'eau — que je suis doué d'un tuteur — de même qu'autrefois votre instinct de mère vous avait fourni l'heureuse idée d'apprendre à mon tailleur que j'avais 1 200 ou 1 800 livres de rentes. De pareilles humiliasseries sont parfaite-

---

1. Lettre du début septembre 1844.

ment inutiles. A quoi bon, pour prévenir des dettes — fort inutiles maintenant —, avertir tout le monde que votre fils n'a plus le droit de vouloir ? D'ailleurs, quant aux billets [à ordre], vous savez que tous les gens d'affaires se connaissent et qu'une circulaire doit avertir tous les notaires et les avoués de Paris de mon aventure ; et d'ailleurs comment les payer ? Je vais écrire les mêmes choses à M. Ancelle, à qui vous avez sans doute donné des instructions policières et maternelles toujours suggérées par le comble de l'amour [1]. »

Dans cette lettre, il est un homme courroucé et il vouvoie durement sa mère ; dans une autre, il est un enfant perdu et il la tutoie tendrement : « *Viens vite, vite*, c'est-à-dire *aujourd'hui même*, c'est-à-dire *après ton déjeuner*. Il s'agit d'une affaire grave, qui a besoin d'être expliquée, et qui demande toute ton intelligence [2]. » L'« affaire grave » n'est sans doute, cette fois encore, qu'une dépense dont il faut justifier le montant et l'urgence aux yeux de Me Ancelle, le trop scrupuleux conseil judiciaire. Ainsi, tantôt agressif envers cette faible femme qui l'a trahi en passant dans le camp adverse, tantôt plein d'un humble amour envers celle qui, d'un mot, peut changer son destin, il oscille, selon les circonstances, entre le malheur d'avoir été mis sous tutelle et le soulagement de n'être plus responsable de rien. Après tout, se dit-il, peut-être n'est-il pas mauvais, pour un poète, de rester sa vie durant sous la coupe de gens qui réfléchissent et agissent à sa place ? L'espace du rêve est d'autant plus vaste que les nécessités matérielles de l'heure laissent l'écrivain en repos.

---

1. Lettre de la fin octobre 1844.
2. Lettre sans date, probablement de novembre 1844.

IX

JEANNE

Tout en se débattant dans le filet aux mailles serrées où sa famille veut l'enfermer pour le protéger contre lui-même, Baudelaire continue à se livrer aux délices de l'écriture et de l'amitié. Il a retrouvé avec joie Auguste Dozon et ses camarades de l'« École normande », Prarond, Le Vavasseur, Chennevières, quelques peintres aussi. Qu'ils manient la plume ou le pinceau, tous rêvent d'un renouveau artistique pour la France et d'un succès immédiat pour eux-mêmes. Certes, Hugo, Balzac, Lamartine, Vigny bouchent encore l'horizon littéraire. Mais il n'est pas interdit à un débutant d'espérer un départ en flèche. La preuve ? Théodore de Banville, plus jeune de deux ans que Baudelaire, vient de remporter un triomphe avec son recueil de poèmes : *Les Cariatides*. « Pourquoi lui et pas moi ? » pense Charles. Et, incontinent, il se lie avec son cadet comme si cette fréquentation pouvait lui porter chance. Théodore de Banville est un garçon sage, qui habite chez ses parents, rue Monsieur-le-Prince. Ses vers témoignent d'une étonnante virtuosité. Fort de son talent de prestidigitateur, il jongle avec les rythmes et les rimes. Baudelaire l'admire pour son habileté diabolique, mais déplore que le sentiment n'apparaisse guère dans cette claire sonnaille de mots. Lui-même cherche encore sa voie dans la violence, l'étrangeté et les ténèbres de l'âme. Et il envie Banville qui, lui du moins, a forgé son style et émerveille les foules par son savoir-faire. Ensemble, ils se rendent chez le publiciste Louis Ulbach, qui souhaiterait constituer un petit cénacle. Devant ces confrères, presque tous inconnus, qui cultivent une muse éthérée, Baudelaire, prié de réciter à son tour un poème, stupéfie l'auditoire par la rudesse et l'impudence de ses vers. Le poème, dont le texte n'a pas été retrouvé, s'intitulait *Manon, la pierreuse*. « A la première rime, écrit Louis Ulbach, il était question de la *chemise fangeuse* de Manon, et le reste valait ce début. Les mots les plus crus, merveilleusement enchâssés, les descriptions les plus hardies se succédaient, et nous écoutions, pleins de stupeur, rougissant, repliant nos poèmes séraphiques et sentant battre sur nos fronts les ailes effarées de nos anges gardiens, effarouchés du scandale. C'était, d'ailleurs, superbe d'allure ; mais cela ressemblait si peu à nos principes littéraires, que nous sentions pour ce poète excellent et dépravé une admiration craintive [1]. »

En général, la dégaine de Baudelaire, son vêtement, l'expression cynique de son regard dérangent ces garçons timorés. Plus il avance dans la vie, plus il aime choquer, intriguer et, à l'extrême, déplaire. Pourtant il a des élans de franche amitié pour certains de ses camarades. Celui qu'il préfère est le peintre Émile Deroy, d'un an plus âgé que lui, qui habite à deux pas du quai de Béthune, sur le quai d'Orléans. Ensemble, ils écument les musées, les restaurants, les ateliers, les cafés et jugent avec flamme les récentes productions de l'art et de la littérature. Émile Deroy exécute en quatre séances, de nuit, un portrait de Baudelaire, songeur, un doigt sur la tempe et les joues entourées d'un mince collier de barbe frisottante. La chevelure est épaisse et se gonfle sur les oreilles. Le regard est direct, perçant, inquiétant. Un habit noir enserre le corps maigre et souple. Entre les revers de la veste, un bout de cravate blanche tire la langue. Les manchettes sont en mousseline plissée. « Ajoutez à ce costume des bottes ver-

---

[1]. Article nécrologique consacré par Ulbach à Baudelaire en septembre 1867 et cité par Claude Pichois dans ses commentaires aux *Œuvres complètes* du poète (La Pléiade).

nies, des gants clairs et un chapeau de dandy, écrira son nouvel ami Charles Asselineau, et vous aurez au complet le Baudelaire d'alors, tel qu'on le rencontrait aux alentours de son île Saint-Louis, promenant dans ces quartiers déserts et pauvres un luxe de toilette inusité[1]. »

Quand le temps le permet, le petit groupe des discutailleurs traîne ses guêtres dans les allées du Luxembourg ou au bois de Boulogne, ou encore, au-delà de la barrière, dans les parages de Plaisance ou de Montsouris. « Sur les cinq heures, en été, nous nous mettions en quête d'un endroit méprisé des bourgeois et commode aux entretiens de haute et fine graisse, littéraire ou artistique, morale même, racontera Prarond à Eugène Crépet. La chaussée du Maine et la rue de la Tombe-Issoire ont entendu, certains jours, des déclarations de principe à faire crouler l'Institut[2]. » Ils se reçoivent aussi entre eux, dans leurs chambres, dans leurs greniers, dans leurs garnis, boivent sec, fument à pleines joues et font même, de temps en temps, des cures de haschich. Tous ont des liaisons avec des filles faciles, souvent interchangeables.

Baudelaire ne tarde pas à attraper la syphilis. Il en est à la fois très contrarié et assez faraud. Il lui semble que cette maladie lui confère un brevet d'homme qui a vécu. « Le jour où le jeune écrivain corrige sa première épreuve, il est fier comme un écolier qui vient de gagner sa première vérole », notera-t-il dans *Mon cœur mis à nu*. Comme la plupart de ses contemporains, il croit que la syphilis n'est pas nécessairement contagieuse et qu'on peut s'en débarrasser par l'absorption de pilules au mercure et d'iodure de potassium. En fait, selon certains praticiens de l'époque, le traitement antivérolique procure au patient une impression de vigueur renouvelée. Un

---

1. Charles Asselineau, *Charles Baudelaire, sa vie et son œuvre*.
2. Cité par Claude Pichois, *Baudelaire, études et témoignages*.

vérolé guéri se porte mieux, dit-on, qu'avant sa mésaventure. « Les médecins des régiments et des prostituées savent cela, écrira Baudelaire, bien des années plus tard, à son éditeur Poulet-Malassis. C'est un véritable rajeunissement[1]. » Persuadé qu'il s'agit là d'une affection bénigne, il commence par aller voir un homéopathe, puis consent à prendre les médicaments que lui recommande un spécialiste, Philippe Ricord. En tout cas, il ne modifie en rien son genre de vie. Asselineau, qui lui a maintes fois rendu visite dans son appartement sous les combles de l'hôtel Pimodan, se souvient avec émotion du décor étrange où Baudelaire marine dans son jus de fantasmes et de projets. « Je revois en ce moment la chambre principale, chambre à coucher et cabinet de travail, uniformément tendue sur les murs et au plafond d'un papier rouge et noir, et éclairée par une seule fenêtre dont les carreaux, jusqu'aux pénultièmes inclusivement, étaient dépolis "afin de ne voir que le ciel", disait-il... Entre l'alcôve et la cheminée, je revois encore le portrait peint par Émile Deroy en 1843, et, sur le mur opposé, au-dessus d'un divan toujours encombré de livres, la copie (réduite) des *Femmes d'Alger*, œuvre du même peintre, faite pour Baudelaire, et qu'il montrait avec orgueil[2]. »

Les amis qui grimpent jusqu'à son perchoir y trouvent souvent, affalée dans un fauteuil, la maîtresse de Baudelaire, une mulâtresse de haute taille, au teint sombre, à l'œil effronté, aux lèvres épaisses et à la chevelure noire fortement crêpée. Elle s'appelle Jeanne Duval, mais on la connaît aussi, dans le quartier, comme Mlle Lemer ou Jeanne Prosper. Née à Saint-Domingue, elle a joué de petits rôles au théâtre de la Porte-Saint-Antoine sous le nom de Berthe et a connu de nombreuses aventures galantes, notamment

---
1. Lettre du 10 février 1860.
2. Charles Asselineau, *op. cit.*

avec le journaliste et photographe Félix Nadar, avant de rencontrer Baudelaire. D'emblée, celui-ci a été séduit par la chair foncée, la démarche féline et la toison odorante de la métisse. Après son expérience avec la Juive bigle Sarah, dite Louchette, il lui faut, pense-t-il, une compagne au moins aussi « spéciale » d'aspect que la précédente. Avec Jeanne Duval, il est sûr de se singulariser, en vrai dandy qui brave l'opinion des philistins. Et puis, il goûte une jouissance perverse à frotter sa peau pâle contre cette peau africaine. En s'accouplant hors de sa race, il se délivre de tous les préjugés chers à Aupick et à ses semblables. Il transgresse les lois de la bourgeoisie imbécile et plonge dans les voluptés de la négation. En outre, il garde intact le culte de sa mère. Jeanne, c'est l'anti-Caroline. Celle qui, par sa différence morphologique avec la génitrice, permet un plaisir sans remords. Bigame, il est cependant fidèle à la femme qui lui a donné le jour. En Caroline, il aime un ange, en Jeanne un démon. N'est-ce pas là un arrangement idéal pour quiconque ne veut pas mélanger les genres ?

Cette créature de couleur lui est d'ailleurs nécessaire à la fois pour les satisfactions qu'il tire de son corps ondoyant et pour les poèmes qu'elle lui inspire. Tantôt elle le provoque par le mouvement animal de ses hanches, tantôt elle se laisse faire, renversée sur le lit, passive et comme ennuyée du service qu'il attend d'elle, tantôt enfin, dressée devant lui en souveraine, elle lui crache son mépris au visage. Maléfique et imprévisible, elle est pour lui toutes les femmes. Il ne se lasse pas de chanter cette partenaire experte, dont l'épiderme noirâtre a le grain serré de la soie et qui l'aide, en se jouant, à être le bourreau de lui-même :

Je t'adore à l'égal de la voûte nocturne,
Ô vase de tristesse, ô grande taciturne [...].

Je m'avance à l'attaque, et je grimpe aux assauts,
Comme après un cadavre un chœur de vermisseaux,
Et je chéris, ô bête implacable et cruelle !
Jusqu'à cette froideur par où tu m'es plus belle[1] *!*

Ces vers, comme les autres, Baudelaire les récite à ses amis réunis autour de Prarond et, une fois de plus, tous sont déroutés par la violence du propos et la perfection de la forme. Les poèmes, toujours inédits, s'accumulent dans ses tiroirs : *L'Albatros, Don Juan aux Enfers, La Géante, A une Malabaraise*... Ayant été présenté à Sainte-Beuve, qu'il admire de longue date, il lui adresse une épître pour saluer son roman *Volupté* :

Tous imberbes alors, sur les vieux bancs de chêne,
Plus polis et luisants que des anneaux de chaîne,
Que jour à jour la peau des hommes a fourbis,
Nous traînions tristement nos ennuis, accroupis
Et voûtés sous le ciel carré des solitudes,
Où l'enfant boit, dix ans, l'âpre lait des études. [...]
— Qui de nous, en ces temps d'adolescences pâles,
N'a connu la torpeur des fatigues claustrales [...] *?*

— Et puis venaient les soirs malsains, les nuits fiévreuses,
Qui rendent de leur corps les filles amoureuses,
Et les font aux miroirs — stérile volupté —
Contempler les fruits mûrs de leur nubilité — [...]

Ce fut dans ce conflit de molles circonstances,
Mûri par vos sonnets, préparé par vos stances,
Qu'un soir, ayant flairé le livre et son esprit,
J'emportai sur mon cœur l'histoire d'Amaury[2].

---

1. *Les Fleurs du Mal*, XXIV.
2. *A Sainte-Beuve.* Amaury est le héros de *Volupté*.

Ce poème, tout vibrant des délires de l'adolescence, Charles le soumet à Sainte-Beuve avec humilité. « Ces vers ont été faits *pour vous*, lui écrit-il — et si naïvement que, lorsqu'ils furent achevés, je me suis demandé s'ils ne ressemblaient pas à une impertinence — et si la *personne louée* n'avait pas le droit de s'offenser de l'éloge. J'attends que vous daigniez m'en dire votre avis[1]. » Il est probable que Baudelaire a reçu de Saint-Beuve une réponse aimable et des encouragements passe-partout, mais sans invitation à lui rendre visite. L'auteur de *Volupté* se méfie des débutants qui le flattent dans l'espoir de lui soutirer un article.

La lettre à Sainte-Beuve est signée « Baudelaire-Dufaÿs ». Unissant le nom de son père au nom de jeune fille de sa mère, c'est ainsi que Charles se présente depuis la dation du conseil judiciaire. Est-ce pour marquer son nouveau départ dans la vie ou pour manifester son attachement à Caroline qu'il a choisi ce double patronyme ? A moins qu'il n'ait jugé que Baudelaire tout court était trop simple pour un personnage aussi exceptionnel que lui et qu'un nom composé, avec un trait d'union, aurait une consonance plus bizarre, plus aristocratique ?

Depuis quelques mois, sans avoir encore rien publié, il se sent de la même étoffe que les écrivains qui ont franchi le barrage de l'imprimerie. Le Vavasseur et Prarond s'étant mis en tête d'éditer un recueil collectif, il commence par souscrire à leur projet ; puis, subitement, il leur retire sa collaboration. Entre-temps, il s'est avisé qu'en participant à ce genre d'ouvrage il gâcherait ses meilleures chances. S'il veut garantir son originalité, il ne faut jamais, pense-t-il, qu'il joigne sa voix à celle des autres. Bien au contraire, il doit s'avancer seul sur le

---

1. Lettre de la fin 1844 ou du début 1845.

devant de la scène, donner sa mesure dans une brochure dont il sera le seul auteur, recevoir seul les éloges ou les critiques de la foule. Pour Prarond et Le Vavasseur, la poésie est un divertissement aimable ; pour Baudelaire, elle vient des tripes, comme le besoin de manger ou de boire. Cependant, il accepte l'idée d'écrire un drame en vers avec Prarond : *Idéolus*. Après plusieurs essais de plume, cette pièce parodique restera inachevée. En revanche, Baudelaire collabore anonymement à un petit livre : *Les Mystères galans des théâtres de Paris*, ramassis d'anecdotes piquantes sur quelques actrices, quelques auteurs en renom et quelques personnalités bien parisiennes. Il y éreinte notamment François Ponsard, qu'il considère comme le type même de l'écrivain opportuniste, coupable de sacrifier le talent au « bon sens ». Il envoie également un article, signé B..., au journal satirique *Le Tintamarre* sur la poétesse Louise Colet, célèbre pour ses charmes opulents, ses vers de mirliton et le nombre de ses liaisons amoureuses. Mais la direction du *Tintamarre*, reculant devant le danger d'une attaque aussi virulente contre une jeune femme qui a beaucoup de relations dans le monde des lettres et de la politique, répond à Baudelaire, sous la rubrique « Petite Correspondance[1] » : « A M. Charles B... Son article sur Mme L... Co... ne sera point inséré. Il renferme des détails qui se rattachent à la vie privée et ne rentre pas dans notre domaine. » (Numéro du 17-23 septembre 1843.) Et, quelques semaines plus tard, Baudelaire étant sans doute revenu à la charge auprès du *Tintamarre* : « A M. Charles B... Il y a, au bout de son article, cinq cents francs d'amende et trois mois de prison. Nous aimerions

---

1. Cité par Jacques Crépet dans son édition des *Mystères galans* et repris par Claude Pichois et Jean Ziegler dans leur *Baudelaire*.

beaucoup payer notre rédaction un peu moins cher. »
(Numéro du 3-9 décembre 1843.)

Si Baudelaire s'amuse à tâter du journalisme, c'est uniquement pour se détendre les nerfs. Son œuvre, il le pressent, sera ailleurs que dans les pages éphémères de la presse. Il a un tel souci de perfection qu'il reprend sans cesse les poèmes qu'il a écrits naguère, changeant un mot, déplaçant une virgule. Il ne travaille pas dans de la terre glaise mais dans du marbre. Il lui semble parfois que jamais il ne jugera ses vers suffisamment au point pour être livrés à la curiosité du public. Sa persévérance dans l'accomplissement d'une tâche sacrée étonne ses camarades, plus légers, plus dispersés. Ils subodorent en lui un être d'une autre espèce, qui les heurte par ses bizarreries et les domine par son intelligence. Son ami Asselineau dira de lui : « Les hardiesses que d'autres osent à peine rêver, il les avait réalisées et les imposait par l'ascendant d'une volonté éprouvée et qui défiait le ridicule [1]. »

Quand il travaille ainsi chez lui, à l'hôtel Pimodan, il laisse la clef sur la porte. N'importe qui peut entrer dans sa chambre. Tout en échangeant quelques mots avec l'importun, il continue à gratter le papier de la pointe de sa plume d'oie. Un jour, Asselineau l'ayant plaisanté sur son excessive rigueur dans le fignolage, il le foudroie du regard et s'écrie que la moindre ligne tombée de sa main doit être comme coulée dans le bronze. Il veut que son œuvre soit aussi peu banale, aussi déplaisante au bourgeois que sa vie : atteint de syphilis, doté d'un conseil judiciaire, affublé d'une maîtresse quarteronne, criblé de dettes, refusant avec hauteur toute situation et incapable de se diriger dans le monde des grandes personnes, il s'enorgueillit de ces « tares » comme de qualités essentielles à la conduite

---

1. Charles Asselineau, *op. cit.*

d'une carrière d'écrivain. Seule sa mère, lui semble-t-il, le comprend. Et encore !... Pourquoi n'est-ce pas elle qui exerce sur lui la tutelle légale, mais un étranger, un notaire qui a un code à la place du cœur ? Avec elle pour contrôler son budget, il aurait continué à dépenser l'argent sans contrainte. Aujourd'hui, il en est réduit à mendier auprès de l'insaisissable Caroline une rencontre « adultère » hors de chez lui (à cause de Jeanne), dans une salle paisible du musée du Louvre ou, l'été, dans un jardin public. Assis sur un banc, à l'écart de la foule, le fils et la mère se dévorent du regard et se querellent en chuchotant. Elle lui reproche son existence dissolue, ses dépenses extravagantes, sa liaison avec Jeanne, et lui l'accuse de ne plus l'aimer et de tout voir par les yeux de son affreux mari. Mais, de part et d'autre, la tendresse est telle que les mots les plus âpres sonnent comme des mots d'amour. Pendant une heure ou deux, Caroline a l'impression que Charles est redevenu l'enfant qu'elle pressait contre son ventre lorsqu'il revenait de l'école et Charles oublie ses soucis pour respirer jusqu'à l'enivrement le parfum de sa mère.

Dès qu'il la quitte, après un dernier baiser, son âge véritable lui retombe sur les épaules. En retrouvant Jeanne, il troque la peau blanche contre une peau bistre, les douces senteurs du manchon maternel contre l'odeur musquée de la mulâtresse, la parole douce d'une bourgeoise de la place Vendôme contre les criailleries et les jurons d'une fille des rues. Vulgaire et arrogante, sa maîtresse le reprend en main. Le caquetage de Jeanne l'exaspère. Mais il suffit qu'elle bouge, la croupe saillante, les seins offerts, pour qu'il voie en elle la sorcière antique, l'incarnation féminine de la perversité, la prêtresse du Mal dont il ne peut se passer pour vivre.

Ensemble, après l'amour, ils boivent. On se soûle au vin blanc. Puis on passe à des alcools plus raides. Baudelaire apprécie en connaisseur cet essor artificiel vers les hautes régions de la pensée. Selon lui, tout ce qui peut contribuer au dérèglement des sens est à essayer et à perfectionner. Se détruire pour mieux exister, telle est, affirme-t-il, la devise des forts. Et plus il se reconnaît dépendant des autres, de sa MÈRE, d'Aupick, d'Ancelle, des hommes de justice, des créanciers, de la société entière, plus il veut se persuader qu'avec toutes ses faiblesses il dépasse de cent coudées les gens qui prétendent le soumettre à leur loi.

X

RUPTURE AVEC LA FAMILLE

Baudelaire s'est coupé la barbe. Glabre, ascétique, le menton pointu, le cheveu rare, il ne ressemble plus guère au portrait qu'Émile Deroy a fait de lui l'année précédente. Celui-ci s'est enflammé d'une violente affection pour son modèle. Il admire Baudelaire autant que Baudelaire l'admire. Deroy prend auprès de lui des leçons de littérature, découvre les grands auteurs, participe à des discussions sur les derniers livres parus, et Baudelaire s'initie au contact de Deroy à la technique de la peinture, affine son goût pour les tableaux, cherche dans les œuvres anciennes le secret de la beauté éternelle. Sa passion le pousse à acheter des toiles au malin Arondel, alors même qu'il n'a pas de quoi les payer comptant. Les billets à ordre prolifèrent dans le tiroir du brocanteur. Il cède ainsi à Baudelaire un paysage de Poussin, une tête du Corrège, une autre de Vélasquez, un sujet biblique de Tintoret... Mais ne sont-ce pas des copies ? Arondel jure que non. Pourtant les prix sont dérisoires : douze cents francs pour un Zuccari. Dès qu'il a fait une acquisition, Charles sort en trombe de la boutique, au rez-de-chaussée de l'hôtel Pimodan, grimpe l'escalier quatre à quatre, s'enferme dans sa chambre, pose la toile sur un chevalet et la contemple avec ravissement. Il ne gardera pas longtemps ces pièces prestigieuses, ou prétendues telles. Pressé par les besoins d'argent, il les revendra à un marchand de la rue de Seine. Mais au moins connaîtra-t-il la satisfaction de les avoir possédées pendant quelques semaines. Il crée ainsi, dans son appartement, une sorte de petit musée où les tableaux ne séjournent que peu de temps mais laissent derrière eux un souvenir impérissable. « Glorifier le culte des images (ma grande, mon unique passion) », écrira-t-il dans *Mon cœur mis à nu* ; et aussi, dans une note autobiographique : « Goût permanent, depuis l'enfance, de toutes les images et de toutes les représentations plastiques. » Il a de qui tenir, pense-t-il, puisque son père était un peintre amateur assez habile. Lui-même griffonne souvent, pour s'amuser, des croquis.

Estimant que ses compétences en art sont à présent suffisantes, il décide de rendre compte, dans une brochure, du Salon qui ouvre ses portes le 15 mars 1845. Parmi les modernes, il apprécie surtout les œuvres violentes et hautes en couleur de Delacroix. Cet engouement, il le partage avec Émile Deroy. Au Louvre, où sont exposés les envois retenus par le jury, ils se promènent tous deux, en compagnie d'Asselineau qui, lui, doit écrire une chronique sur le Salon pour le *Journal des Théâtres*. Dès l'abord, Asselineau, qui connaissait à peine Baudelaire à l'époque, est frappé par son allure excentrique (gilet très long, pantalon étroit, habit noir en « queue de sifflet » et paletot de bure) et par la sûreté tranchante de ses jugements. Ensemble, les trois jeunes gens s'exaltent devant les toiles de Delacroix, de Corot, de Decamps, dédaignent celles d'Horace Vernet. Ils sont d'accord sur tout. Après leur tournée dans les galeries, ils vont sceller leur amitié nouvelle chez un mastroquet de la rue du Carrousel, devant une bouteille de vin blanc.

Tout aussitôt, Baudelaire se met à l'ouvrage. Dans son texte sur le Salon de 1845, il réserve les plus éclatants éloges à Delacroix, allant jusqu'à écrire : « M. Delacroix est décidément le peintre le plus original des temps anciens et des temps modernes. Cela est ainsi, qu'y faire ? Aucun des amis de M. Delacroix, et des plus enthousiastes, n'a osé le dire, simplement, crûment, impudemment, comme nous. » En revanche, il tape sur les doigts d'Horace Vernet à propos de la *Prise de la smalah d'Abd-el-Kader* : « Cette peinture africaine est plus froide qu'une belle journée d'hiver. » Quant à Louis Boulanger, dont Victor Hugo admire si fort le talent, Baudelaire lui reproche son romantisme de bazar et, à travers lui, décoche une flèche à l'auteur des *Contemplations* qu'il a idolâtré naguère et qu'il dénigre volontiers aujourd'hui : « C'est M. Victor Hugo qui a perdu M. Boulanger — après en avoir perdu tant d'autres —, c'est le poète qui a fait tomber le peintre dans la fosse. » En conclusion, Baudelaire affirme que seules la jeunesse, la hardiesse, l'insolence peuvent renouveler l'inspiration des artistes, alors que la plupart sont encore ligotés par la tradition. Certes, il parle là des peintres, des sculpteurs, des dessinateurs, mais, en réalité, c'est à lui-même qu'il pense, à son ambition d'apporter un accent discordant dans le concert des voix sages de la poésie contemporaine. « Celui-là sera le *peintre*, le vrai peintre, écrit-il, qui saura arracher à la vie actuelle son côté épique, et nous faire voir et comprendre, avec de la couleur ou du dessin, combien nous sommes grands et poétiques dans nos cravates et nos bottes vernies. — Puissent les vrais chercheurs nous donner l'année prochaine cette joie singulière de célébrer l'avènement du *neuf*. » La plaquette porte comme nom d'auteur Baudelaire-Dufaÿs. Tirée à cinq cents exemplaires, elle paraît à la mi-mai 1845 chez

Jules Labitte, éditeur, 3, quai Voltaire. Sur le second plat de la couverture, une annonce indique comme étant « sous presse » : *De la peinture moderne* ; « à paraître prochainement » : *De la caricature*, ainsi que *David, Guérin et Girodet*. Aucun de ces ouvrages ne verra le jour, mais des éléments en seront utilisés dans d'autres opuscules. Au moment de la publication du *Salon de 1845*, Baudelaire écrit au chroniqueur Champfleury, avec qui il s'est lié d'amitié : « Si vous voulez me faire un article de *blague*, faites-le, pourvu que cela ne me fasse pas trop de mal. Mais, *si vous voulez me faire plaisir*, faites quelques lignes sérieuses et PARLEZ des *Salons de Diderot*. Il faudrait peut-être mieux les deux choses à la fois. »

Champfleury s'exécute, anonymement, dans *Le Corsaire-Satan* du 27 mai : « M. Baudelaire-Dufaÿs est hardi comme Diderot, moins le paradoxe. » La formule plaît à Baudelaire. D'autant qu'ailleurs Champfleury rapproche ses opinions de celles de Stendhal. A retenir encore : un article chaleureux de Le Vavasseur, signé du pseudonyme de Civils, dans le *Journal d'Abbeville* et un autre d'Auguste Vitu dans *La Silhouette*. Maigre moisson ! Mais, tout compte fait, Baudelaire préfère à présent que sa brochure sur le Salon de 1845 passe inaperçue. L'ayant relue, il la juge médiocre. Ne donnera-t-il donc jamais l'œuvre inattaquable dont il rêve nuit et jour depuis des années ? Un seul livre, mais dont il puisse être fier de la première à la dernière ligne !

En attendant, il tente encore de grappiller quelque argent auprès de sa mère, hors du contrôle de Me Ancelle, et s'accuse devant elle d'être un mauvais fils. Mais il a tant d'excuses ! « Malheureux, humilié, triste comme je le suis, violenté tous les jours par une foule de besoins, je crois qu'il faut être très indulgent pour moi, écrit-il à Caroline. Quelque temps encore, peut-être, et, sorti des premiers embarras, mon esprit plus libre me permettra d'être pour toi tel que je voudrais être sans cesse. Je t'embrasse tendrement si tu veux bien le souffrir[1]. »

Puis soudain, accablé par le vide écœurant de son existence, il décide de mettre fin à ses jours. Selon toute vraisemblance, il n'est qu'à demi sincère en prenant cette résolution extrême. Certes, il songe qu'en se donnant la mort il résoudra d'un seul coup tous ses problèmes, mais en même temps il se dit que, si par hasard il rate son suicide, ses proches effrayés redoubleront de tendresse et de tolérance à son égard. Attiré à la fois par la promesse du néant et par celle d'une amélioration de sa condition matérielle, il se prépare à mourir en espérant l'échec de son entreprise. Ainsi, tiraillé entre le courage funèbre et la lâche tromperie, introduit-il de la vérité dans le simulacre et du simulacre dans la vérité. Le 30 juin 1845, il inaugure la mise en scène par une longue missive à son conseil judiciaire, M⁶ Ancelle : « Quand Mlle Jeanne Lemer [Jeanne Duval, sa maîtresse] vous remettra cette lettre, je serai mort. Elle l'ignore. Vous connaissez mon testament. Sauf la portion réservée à ma mère, Mlle *Lemer* doit hériter de tout ce que je laisserai, après paiement fait par vous de certaines dettes dont la liste accompagne cette lettre. [...] Je me *tue* — sans *chagrin*. — Je n'éprouve aucune de ces perturbations que les hommes appellent *chagrin*. — Mes dettes n'ont jamais été un *chagrin*. Rien n'est plus facile que de dominer ces choses-là. Je me tue parce que je ne puis plus vivre, que la fatigue de m'endormir et la fatigue de me réveiller me sont insupportables. Je me tue parce que je suis inutile aux autres — *et dangereux à moi-même*. Je me *tue* parce que je me crois immortel, et que *j'espère*. — Au moment où j'écris ces lignes, je suis tellement bien doué de lucidité que je rédige *encore* quelques notes pour

---

1. Lettre de la mi-avril 1845.

M. Théodore de Banville, et que j'ai toute la force nécessaire pour m'occuper de mes manuscrits. Je donne et lègue tout ce que je possède à Mlle Lemer, même mon petit mobilier et mon portrait — parce qu'elle est le seul être en qui j'ai trouvé quelque repos. Quelqu'un peut-il me blâmer de vouloir payer les rares jouissances que j'ai trouvées sur cette affreuse terre ? Je connais *peu* mon frère — il n'a pas vécu *en moi ni avec moi* — il n'a pas besoin de moi. Ma mère, qui si souvent et toujours involontairement a empoisonné ma vie, n'a pas non plus besoin de cet argent. Elle a son *mari* ; elle possède un *être humain*, une affection, *une amitié*. Moi, je n'ai que *Jeanne Lemer*. — Je n'ai trouvé de repos qu'en elle, et je ne veux pas, je ne peux souffrir la pensée qu'on veuille la déposséder de ce que je lui donne, sous prétexte que ma raison n'est pas saine. Vous m'avez entendu ces jours-ci causer avec vous. — Étais-je fou ? [...] Jeanne Lemer est la seule femme que j'aie aimée — elle n'a rien. Et c'est vous, M. Ancelle, un des rares hommes que j'aie trouvés doués d'un esprit doux et élevé, que je charge de mes dernières instructions auprès d'elle. [...] Guidez-la, conseillez-la ; oserai-je vous dire : aimez-la — pour moi du moins. Montrez-lui mon épouvantable exemple — et comment le désordre d'esprit et de vie mène à un désespoir sombre ou à un anéantissement complet. [...] Vous voyez bien maintenant que ce testament n'est pas une fanfaronnade ni un défi contre les idées sociales et de famille, mais simplement l'expression de ce qui reste en moi d'humain, — l'amour et le sincère désir de servir une créature qui a été quelquefois ma joie et mon repos. Adieu ! »

Ayant ainsi réglé sa succession, Baudelaire se donne un coup de couteau dans la poitrine. La blessure n'est que superficielle. Mais le poète perd connaissance. L'incident a eu lieu dans un cabaret de la rue de Richelieu, en présence de Jeanne. Elle fait transporter le blessé chez elle,

6, rue de la Femme-sans-Tête. Un médecin accourt, rassure tout le monde et recommande le repos. Charles se sent à la fois soulagé d'avoir la vie sauve et un peu honteux du ridicule de cette égratignure. S'il avait réellement voulu en finir, il aurait choisi un moyen plus sûr de se supprimer. L'estafilade à l'aide d'un canif ne « fait » décidément pas sérieux. Encore très faible, il souhaiterait aller voir sa mère pour lui expliquer son geste. Mais Jeanne, en sortant, l'a enfermé à clef dans sa chambre. Alors, il écrit à Caroline : « Au moment où je voulais m'habiller pour vous aller trouver, j'ai trouvé les portes fermées à double tour. Il paraît que le médecin ne veut pas que je bouge. Ainsi je ne puis pas vous aller voir [...]. Prenez-vous donc mes souffrances pour une plaisanterie ? et avez-vous le courage de me priver de votre présence ? — je vous dis que j'ai besoin de vous, qu'il faut que je vous voie, que je vous parle. Mais venez donc, venez donc *tout de suite* — pas de pruderie. Je suis chez une femme, mais je suis malade, et je ne peux pas bouger [...]. On me met au secret, on m'enferme, vous ne me répondez pas, quand je vous écris, on m'écrit que je ne puis pas vous voir, qu'est-ce que tout cela veut dire ? Je vous en supplie, venez donc me trouver, mais de suite, de suite — pas de cris. » Et, en post-scriptum, cette menace : « Je vous affirme que, si vous ne venez pas, cela ne peut qu'occasionner de nouveaux accidents. Je *veux* que vous veniez seule[1]. »

Sans doute Caroline se précipite-t-elle à son chevet, malgré la répulsion que lui inspire la mulâtresse qui l'héberge. Devant le désarroi et le dénuement de son fils, elle obtient du général Aupick qu'il veuille bien le recueillir provisoirement dans leur appartement de la place Vendôme. Entre-temps, Charles, affaibli, attendri, a pro-

---

1. Lettre de début juillet 1845.

mis, une fois de plus, de s'amender. Comme gage de sa bonne volonté, il accepte même de s'inscrire à l'École des chartes. Cependant, la froide discipline de la maison, les manières compassées des domestiques, l'ennui des grands repas à la table familiale lui pèsent. Dès qu'il le peut, il s'échappe de cette prison lambrissée et va rejoindre ses amis. Mais le général exige que son beau-fils soit, au moins, de retour pour le dîner. Un jour de juillet, Charles, empêché de rentrer à l'heure, s'excuse par un billet assez cavalier : « Ne m'en veuillez pas de cette infraction à la *Règle*, vu que c'est la première. »

Peu après, cette *Règle* lui devient tellement odieuse qu'il s'enfuit, en laissant à sa mère une lettre de « rupture » : « Je pars et ne reparaîtrai que dans une situation d'esprit et d'argent plus convenable. Je pars pour plusieurs motifs. D'abord je suis tombé dans un marasme et un engourdissement affreux et j'ai besoin de beaucoup de solitude pour me refaire un peu, et reprendre de la force. — En second lieu, il m'est impossible de me faire tel que ton mari voudrait que je fusse ; par conséquent, ce serait le voler que de vivre plus longtemps chez lui ; et enfin je ne crois pas qu'il soit *décent* que je sois traité par lui comme il paraît désormais vouloir le faire. — Il est probable que je vais être obligé de vivre durement, mais je serai mieux. Aujourd'hui ou demain, je t'enverrai une lettre qui t'indiquera ceux de mes effets dont j'ai besoin et l'endroit où il faudra les envoyer. Ma résolution est ferme, définitive et raisonnée ; ainsi il ne faut pas se plaindre mais la comprendre. »

A quelques jours de là, rencontrant son ami Louis Ménard, Baudelaire lui annonce en riant : « J'ai quitté de nouveau ma famille. Cela ne pouvait durer. On ne boit que du bordeaux chez ma mère et je n'aime que le bourgogne. » Comme toujours en public, il crâne pour masquer son amertume.

Logé à l'hôtel de Dunkerque, 32, rue Laffitte, il écrit de nouveau à Caroline : « Il faut m'envoyer immédiatement *rue Laffitte, 32, hôtel de Dunkerque, M. Baudelaire-Dufaÿs*, la petite malle où est contenu le linge, plus des souliers, des pantoufles — et les deux cravates noires — *plus tous mes livres*. J'en ai absolument et immédiatement besoin. Il ne faut m'adresser aucune lettre de reproche ni aucune invitation à revenir — je ne reviendrai pas. Tout ce que je puis t'affirmer, c'est que tu en seras contente dans quelque temps. »

Il campe dans des chambres d'hôtel, dans des garnis, déménage souvent et ne fréquente guère l'École des chartes, où il s'est inscrit pour complaire à ses parents. En revanche, il hante les salles de rédaction des petits journaux, épate ses confrères par son ironie glaciale et, pour s'amuser, cède quelques-uns de ses sonnets à son ami Privat d'Anglemont qui les publie sous son nom. En attribuant ses poésies à un autre, il marque sa dérision face aux vanités du monde. La mystification, la farce, le mensonge sont pour lui une façon de dissimuler son vrai visage sous un masque, un réflexe de dignité et, en quelque sorte, de pudeur. Quand il brouille les pistes, il croit se mettre à l'abri des curieux, mais, en réalité, il les provoque. Son faux suicide a procédé, sans doute, du même besoin d'affabulation, avec la dramatisation en plus.

Alors que, dans sa lettre d'adieu à Ancelle, il a déclaré que Jeanne Duval (Mlle Lemer) était la seule femme qu'il eût jamais aimée, à peine revenu parmi les vivants il la trompe avec des danseuses du bal Mabille, comme cette Élise Sergent surnommée « la reine Pomaré[1] ». Celle-ci s'est installée à l'hôtel Pimodan, que Baudelaire a quitté

---

1. Reine de Tahiti, de mœurs légères, qui, par son penchant pour un missionnaire protestant, faillit provoquer un conflit entre la France et l'Angleterre.

depuis peu. Y logent également le peintre Boissard et sa maîtresse, Marix. Chez eux, on organise des orgies de haschich. Les invités, moyennant trois à cinq francs par tête, destinés à payer la « confiture verte », profitent des bienfaits de l'hallucination. Baudelaire se rend parfois à ces soirées, mais ne consomme guère. Il préfère observer. C'est à l'occasion d'une de ces « fantasias » qu'il rencontre Théophile Gautier, ventru, échevelé et hilare. Tout en admirant l'auteur d'*Albertus* et d'*España*, il est heurté par la familiarité de ses manières, son tutoiement appuyé et ses rires gras. Il entrevoit aussi Balzac, mais ce dernier ne fait que goûter, du bout des lèvres, la divine substance et se retire sans avoir manifesté le moindre trouble ni le moindre plaisir. Baudelaire, lui aussi, se méfie. Il veut garder la cervelle claire, car, depuis quelques semaines, il a de nouveau du pain sur la planche : il collabore aux articles venimeux que publie *Le Corsaire-Satan*. Par prudence, ces satires sont anonymes.

Pourtant, le 21 janvier 1846, Baudelaire-Dufaÿs y signe une étude : *Le Musée classique du Bazar Bonne-Nouvelle* ; il s'agit d'une exposition commerciale où figurent onze tableaux de David et treize d'Ingres. Malgré son engagement total derrière l'art fulgurant de Delacroix, Baudelaire, ici, dit son admiration pour David, et plus spécialement pour son *Marat* : « Le drame est là, vivant dans toute sa lamentable horreur, et par un tour de force étrange qui fait de cette peinture le chef-d'œuvre de David et une des grandes curiosités de l'art moderne, elle n'a rien de trivial ni d'ignoble. [...] Dans l'air froid de cette chambre, sur ces murs froids, autour de cette froide et funèbre baignoire, une âme voltige. » Ingres également a droit de sa part à des éloges : « Il est entendu et reconnu que la peinture de M. Ingres est grise. — Ouvrez l'œil, nation nigaude, et dites si vous vîtes jamais de la peinture plus éclatante et plus voyante, et même une plus grande recherche de tons ?

[...] Si l'île de Cythère commandait un tableau à M. Ingres, à coup sûr il ne serait pas folâtre et riant comme celui de Watteau, mais robuste et nourrissant comme l'amour antique. »

Peu après, Baudelaire donne à la même revue un texte intitulé *Choix de maximes consolantes sur l'amour* (dans lequel il en annonce un autre plus long : *Le Catéchisme de la femme aimée*). Il s'y amuse à distribuer des conseils cyniques aux amoureux : « La nature, en cuisine comme en amour, nous donne rarement le goût de ce qui nous est mauvais. » Se souvenant de Louchette, il ajoute : « Pour certains esprits plus curieux et plus blasés, la jouissance de la laideur provient d'un sentiment encore plus mystérieux qui est la soif de l'inconnu et le goût de l'horrible. [...] Je plaindrais vivement qui ne comprendrait pas ; — une harpe à qui manquerait une corde grave ! » Et n'est-ce pas à Jeanne qu'il pense en écrivant : « Il y a des gens qui rougissent d'avoir aimé une femme, le jour qu'ils s'aperçoivent qu'elle est bête. Ceux-là sont des aliborons vaniteux, faits pour brouter les chardons les plus impurs de la création, ou les faveurs d'un bas-bleu. La bêtise est souvent l'ornement de la beauté ; c'est elle qui donne aux yeux cette limpidité morne des étangs noirâtres, et ce calme huileux des mers tropicales. » Ou encore : « Aimez les femmes froides. — Aimez-les bien, car le labeur est plus grand et plus âpre, et vous trouverez un jour plus d'honneur au tribunal de l'Amour qui siège par-delà le bleu de l'infini ! [...] Si la femme grasse est parfois un charmant caprice, la femme maigre est un puits de voluptés ténébreuses ! »

Pour se moquer de son demi-frère Alphonse, le magistrat, qui a tant insisté pour le doter d'un conseil judiciaire, et de sa belle-sœur Félicité, confite en dévotion, il envoie son *Choix de maximes* à cette dernière, avec une lettre datée du 3 mars 1846 : « Madame, vous serez peut-être curieuse de savoir comment Baudelaire-Dufaÿs traite un sujet aussi difficile et en même temps aussi naturel que l'Amour : je vous adresse cet opuscule qui vient de sortir de ma plume. Je ne puis choisir un meilleur juge que vous, je me soumets et je deviens votre justiciable avec une entière confiance [...]. Que direz-vous de mes principes, et des conseils que je donne à ce sexe trompeur qui souvent ne fait que feindre l'amour ? [...] Veuillez être, Madame, ma providence dans la carrière qui s'ouvre à moi par le *canal de l'amour*..., j'ai presque dit par l'influence de la femme. »

Sans doute, à la lecture de ce billet d'une insolente courtoisie, Félicité eut-elle un haut-le-corps d'honnête femme bousculée dans la rue par un dandy éméché. Baudelaire a attribué des traits de cette jolie pimbêche provinciale à Mme de Cosmelly, l'une des héroïnes de la nouvelle qu'il est en train d'écrire, *La Fanfarlo*. L'autre héroïne lui aurait été inspirée par la trépidante danseuse de style espagnol Lola Montès, qui provoque autour d'elle ruptures de ménages, ruines, scandales, duels et complots politiques. Baudelaire aime ce genre de créature à l'œil de feu et aux manières d'amazone. Jeanne, sa maîtresse, ne le séduit jamais autant que quand elle est en colère. Dans ces moments, il a devant lui une sorte d'être amphibie, homme par la volonté de domination, femme par les seins et la croupe. De ce fait, le plaisir est double.

Alors que *Le Corsaire-Satan* exige de lui de brefs articles tout pailletés de drôlerie et de méchanceté, il songe déjà à écrire des chroniques au ton plus grave et aux dimensions moins réduites. Ayant lié connaissance avec la rédaction de *L'Esprit public*, il y publie en feuilleton, dans trois numéros successifs et sous sa signature, *Le Jeune Enchanteur, histoire tirée d'un palimpseste d'Herculanum*. Mais il s'agit là d'une supercherie, puisque le récit en question est la traduction rudimentaire d'un texte anglais paru en 1836, dû vraisemblablement au révérend Croly et inséré dans un *keepsake*[1] très répandu en Grande-Bretagne, *The Forget me not*. Ce plagiat, commis avec désinvolture, est suivi dans la même revue (numéro du 15 avril 1846) de *Conseils aux jeunes littérateurs*, entreprise qui témoigne d'une belle assurance pour un auteur dont le bagage est encore mince. « Les préceptes qu'on va lire sont le fruit de l'expérience », affirme-t-il. Autre facétie : *Le Salon caricatural*, parodie en vers concoctée anonymement par Baudelaire, Banville et Vitu, éditée chez Charpentier.

Cependant, c'est à un autre Salon que Baudelaire-Dufaÿs réserve son attention la plus ardente : celui qui s'ouvre au Louvre le 16 mars 1846. La longue analyse qu'il lui consacre paraît au début du mois de mai chez l'éditeur Michel Lévy. Dans cette brochure de quelque cent quarante pages, il reprend, en le développant, son plaidoyer pour le romantisme novateur : « Pour moi, le romantisme est l'expression la plus récente, la plus actuelle du beau, écrit-il. [...] Qui dit romantisme dit art moderne, — c'est-à-dire intimité, spiritualité, couleur, aspiration vers l'infini, exprimées par tous les moyens que contiennent les arts. » Ce romantisme, pour lui, s'incarne plus que jamais en Delacroix : « J'ignore s'il est fier de sa qualité de romantique, nous dit Baudelaire ; mais sa place est ici, parce que la majorité du public l'a depuis longtemps, et même dès sa première œuvre, constitué le chef de l'école *moderne*. » Par contraste, Horace Vernet l'horripile : « Je hais cet art improvisé au roulement du tambour, ces toiles badigeonnées au galop, cette peinture fabriquée à coups de pistolet, comme je hais l'armée, la force armée, et tout ce qui traîne des armes bruyantes dans

---

1. Petit livre illustré de gravures qu'il était à la mode d'offrir comme souvenir, en Angleterre et en France, à l'époque romantique.

un lieu pacifique. » Le général Aupick a dû sursauter en lisant ces lignes. Au passage, le jeune critique égratigne aussi Victor Hugo qu'il a cessé d'aimer : « M. Victor Hugo, dont je ne veux certainement pas diminuer la noblesse et la majesté, est un ouvrier beaucoup plus adroit qu'inventif, un travailleur bien plus correct que créateur. Delacroix est quelquefois maladroit, mais essentiellement créateur. [...] M. Hugo était naturellement académicien avant que de naître [...]. M. Victor Hugo est devenu un peintre en poésie ; Delacroix, toujours respectueux de son idéal, est souvent, à son insu, un poète en peinture. » Enfin, cette sentence vigoureuse qui résume tout : « Ôtez Delacroix, la grande chaîne de l'histoire est rompue et s'écoule à terre. »

S'autorisant de son enthousiasme pour le peintre, Baudelaire va le voir, à plusieurs reprises, et se trouve devant un étrange personnage qui semble gêné par les éloges hyperboliques qu'on lui décerne. En l'observant, Baudelaire devine confusément que ce révolutionnaire en art est, par nature, un homme timoré, respectueux des lois, ennemi des excès en toute chose et qui tient son visiteur à distance parce qu'il le trouve d'une bizarrerie suspecte. Cela n'empêche pas le thuriféraire de taper son idole de cent cinquante francs qu'il promet de lui rendre dans les deux mois.

Comme toujours, il est à court d'argent. La vente du *Salon de 1846* est quasiment nulle. Les grands journaux n'ont pas parlé de l'ouvrage. En outre, son ami Émile Deroy vient de mourir : de syphilis ou de tuberculose, on l'ignore. Baudelaire n'a pas le temps de s'attendrir sur cette disparition. Sa propre détresse le préoccupe trop pour qu'il s'apitoie sur celle des autres. De lettre en lettre, il adjure Mme Aupick de le secourir en dehors de Me Ancelle. Comme elle se fait tirer l'oreille, il se fâche. Il ne sait plus s'il doit voir en elle une amie sûre ou une ennemie déguisée en mère : « Lors de mon déménagement de la place Vendôme je n'ai pas retrouvé parmi mes dessins et mes portraits *le vôtre*. Malgré nos dissensions et toutes les choses amères qui nous ont séparés, croyez que je tiens fort à ce portrait [1]. » Il n'a que de faux parents, de faux compagnons, une fausse maîtresse, un faux avenir. Par moments, il regrette de n'avoir pu s'offrir qu'un faux suicide.

XI

PREMIERS PAS EN LITTÉRATURE

Le 23 août 1846, *L'Écho des Théâtres* reproduit, sous la signature de Baudelaire-Dufaÿs, un texte paru l'année précédente dans *Le Corsaire-Satan*, mais anonymement : *Comment on paie ses dettes quand on a du génie*. Il contient un portrait superbe de Balzac, que l'auteur raille pour ses ficelles commerciales, tout en le louant pour son énorme invention de romancier : « C'était bien lui, l'homme aux faillites mythologiques, aux entreprises hyperboliques et fantasmagoriques dont il oublie toujours d'allumer la lanterne ; le grand pourchasseur de rêves, sans cesse à la *recherche de l'absolu* ; lui, le personnage le plus curieux, le plus cocasse, le plus intéressant et le plus vaniteux des personnages de *La Comédie humaine*, lui, cet original aussi insupportable dans la vie que délicieux dans ses écrits, ce gros enfant bouffi de génie et de

---

1. Lettre d'octobre 1846.

vanité, qui a tant de qualités et tant de travers que l'on hésite à retrancher les uns de peur de perdre les autres, et de gâter ainsi cette incorrigible et fatale monstruosité ! »
La plume est déjà d'une stupéfiante assurance. A vingt-cinq ans, Baudelaire est, en prose, maître absolu de ses moyens. Deux semaines plus tard, c'est son premier poème important[1], *Don Juan aux Enfers*, qui est publié dans *L'Artiste* :

Montrant leurs seins pendants et leurs robes ouvertes,
Des femmes se tordaient sous le noir firmament,
Et, comme un grand troupeau de victimes offertes,
Derrière lui traînaient un long mugissement.

Sganarelle en riant lui réclamait ses gages,
Tandis que Don Luis avec un doigt tremblant
Montrait à tous les morts errant sur les rivages
Le fils audacieux qui railla son front blanc. [...]

Tout droit dans son armure, un grand homme de pierre
Se tenait à la barre et coupait le flot noir ;
Mais le calme héros, courbé sur sa rapière,
Regardait le sillage et ne daignait rien voir.

Manifestement inspiré par deux toiles de Delacroix : *Le Naufrage de Don Juan* et *La Barque du Dante*, ce morceau s'intitulait primitivement *L'Impénitent*. Et ce titre ancien exprime bien, dans sa brièveté, la pensée de l'auteur. Le Don Juan de Baudelaire est « calme », parce qu'il n'est pas un trousseur de jupons ordinaire, un libertin moqueur parmi les autres : il est l'incarnation sacrée du mal sur la terre. En outrageant la morale de toutes les façons, il

---
1. Baudelaire avait déjà publié en 1845, dans *L'Artiste*, l'aimable madrigal *A une dame créole*.

accomplit une mission supérieure. Il représente le dandy intégral. Celui qui ne défie pas seulement ses semblables, mais Dieu.

Malgré sa beauté fuligineuse, le poème passe tout à fait inaperçu. Il a été présenté dans *L'Artiste* comme faisant partie d'un recueil à paraître sous peu : *Les Limbes*. Sept mois auparavant, sur la couverture du *Salon de 1846*, le même recueil avait été annoncé sous le nom : *Les Lesbiennes*. En réalité, bien qu'il se préoccupe du titre, Baudelaire n'a pas réuni, loin de là, les pièces maîtresses de son livre. Tout est en projet dans sa tête. Comme toujours, il se nourrit d'expectatives. Qu'il ait aligné douze vers, et il se voit déjà à la tête d'une œuvre.

Ce qu'il déplore, c'est qu'à tout moment des soucis matériels compromettent son inspiration. Autour de lui, Paris est malade de politique. La monarchie est persiflée, attaquée par les nostalgiques de la Révolution. Or, Baudelaire, tout en s'attendrissant sur les petites gens qui souffrent de la faim et du froid, éprouve une vive aversion pour la démocratie. Il considère les partisans de l'égalitarisme comme des ennemis de l'élégance, de la singularité et, par conséquent, de l'art. Il a écrit crûment dans le *Salon de 1846* : « Avez-vous éprouvé [...] la même joie que moi à voir un gardien du sommeil public — sergent de ville ou municipal, la véritable armée[1] — crosser[2] un républicain ? Et comme moi, vous avez dit dans votre cœur : "Crosse, crosse un peu plus fort, crosse encore, municipal de mon cœur ; car en ce crossement suprême, je t'adore, et te juge semblable à Jupiter, le grand justicier. L'homme que tu crosses est un ennemi des roses et des parfums, un fanatique des ustensiles ; c'est un ennemi de Watteau, un ennemi de Raphaël, un ennemi acharné du

---

1. Par opposition à l'armée obtuse et inutile personnifiée par Aupick.
2. Frapper à coups de crosse et, par extension, à coups de bâton.

luxe, des beaux-arts et des belles-lettres, iconoclaste juré, bourreau de Vénus et d'Apollon ! Il ne veut plus travailler, humble et anonyme ouvrier, aux roses et aux parfums publics ; il veut être libre, l'ignorant, et il est incapable de fonder un atelier de fleurs et de parfumeries nouvelles. Crosse religieusement les omoplates de l'anarchiste ! " »

Pour Baudelaire, anarchiste et républicain, c'est tout comme. En osant relever la tête, le prolétaire ignare rompt l'harmonie du monde. Il empêche les êtres exceptionnels de s'épanouir. L'égalité devant la loi est absurde, car on ne peut mettre dans le même sac un Lamartine et le savetier du coin. Leur donner une voix à chacun pour choisir les représentants du peuple, c'est insulter la raison et, par conséquent, Dieu. Défenseur enragé des élites, Baudelaire compte pourtant de nombreux amis parmi la jeunesse républicaine : Louis Ménard, avec qui il s'est plus ou moins réconcilié après l'avoir écorché dans un article du *Corsaire-Satan*, Leconte de Lisle, Théophile Thoré, Hippolyte Castille, le chansonnier Pierre Dupont...

Dans les cafés qu'il fréquente, l'effervescence est à son comble. On discute ferme autour des billards et des tables de tric-trac. La « campagne des banquets », organisée par l'opposition pour propager des idées de réforme électorale et parlementaire, enflamme toutes les têtes. Baudelaire, qui n'aime ni Louis-Philippe, ni la foule, ni les traîneurs de sabre, ni les orateurs de la gauche utopique, est pourtant gagné par l'agitation libertaire de ses camarades. Dès qu'il est question de contredire, de démolir, de rénover, il a des fourmis dans la cervelle.

S'il n'est pas très assuré dans ses convictions politiques, il l'est farouchement dans ses préférences littéraires. Il vient de subir une véritable commotion en découvrant des fragments de l'œuvre d'Edgar Poe. D'emblée, cet écrivain maléfique fait figure pour lui de modèle et de guide. Il aime sa perversité, sa cruauté, son mystère et son goût de la perfection formelle. A travers quelques pâles traductions, il se sent littéralement possédé par un autre lui-même. « A tout venant, écrit Asselineau, où qu'il se trouvât, dans la rue, au café, dans une imprimerie, le matin, le soir, il allait demandant : "Connaissez-vous Edgar Poe ?" Et, selon la réponse, il épanchait son enthousiasme ou pressait de questions son auditeur. » Ayant entendu dire qu'un Américain de passage à Paris a approché Edgar Poe, il traîne Asselineau jusqu'à un hôtel du boulevard des Capucines où le voyageur est descendu. « Nous le trouvâmes en caleçon et en chemise, raconte Asselineau, au milieu d'une flottille de chaussures de toutes sortes qu'il essayait avec l'assistance d'un cordonnier. Mais Baudelaire ne lui fit pas grâce : il fallut, bon gré mal gré, qu'il subît l'interrogatoire entre une paire de bottines et une paire d'escarpins. L'opinion de notre hôte ne fut pas favorable à l'auteur du *Chat noir*. Je me rappelle notamment qu'il nous dit que M. Poe était un esprit bizarre et dont la conversation n'était pas du tout *conséquioutive*. Sur l'escalier, Baudelaire me dit en enfonçant son chapeau avec violence : "Ce n'est qu'un Yankee ! " »

Gustave Courbet, dont Baudelaire a fait récemment la connaissance, exécute son portrait en quelques séances. Ni barbe ni moustache, les cheveux coupés court, le front dégarni, l'œil noir, la bouche crispée. Une large cravate bouffe à gros plis entre les pans d'une blouse. Parmi ses compagnons de café, aux vêtements avachis, au linge douteux, il continue à jouer au dandy. Si ses habits sont usés, ses chemises sont d'une propreté irréprochable. Il se passerait de manger plutôt que de paraître en public dans une tenue négligée.

Devant Me Ancelle, qui s'efforce encore de l'amener à choisir un emploi stable et correctement rémunéré, il fait étalage, par bravade, de son besoin d'indépendance et de son mépris des conventions sociales. Bien entendu, son interlocuteur rapporte ces propos à Mme Aupick, et elle s'en désole. « Tout cela me donne à penser et me fait peur, écrit-elle au notaire ; car il me semble que, lorsqu'on ne croit à aucun sentiment honnête, il n'y a qu'un pas de là à une mauvaise action et cette idée seule me fait frémir ; et moi qui me complaisais dans la pensée que mon fils, malgré son désordre et toutes ses idées extravagantes, était rempli d'honneur et que je n'aurais jamais à redouter aucune action vile ; j'en avais pour garant aussi son orgueil, et une certaine fierté dans l'âme, sans ajouter que je lui croyais un fonds de religion, sans pratique, mais ayant la foi. Voyez dans quelles tortures je vis, au sujet de Charles, car je ne puis me dissimuler que sa position va en s'empirant : elle empire par la raison qu'elle se prolonge et que les années marchent. Ce n'est pas faute cependant d'adresser les prières les plus ferventes à Dieu pour son changement. Si je me suis résignée à cette séparation, qui m'a été si cruelle et qui peut-être a été la cause de tous les désordres où Charles s'est jeté, c'est que j'ai cru bien faire et agir dans son intérêt ; je n'ai pas voulu imposer à mon mari la vue d'un jeune homme dont les idées et les habitudes cadraient si peu avec les siennes. Comme femme je ne vois en toutes choses que le sentiment[1]. »

Obligé, pour la moindre dépense excédant sa mensualité, de s'adresser à Ancelle, Baudelaire s'entend répondre, la plupart du temps, qu'il lui faut d'abord obtenir l'autorisation de sa mère. Un jour, désireux d'acheter une fontaine pour la commodité de sa toilette, il se précipite de Neuilly, où habite le notaire, à la place Vendôme, où habite Caroline, pour recevoir le blanc-seing nécessaire. Impatient, il arrête son fiacre devant la maison familiale

---

[1]. Lettre de 1847, citée par Eugène Crépet, *Charles Baudelaire*.

et fait porter à sa mère le billet suivant : « C'est seulement quand je suis réduit [aux] dernières extrémités, c'est-à-dire [quand] *j'ai très faim* que je vais à [vous], tant cela me cause de dégoût et d'ennui. Pour comble de malheur, M. [Ancelle] veut votre autorisation ; je suis donc [venu], malgré le temps, la fatigue, [...] solliciter de vous la permission de prendre à Neuilly de quoi acheter [...] *une fontaine* et vivre quelques jours. [...] Je ne monte pas chez vous, [parce que] je sais *de quelles injures, de quelles avanies et de quelles humiliations je paierais ce dont j'ai besoin.* Je retourne *immédiatement* à Neuilly porter votre autorisation. J'attends cette réponse en voiture en bas. Détruisez ce billet, *car il serait honteux pour vous qu'on pût le trouver.* »

Caroline ne détruit pas le billet, mais le déchire dans sa partie gauche, en pleurant à chaudes larmes. Partagée entre son mari et son fils, elle se sent coupable dès qu'elle avantage l'un par rapport à l'autre. Quant à Charles, il a parfois l'impression que son beau-père a tué son père pour accaparer, dans le lit conjugal, la place du défunt. Il se prendrait volontiers pour un Hamlet, face à la trahison d'une mère et au crime d'un usurpateur. En tant qu'orphelin, il a une infidélité à punir et un mort à venger. Sa haine d'Aupick prend des proportions shakespeariennes.

Entre-temps, il a trouvé un nouveau logement, 36, rue de Babylone. Là encore, sa mère a dû l'aider pour qu'il puisse se meubler décemment. Le 4 décembre 1847, il exhale son désespoir, sa honte et sa vindicte dans une longue lettre qu'il adresse à la malheureuse : « Sans doute je vous dois des remerciements pour l'obligeance que vous avez mise à me faire fournir quelques-uns des objets indispensables à une vie plus raisonnable que celle que je subis depuis longtemps, c'est-à-dire quelques meubles. Mais les meubles achetés, je me suis trouvé sans le sol, et sans quelques-uns de ces objets non moins indispensables qu'il est facile de deviner, une lampe, une fontaine, etc. Qu'il vous suffise de savoir que j'ai été obligé de subir une longue discussion avec M. Ancelle pour arracher du bois et du charbon. Si vous saviez quel effort il m'a fallu faire pour prendre la plume et m'adresser encore une fois à vous, désespérant de vous faire comprendre, à vous dont la vie est toujours facile et régulière, comment je pouvais me trouver dans de pareils embarras ! Supposez une oisiveté perpétuelle commandée par un malaise perpétuel, avec une haine profonde de cette oisiveté, et l'impossibilité absolue d'en sortir à cause du manque perpétuel d'argent. A coup sûr dans de pareils cas, il vaut mieux, quelque humiliation qu'il m'en coûte, m'adresser encore à vous, qu'à des indifférents chez qui je ne trouverais pas la même sympathie. Actuellement, voici ce qui m'arrive. Tout heureux d'avoir un logement et des meubles, mais privé d'argent, j'en cherchais depuis deux ou trois jours, quand lundi dernier, au soir, exténué de fatigue, d'ennui et de faim, je suis entré dans le premier hôtel venu, et depuis ce temps j'y reste, *et pour cause*. J'avais donné l'adresse de cet hôtel à un ami, à qui j'ai prêté de l'argent, il y a quatre ans, du temps où j'en avais, mais il me manque de parole. Du reste, j'ai dépensé peu de chose, 30 ou 35 francs en une semaine ; mais là n'est pas tout l'embarras. Car je suppose que, par une bienveillance malheureusement toujours insuffisante, vous veuillez bien me tirer de cette malheureuse étourderie. Demain que faire ? Car l'oisiveté me tue, me dévore, me mange. Je ne sais vraiment pas comment je possède assez de force pour dominer l'effet désastreux de cette oisiveté, et posséder encore une lucidité absolue d'esprit, et une espérance perpétuelle de fortune, de bonheur et de calme. Or voici ce que je vous demande *à mains jointes*, tant je sens que je touche aux dernières limites, non seulement de la patience des autres, mais aussi de la mienne. Envoyez-moi, *cela dût-il vous coûter mille pei-*

nes, et quand bien même vous ne croiriez pas à l'utilité réelle de ce dernier service, non seulement la somme en question, mais de quoi vivre une vingtaine de jours. Vous fixerez comme vous l'entendrez la chose. Je crois si parfaitement à l'emploi du temps et à la puissance de ma volonté, *que je sais positivement* que si je pouvais parvenir à mener, quinze ou vingt jours durant, une vie régulière, *mon intelligence serait sauvée.* C'est un dernier essai, *c'est un jeu.* Risquez sur l'inconnu, ma chère mère, je vous en prie. L'explication de ces six années si singulièrement et si désastreusement remplies, si je n'avais pas joui d'une santé d'esprit et de corps que rien n'a pu tuer — est fort simple ; cela se résume ainsi : étourderie, remise au lendemain des plans les plus vulgairement raisonnables, conséquemment misère, et toujours misère. En voulez-vous un échantillon : il m'est arrivé de rester trois jours au lit, tantôt faute de linge, tantôt faute de bois. Franchement, le laudanum et le vin sont de mauvaises ressources contre le chagrin. Ils font passer le temps, mais ne refont pas la vie. Encore pour s'abrutir faut-il de l'argent. La dernière fois que vous avez eu l'obligeance de me donner 15 francs, je n'avais pas mangé depuis *deux jours* — quarante-huit heures. J'étais perpétuellement sur la route de Neuilly, je n'osais pas avouer mon tort à M. Ancelle, et je ne me tenais éveillé et debout que grâce à l'eau-de-vie qu'on m'avait donnée, moi qui exècre les liqueurs et à qui elles tordent l'estomac. Puissent de pareils aveux — ou pour vous ou pour moi — n'être jamais connus des hommes vivants et de la postérité ! Car je crois encore que la postérité me concerne [...]. Que cette lettre, adressée uniquement à vous, la première personne à qui je fais de pareilles confidences, ne sorte pas de vos mains [...]. Du reste, avant de vous écrire, j'ai pensé à tout, et *j'ai résolu de ne plus voir M. Ancelle*, avec qui j'ai déjà eu deux entrevues désagréables [...]. Je souffre trop pour ne pas vouloir en finir *une dernière fois.* »

Ayant lancé cette menace de suicide, Baudelaire la tempère, plus loin, en annonçant qu'il pourrait aussi, pour échapper à l'enfer de Paris, se rendre à l'île Maurice, où des amis bien intentionnés lui offriraient un emploi de précepteur : « J'y trouverai une place très facile à remplir, des appointements beaux pour un pays où on vit facilement quand on y est établi, et *l'ennui, l'ennui horrible et l'affaiblissement intellectuel des pays chauds et bleus.* Mais je le ferai comme châtiment et expiation de mon orgueil, si je manque à mes dernières résolutions. »

Après avoir ainsi effrayé sa mère, il lui expose un projet qui, à son avis, pourrait le tirer d'embarras : « Il y a à peu près huit mois que j'ai été chargé de faire deux articles importants qui traînent toujours, l'un une *histoire de la caricature*, l'autre une *histoire de la sculpture*. Cela représente 600 francs et ne remplira que des besoins urgents. Or, ces matières-là pour moi sont un jeu. A partir du jour de l'an, je commence un nouveau métier, — c'est-à-dire la création d'œuvres d'imagination pure — le Roman. Il est inutile que je vous démontre ici la gravité, la beauté, et le côté infini de cet art-là. Comme nous sommes dans les questions matérielles, qu'il vous suffise de savoir que, *bon ou mauvais, tout se vend.* »

Selon ses calculs, en publiant, coup sur coup, quelques romans bien ficelés, il dédommagera ses principaux créanciers. Et il ajoute : « Je suis bien fatigué. J'ai comme une roue dans la tête [...]. Répondez immédiatement [...]. Il y a longtemps que vous cherchez à m'exclure tout à fait de votre présence [...]. Quelques torts que j'aie pu avoir, ce n'est pas là une faute, et me croyez-vous l'âme assez forte pour supporter une solitude perpétuelle ? Je prends *l'engagement de ne vous aller voir la première fois que pour vous porter une heureuse nouvelle*. Mais dès lors je vous demande à vous voir, et à être bien reçu, et de façon même que votre contenance, vos regards et votre parole me protègent chez vous contre tout le monde[1]. »

Chaque jour, Caroline tremble de trouver dans son courrier une lettre de son fils. Dès qu'elle reconnaît l'écriture de Charles sur l'enveloppe, elle se prépare à une catastrophe. Il lui faut prendre sur elle-même pour résister aux supplications et aux pièges de l'« enfant abandonné ». Cette fois, elle est bouleversée au point de céder sans hésitation et sans réflexion. Il l'en remercie, dès le lendemain, 5 décembre : « Jamais service n'est venu plus à temps. Croyez que je sens parfaitement le prix de cet argent [...]. Ce que vous m'envoyez suffira, — *de force*. Je comprends la valeur de cette somme, et il faudra que je sache en tirer parti. »

Quelque temps plus tard, il revient avec elle au tutoiement filial et lui fixe, par lettre, un rendez-vous en terrain neutre : « J'ai horreur de tout, chez toi, et surtout de tes domestiques. Je voulais te prier d'être aujourd'hui *au Louvre, au Musée, dans le grand Salon carré*, à l'heure que tu m'indiqueras, mais le plus tôt que tu pourras [...]. C'est l'endroit de Paris où l'on peut le mieux causer ; c'est chauffé, on peut y attendre sans s'ennuyer, et d'ailleurs c'est le lieu de rendez-vous le plus convenable pour une femme[2]. » Cette invitation tombe mal. Caroline est en plein déménagement. Aupick ayant été promu lieutenant-général (général de division), puis nommé commandant de l'École polytechnique, le ménage s'installe dans son nouvel appartement de fonction, sur la montagne Sainte-Geneviève. Gravissant allégrement les degrés de la hiérar-

---

1. Allusion au général Aupick.
2. Lettre du 16 décembre 1847.

chie au bras du général, Mme Aupick voudrait pouvoir être aussi fière de son fils qu'elle l'est de son mari. Sans doute, prise par le souci des caisses à déballer, des meubles à placer, des tableaux à accrocher, des domestiques à commander, a-t-elle dû renoncer à rejoindre Charles au Louvre.

En tout cas, convié le 2 janvier 1848 à lui rendre visite dans son logement de la rue Descartes, Baudelaire lui fait faux bond sous le prétexte qu'il ne se juge pas « suffisamment bien vêtu » pour aller chez elle. En revanche, il se trouve « suffisamment bien vêtu » pour se faire inviter à dîner par quelques camarades chanceux, discuter pendant des heures avec des amateurs de littérature ou de peinture et se quereller au besoin avec eux. Par tempérament ou par système, il admet difficilement qu'on le contredise. Un jour, au café Momus, il a une algarade avec Armand Barthet, émule éperdu de Ponsard. Échange d'insultes et de soufflets. Quatre témoins sont désignés en vue d'un duel en règle. Après de nombreux conciliabules, ils démissionnent et les deux adversaires, oubliant leur dispute, se contentent d'afficher l'un pour l'autre un souverain mépris. Au dire des contemporains, l'agressivité de Baudelaire n'épargne personne : ni ses compagnons de bouteille, ni les employés des cabarets qu'il fréquente. Il goûte un malin plaisir à se plaindre de tout et de rien auprès des mastroquets. Quand il a poussé à bout quelque restaurateur naïf, il sort de la gargote en déclarant, épanoui de bonheur, à Asselineau, lequel tout au long de la scène a redouté un éclat : « Eh bien, nous n'avons pas trop mal dîné ! » On croirait que, moins il réussit, plus il manifeste d'arrogance. Cette forfanterie n'est-elle pas la défense instinctive des faibles ?

XII

LA RÉVOLUTION DE 1848

L'année nouvelle commence dans un trouble éclairage de fin de règne. Louis-Philippe ayant opposé un refus catégorique à toute réforme électorale, les intellectuels libéraux prennent la défense d'un prolétariat de plus en plus nombreux et dénoncent avec véhémence ce qu'ils considèrent comme un acte d'autorité insupportable. Le banquet de protestation, qui doit se tenir le 22 février 1848 à Paris, est interdit. Aussitôt, face aux forces de l'ordre, une manifestation s'organise, avec bris de vitrines, barricades improvisées et échanges de coups de feu. Le lendemain, l'agitation gagne toute la ville. On se bat au faubourg Saint-Antoine, dans le quartier des Écoles, dans le quartier Saint-Denis, rue Saint-Honoré, rue de Valois... Les troupes appelées en renfort sont débordées. Des soldats excédés refusent de tirer sur les rebelles. Baudelaire et quelques amis, Champfleury, Promayet, Toubin, courent de-ci de-là et se mêlent aux insurgés avec de grands cris d'encouragement. Excité par la vue de cet énorme méli-mélo, Charles a l'impression que c'est la société entière, avec ses hiérarchies stupides, ses lois contraignantes, ses fortunes scandaleuses, avec tous ses notaires, tous ses ministres, tous ses juges, tous ses généraux, qui reçoit la fessée. Pour lui, il ne s'agit pas d'un affrontement entre les républicains et les monarchistes, mais entre des jeunes gens fous d'indépendance et les croûtons de l'ordre établi, entre la fantaisie et la routine, entre le génie et le coffre-fort. Comme il parvient boulevard du Temple avec ses compagnons, des exclamations de joie s'élèvent dans la foule. Que se passe-t-il ? Victoire : le ministère Guizot vient de démissionner, le pouvoir capitule ! Instantanément, les magasins rouvrent leurs portes, des drapeaux tricolores apparaissent aux fenêtres, les soldats fraternisent avec les émeutiers et des centaines de bouches clament *La Marseillaise* et *Le Chant des Girondins*. « Tout à coup, écrira Charles Toubin, une immense colonne dense, profonde, tenant toute la largeur du boulevard, précédée de tambours et de drapeaux, arrive du côté de la porte Saint-Martin. Gardes nationaux en uniforme, ouvriers en blouse, polytechniciens, tous bras dessus bras dessous, chantant alternativement les deux hymnes dont les tambours marquent le rythme, et tous, sauf quelques voyous avinés, heureux et ne songeant plus à maudire Guizot[1]. » Mais l'affaire n'est pas terminée. Ailleurs, on s'étripe encore. Les églises sonnent le tocsin. Des émissaires accourent, tout essoufflés, de la rive gauche et hurlent : « Aux armes ! On égorge nos frères ! » Baudelaire et Toubin ont beaucoup de mal à regagner leur domicile, en pleine nuit, dans la bousculade.

Le 24 février, dès le matin, Baudelaire est dans la rue. Il a noué une cravate rouge autour de son cou. Carrefour de Buci, la foule pille une boutique d'armurier. Le poète participe à la mise à sac et se retrouve sur une barricade, brandissant un fusil tout neuf. C'est là que ses camarades Jules Buisson et Charles Toubin le rejoignent : « Il portait un beau fusil à deux coups luisant et vierge, écrira Jules Buisson, et une superbe cartouchière de cuir jaune tout aussi immaculée. Je le hélai, il vint à moi simulant une grande animation. "Je viens de faire le coup de fusil !" me dit-il. » Et, comme Jules Buisson regarde en souriant

---

1. Charles Toubin, *Souvenirs d'un septuagénaire*.

« son artillerie tout brillant neuve », Baudelaire ajoute : « Pas pour la République, par exemple[1] ! » Son excitation a une dimension historique. Sans doute a-t-il bu force vin blanc chez les cabaretiers du coin. Dans la cohue, il éprouve la sensation grisante que tout est permis, que les créanciers vont déchirer leurs billets à ordre inutiles, que les huissiers ne font plus peur à personne, que les paiements sont suspendus, que la justice est en vacances. Il imagine la frousse d'un Ancelle, d'un Arondel, d'un Aupick au milieu de ce formidable remue-ménage. Dominant le tumulte, il s'égosille à répéter comme un refrain : « Il faut aller fusiller le général Aupick ! » En souvenir de ces heures exaltantes, il notera dans *Mon cœur mis à nu* : « Mon ivresse en 1848. De quelle nature était cette ivresse ? Goût de la vengeance. Plaisir *naturel* de la démolition. Ivresse littéraire ; souvenir des lectures. » Ou bien : « Je comprends qu'on déserte une cause pour savoir ce qu'on éprouvera à en servir une autre. Il serait peut-être doux d'être alternativement victime et bourreau. » Ou encore : « 1848 ne fut amusant que parce que chacun y faisait des utopies comme des châteaux en Espagne. » Et ailleurs : « Il y a dans tout changement quelque chose d'infâme et d'agréable à la fois, qui tient de l'infidélité et du déménagement. Cela suffit à expliquer la Révolution française. »

Malgré les exhortations de Baudelaire, la foule ne tient nullement à aller écharper Aupick. Elle n'a pas les mêmes motifs que lui de haïr ce général dont le nom lui est inconnu. Cependant, à l'École polytechnique, les élèves demandent la permission de sortir pour s'interposer entre les émeutiers et la troupe. Le général accepte cette proposition dans un esprit « purement humanitaire ». Quelques

---

[1]. Lettre de Jules Buisson à Eugène Crépet, 1886.

jeunes gens quittent l'établissement, les autres y montent la garde et repoussent une bande armée qui prétendait investir les lieux. Entre-temps, Louis-Philippe, affolé, a abdiqué et s'est enfui en fiacre, par l'avenue de Neuilly, pour chercher refuge en Angleterre. Un gouvernement provisoire, où siège entre autres Lamartine, proclame la république. Bien que redevable à la famille d'Orléans de son ascension dans les honneurs, Aupick, par prudence, se rallie immédiatement au nouveau pouvoir. En récompense de sa neutralité dans les événements qui ont ensanglanté la ville, il est maintenu à son poste de commandant de l'École.

Caroline, qui a eu grand-peur pendant ces trois jours d'émeute, se rassure en songeant que son ménage a échappé, cette fois encore, aux aléas de la politique. Quant à Charles, il se console de n'avoir pu profiter de la révolution de 1848 pour abattre Aupick en constatant que le gouvernement provisoire, à peine formé, a institué, outre le suffrage universel (drôle d'idée !), la liberté de réunion et la liberté de la presse. Plus de censure, plus de cautionnement préalable, plus d'impôt du timbre ! Du coup, Baudelaire et Champfleury décident de fonder un journal. Ils ne sont pas les seuls. De tous côtés, des feuilles éphémères voient le jour. Celle qu'envisagent de lancer Baudelaire et ses amis a déjà un titre, *Le Salut public*, et un bureau de rédaction : la salle du second étage du café Turlot où les collaborateurs seront comme chez eux. Et le financement ? Tous ces jeunes gens sont à sec. Mais, en raclant leurs fonds de tiroir, Charles Toubin et son frère finissent par aligner quatre-vingt-dix francs.

Le premier numéro, rédigé chez le mastroquet en moins de deux heures, est imprimé à quatre cents exemplaires et confié à des vendeurs bénévoles (des ouvriers privés d'emploi) qui se dispersent à travers la ville. Mais ils ne reviennent pas avec la recette. Ils l'ont gardée pour eux.

A l'occasion du deuxième numéro, Courbet fait une vignette représentant un homme en sarrau, coiffé d'un chapeau haut de forme et qui, dressé sur une barricade, tient d'une main un fusil et de l'autre un drapeau portant cette devise : *Voix du peuple, voix de Dieu*. Baudelaire, qui mélange volontiers poésie, religion et révolte, va porter un exemplaire à l'archevêché et un autre à Raspail, le fougueux rédacteur de *L'Ami du peuple*. Puis, ayant revêtu une blouse de prolétaire, il se rend rue Saint-André-des-Arts afin de proposer son journal aux passants. Une jeune femme déguisée en ouvrière en fait autant dans la rue des Saints-Pères. A eux deux, ils récoltent une quinzaine de francs. Vu la modicité du capital restant, il est décidé qu'il n'y aura pas de troisième numéro et que le bénéfice de la vente servira à payer un banquet, limité à cinq convives, dans un restaurant de la rue de Beaune.

Dans la foulée, Baudelaire adhère à la Société républicaine centrale que Blanqui a fondée à Paris, dès sa sortie de prison. Il admire en ce théoricien socialiste à la fois fiévreux et glacial un autre Robespierre. Mais Blanqui, ayant participé à des manifestations hostiles au gouvernement provisoire, qu'il estime trop timide, est de nouveau arrêté.

Malgré cette injustice, Baudelaire veut croire que la révolution de février 1848 a changé la face de la France. Il s'intéresse aux travaux de l'Assemblée constituante, qui, après des élections agitées, s'ouvre le 4 mai. Auparavant, pense-t-il, la politique était l'affaire des spécialistes. Maintenant, chacun se sent l'étoffe et la compétence d'un représentant du peuple. Lui tout le premier. Pourtant, très vite, il déchante. Assistant, aux côtés de Charles Toubin, à des réunions de comités, il écoute avec agacement des orateurs prolixes jeter l'anathème sur Louis-Philippe, sur Guizot, sur les oppresseurs du peuple... Déjà il devine que ces phraseurs n'infléchiront pas le cours des événements.

Lorsque Arsène Houssaye, dont il méprise la littérature sucrée, prend la parole, il décide de briser là.

Le gouvernement provisoire va d'ailleurs le décevoir par une décision stupéfiante. Lamartine, devenu ministre des Affaires étrangères, vient de nommer Aupick ambassadeur auprès de la Sublime Porte. Le militaire se mue en diplomate. Il représentera la France à Constantinople. Et c'est l'auteur des *Méditations poétiques* qui a pris cette mesure pour le moins étrange. Baudelaire étouffe de rage à l'idée que son beau-père pourra de nouveau se hausser du col. Décidément, tout réussit à ce pantin. Son opportunisme fait merveille sous la république comme naguère sous la monarchie. Il traverse les pires orages sans se mouiller. Quant à Caroline, elle est évidemment, une fois de plus, au paradis. Ambassadrice ! Ma foi, elle fera très bonne figure dans les salons de Constantinople. Elle a du charme encore, à cinquante-cinq ans, avec ses cheveux gris, son sourire aimable et ses manières douces. Les raffinements du protocole, les subtilités de l'étiquette ont toujours contribué à sa joie de vivre. Elle sait feindre. Même devant son fils ! N'a-t-elle pas affecté d'être désolée en lui annonçant la nouvelle, alors qu'elle est ravie de partir pour des lendemains glorieux ? Certes, Baudelaire apprécie que l'encombrant général disparaisse enfin de son horizon. Mais, en s'éloignant elle aussi, sa mère le prive d'un suprême recours contre la sévérité d'Ancelle. Dans les moments les plus difficiles, elle s'efforçait d'arrondir les angles, elle ajoutait du sentiment à la rigueur des lois. Comment se débrouillera-t-il sans elle ? Derechef, elle abandonne son enfant. Elle est une mère indigne, une marâtre au visage d'ange.

Bientôt, le ménage Aupick quitte la rue Descartes et, après quelques jours passés dans un pied-à-terre loué au 66, rue de Clichy, part pour Toulon où il doit s'embarquer. Voici Baudelaire livré à lui-même. La politique le reprend.

Il déplore que l'Assemblée récemment élue offre, contre toute attente, une majorité réactionnaire. Le 15 mai, la Chambre des représentants est envahie par la foule des déçus de la révolution. Baudelaire approuve cette manifestation populaire et note dans *Mon cœur mis à nu* : « Toujours le goût de la destruction. Goût légitime si tout ce qui est naturel est légitime. »

Si le coup de force du 15 mai a échoué, le mécontentement de la rue n'en est pas apaisé pour autant. En juin, la dissolution des ateliers nationaux, créés par le gouvernement provisoire pour employer les ouvriers sans travail, provoque une nouvelle insurrection, qui, très vite, s'amplifie. Face aux barricades, les sections bourgeoises de la garde nationale combattent avec une furieuse énergie. Dans cet affrontement fratricide, Baudelaire est tout entier du côté de la révolte. L'arrestation de l'ex-lieutenant de vaisseau Paul de Flotte, lequel fait partie du club Blanqui, indigne le poète. Réfugié dans un café du Palais-Royal avec quelques amis, il répète, le regard furibond : « On vient d'arrêter de Flotte, est-ce parce que ses mains sentaient la poudre ? Sentez les miennes ! » Le chansonnier Pierre Dupont s'efforce en vain de le raisonner. Philippe de Chennevières et Gustave Le Vavasseur ayant amené au cabaret un garde national originaire de leur province, la cocarde tricolore éloigne les partisans de l'ordre qui rôdaient déjà autour de cette tablée trop bruyante. Le soulèvement de juin dure quatre jours, avec fusillade des deux côtés, prise d'assaut des barricades, arrestations en masse et exécutions sommaires. Le 25, place de la Bastille, Mgr Affre est blessé mortellement alors qu'il tentait d'arrêter le massacre en brandissant un crucifix entre les combattants. Dans la nuit du 27 au 28, au faubourg Saint-Antoine, la dernière barricade capitule. Le 28, le général Cavaignac, qui a dirigé la répression avec une méthode et une rigueur implacables, devient chef du pouvoir exécutif.

Baudelaire est bouleversé par le sang versé en vain, les emprisonnements, les déportations arbitraires et la stupeur de plomb qui succède en France à cette flambée de colère. Il note dans *Mon Cœur mis à nu* : « Les horreurs de juin. Folie du peuple et folie de la bourgeoisie. Amour naturel du crime. »

L'état de siège ayant été proclamé le 27 juin, le journal de Proudhon, *Le Représentant du peuple*, doit interrompre sa publication. Il reparaît le 9 août, mais est suspendu à nouveau le 21. Aussitôt, Baudelaire écrit à Proudhon : « Citoyen, un ami passionné et inconnu *veut absolument vous voir*, non pas seulement pour s'instruire et pour user quelques minutes de votre temps, ainsi qu'il en aurait peut-être le droit, mais aussi pour vous instruire de choses que vous pouvez ignorer relativement à votre sûreté [...]. J'ai longtemps lutté avec ma paresse pour vous écrire une très longue lettre ; mais j'ai préféré oser m'attaquer directement à vous. Aujourd'hui, les agents de police m'ont empêché de tous les côtés d'entrer [...]. Ayez l'obligeance de me répondre un mot — votre adresse, vos heures —, le plus vite possible. Le trouble qui règne dans tous les esprits appelle les explications les plus promptes entre les gens de cœur. » Il précise qu'il attendra *indéfiniment* une invitation « au café-restaurant du coin de la rue de Bourgogne ».

Sans doute la réponse qui lui parvient est-elle insatisfaisante car, le même jour ou le lendemain, il écrit de nouveau à Proudhon : « A la prochaine manifestation, même anti-populaire, c'est-à-dire au prochain prétexte —, vous pouvez être *assassiné*. C'est un complot réel [...]. Votre nom est actuellement plus connu et plus influent que vous ne le croyez. Une insurrection peut commencer par être légitimiste, elle finit par être socialiste ; mais aussi la réciproque peut avoir lieu [...]. Ainsi, à la prochaine émotion, la plus insignifiante, *ne soyez pas chez vous*. Ayez, si vous le pouvez, une garde occulte, ou sommez la police de vous protéger. *D'ailleurs le gouvernement accepterait volontiers peut-être un pareil cadeau* de la part des bêtes féroces de la propriété ; ainsi il vaut mieux peut-être vous protéger vous-même. »

Enfin l'occasion est offerte à Baudelaire de rencontrer Proudhon dans les bureaux de son nouveau journal, *Le Peuple*. Après avoir donné des instructions à ses collaborateurs pour le numéro du lendemain, le fameux polémiste les congédie et, resté seul avec son visiteur, lui propose tout de go : « Citoyen, voilà l'heure du dîner. Voulez-vous que nous dînions ensemble ? » Sur quoi il l'entraîne chez un petit traiteur de la rue Neuve-Vivienne. A table, il parle avec une fougue et une naïveté qui confondent son interlocuteur. Alors que celui-ci mange peu et boit beaucoup, Proudhon boit peu et engouffre la nourriture. Émerveillé par son appétit, Baudelaire ose lui dire : « Pour un homme de lettres, vous mangez étonnamment ! » « C'est que j'ai de grandes choses à faire ! » répond l'autre, avec une pesante simplicité. A la fin du repas, quand Baudelaire appelle le garçon de salle pour régler l'addition, Proudhon s'oppose vivement à son intention et tire sa bourse. Mais, à la surprise de son vis-à-vis, il se contente de payer son propre dîner. Sans doute, songe Baudelaire, s'agit-il là d'une déformation du principe d'égalité entre les citoyens.

Il n'aura plus guère l'occasion de revoir cet utopiste généreux et brouillon. Bientôt, *Le Peuple* sera à son tour interdit. Condamné en mars 1849, Proudhon s'exilera en Belgique ; mais il reviendra incognito quelques semaines plus tard, sera finalement arrêté le 5 juin 1849 et puni de trois ans de prison.

Entre-temps, l'ardeur républicaine de Baudelaire s'est assagie. A tel point qu'il accepte de se rendre en province pour diriger un bihebdomadaire conservateur nouvellement créé : *Le Représentant de l'Indre*. Mais, dès son arrivée à Châteauroux, il indispose les principaux actionnaires de cette publication, réunis pour un banquet de bienvenue, en gardant pendant tout le repas un silence dédaigneux. Au dessert, comme un convive observe : « Mais, monsieur Baudelaire, vous ne dites rien », il réplique : « Messieurs, je n'ai rien à dire. Ne suis-je pas venu ici pour être le domestique de vos intelligences ? » Le lendemain, c'est une veuve d'un certain âge, directrice de l'imprimerie du journal, qui sursaute d'indignation en l'entendant demander : « Où est l'eau-de-vie de la rédaction ? » Quant aux sages abonnés du *Représentant de l'Indre*, ils se frottent les yeux en lisant, dans un article intitulé *Actuellement*, cette affirmation attribuée au nouveau rédacteur en chef : « Lorsque Marat, cet homme doux, et Robespierre, cet homme propre, demandaient celui-là trois cent mille têtes, celui-ci la permanence de la guillotine, ils obéissaient à l'inéluctable logique du système. » Et cette autre formule selon laquelle l'insurrection est « légitime — comme l'assassinat ». Peu après, Baudelaire, l'ami des trublions socialistes, est sèchement remercié par ses commanditaires et repart pour Paris.

Dès le 8 décembre 1848, il écrit à sa mère, qui mène une vie de fastes officiels à Constantinople : « Avant-hier, M. Ancelle m'a dit que mon voyage dans l'Indre, que j'ai fait il y a quelque temps, avait été, à mon insu, payé par vous, et que l'argent que je croyais devoir à sa complaisance, c'était à vous que je le devais. M. Ancelle avait eu tort de me taire et de me cacher primitivement cet envoi ; car d'abord je n'eusse nullement rougi de recevoir cet argent de vous, et en second lieu, s'il m'avait dit tout d'abord : "J'ai reçu une somme de 500 francs pour vous", au lieu de la manger petit à petit dans une expédition qui ne m'a rien rapporté, j'eusse pu, la prenant en bloc, la dépenser plus utilement en restant à Paris. » Plus loin, il accuse sa mère de lui avoir parlé durement lors de leur dernière entrevue et de n'avoir pas compris la noblesse de son attachement pour Jeanne, qui continue à partager sa vie : « Avec cet entêtement nerveux, cette violence qui vous est particulière, vous m'avez maltraité, uniquement à cause d'une pauvre femme que *je n'aime depuis longtemps que par devoir*, voilà tout. Il est singulier que vous qui si souvent, si longtemps m'avez parlé de sentiments spiritualistes, de devoir, vous n'ayez pas compris cette singulière liaison, où je n'ai rien à gagner, et où l'expiation et le désir de rémunérer un dévouement jouent le grand rôle. Quelque nombreuses que soient les infidélités d'une femme, quelque dur que soit son caractère, quand elle a montré quelques étincelles de bon vouloir et de dévouement, cela suffit pour qu'un homme désintéressé, un poète surtout, se croie obligé de la récompenser [...]. Actuellement, à vingt-huit ans moins quatre mois, avec une immense ambition poétique, moi séparé à tout jamais du *monde honorable* par mes goûts et par mes principes, qu'importe si, bâtissant mes rêves littéraires, j'accomplis de plus un *devoir*, ou ce que je crois un devoir, au grand détriment des idées vulgaires d'honneur, d'argent, de fortune ? »

Bien entendu, la lettre de Charles se termine par de nouvelles demandes de subsides et par l'affirmation de sa foi en ses futurs succès : « Je suis parfaitement convaincu que mes dettes seront payées et que ma destinée s'accomplira glorieusement [...]. Peut-être dans un an, si je suis plus riche, irai-je à Constantinople, car ma rage de voyager me reprend perpétuellement. » Rêves de poète. En fait de voyage, il se contente de se rendre, à la fin de 1849 ou au début de 1850, à Dijon dans l'intention d'y décrocher un travail régulier de journaliste. Son espoir est vite déçu. Jeanne vient le rejoindre. Il n'a plus pour elle que tendresse et pitié. Mais il s'appuie sur elle, comme sur un meuble, pour ne pas tomber.

En quittant Paris, il a laissé à un dénommé Palis, « entrepreneur d'écritures », place de la Bourse, le manuscrit de ses poésies pour les calligraphier. Ancelle s'est chargé de surveiller l'exécution du travail. Ayant expédié la copie du recueil à Dijon, où Baudelaire, malade de l'estomac, prolonge son séjour, il reçoit, en guise de remerciements, une lettre sévère : « D'abord Palis vous a indignement volé. Des fautes ridicules et folles, commises dans la table, comme *Le Tombant vivant, Vitesse de la lune*, pour *Le Tombeau vivant, Tristesse de la lune*, et bien d'autres, la dorure pleine de taches, la reliure qui devait être en chagrin et qui est en papier imitant le chagrin, des corrections indiquées par moi au crayon et qui n'ont pas été accomplies témoignent qu'il a profité de mon absence pour ne pas faire son devoir, de plus, pour me voler. » Ailleurs, Baudelaire fait la leçon à Ancelle parce que celui-ci ne lui a pas versé intégralement ses mensualités, qu'il s'est embrouillé dans ses comptes et qu'il sert mieux les intérêts de Mme Aupick que ceux de son pauvre fils : « *Que signifie cette partialité au profit de ma mère que vous savez coupable ?* Que signifient souvent vos rabâchages, vos maximes égoïstiques, vos brutalités, vos impertinences ? [...] Il faut que nos rapports s'améliorent. Cette longue absence ne sera pas mauvaise dans ce but. D'ailleurs, à tout péché miséricorde, ce que vous savez que je traduis ainsi : il n'y a rien d'irréparable[1]. »

De retour à Neuilly, où il loge maintenant, 95, avenue de la République, Baudelaire se préoccupe de la publication de son recueil de vers encore intitulé *Les Limbes*. Il songe à le faire éditer par Michel Lévy, puis se lie avec un personnage aussi farfelu que lui, le Normand Auguste Poulet-Malassis, qui a un esprit aigu, une ironie courtoise,

---

1. Lettre du 10 janvier 1850.

de l'audace à revendre et de grandes lectures. Poulet-Malassis a fait le coup de feu en 1848 du côté des républicains, a été arrêté et relâché ; il se trouve, à vingt-cinq ans, propriétaire avec sa sœur et son beau-frère, Eugène de Broise, d'une imprimerie sise à Alençon, qui lui vient de son père récemment décédé. Immédiatement, Baudelaire change son fusil d'épaule et décide que son nouvel ami est mieux placé que quiconque pour lancer *Les Limbes*. En attendant, il donne la primeur de quelques poésies (*Châtiment de l'orgueil, Le Vin des honnêtes gens*[1]) au *Magasin des familles*, puis il offre *Lesbos* à une anthologie dirigée par Julien Lemer : *Les Poètes de l'amour*.

Cet été 1850 est marqué pour Baudelaire par la mort, le 18 août, de Balzac qu'il n'a cessé de lire et d'admirer depuis sa prime jeunesse. Edgar Poe, son autre idole, a disparu également, l'année précédente. Ce double deuil assombrit sa vision du monde. Il ne peut avoir une conversation sérieuse avec Jeanne, qui n'est qu'une pocharde ignare, tout juste bonne à le caresser quand il en a envie. Et sa mère est loin. A l'autre bout de la terre. De plus en plus, il regrette qu'elle ne soit pas auprès de lui pour partager ses tristesses.

Cependant, à Constantinople, le couple Aupick fait merveille, tant sur le plan de la diplomatie que sur celui de la mondanité. Les réceptions de l'ambassade de France sont citées en exemple dans la société cosmopolite de la capitale. De passage dans la ville, lors de leur voyage en Orient, Flaubert et son ami Maxime Du Camp sont reçus par les Aupick. En sortant de table, Aupick demande à Du Camp : « La littérature a-t-elle fait quelque bonne recrue depuis que vous avez quitté Paris ? » Après avoir parlé de la récente pièce d'Henri Murger, *La Vie de bohème*, Du

---

1. Titre définitif : *L'Âme du vin*.

Camp ajoute innocemment : « J'ai reçu, il y a peu de jours, une lettre de Louis de Cormenin, dans laquelle il m'écrit : J'ai vu dernièrement, chez Théophile Gautier, un Baudelaire qui fera parler de lui ; son originalité est un peu trop voulue, mais son vers est ferme ; c'est un tempérament de poète, chose rare à notre époque. » A ces mots, Caroline baisse la tête et le général foudroie du regard son interlocuteur, comme si ce dernier lui avait manqué de respect. Le colonel Margadel, de la suite d'Aupick, touche le pied de Maxime Du Camp pour lui signifier qu'il a commis une gaffe. Peu après, alors que le général et Flaubert discutent, à l'écart, d'un livre de Proudhon, Mme Aupick se rapproche de Maxime Du Camp et lui dit dans un souffle : « N'est-ce pas qu'il a du talent ? — Qui donc ? — Mais ce jeune homme que M. Louis de Cormenin vous a cité avec éloge ? » Son visage exprime une timidité implorante. Étonné par la question, Maxime Du Camp se contente, par prudence, d'incliner la tête en signe d'affirmation. Elle lui sourit avec gratitude et s'éloigne. Alors, le colonel Margadel, prenant Maxime Du Camp à part, lui déclare carrément : « Parbleu ! vous avez failli mettre le feu aux poudres en parlant de Charles Baudelaire-Dufaÿs ; c'est le fils de Mme Aupick ; le général et lui se sont souvent pris aux cheveux ; le général ne tolère pas que l'on prononce son nom devant lui : vous voilà averti, ne recommencez plus[1]. »

A Neuilly, Baudelaire souffre de jalousie et d'humiliation parce que sa mère a cessé de lui écrire. Il ne sait de quoi il a le plus besoin : d'argent ou de tendresse. Il en voudrait presque plus à Caroline de le laisser sans nouvelles que de lui mesurer son aide financière. Le 9 janvier 1851, il lui envoie une lettre de désolation et de rancœur :

---

1. Maxime Du Camp, *Souvenirs littéraires*.

« Mes douleurs incessantes et la solitude de ma pensée m'ont rendu un peu dur et sans doute aussi très maladroit. Je voudrais pouvoir attendrir mon style, mais, quand même votre orgueil le trouverait inconvenant, j'espère que votre raison comprendra l'excellence de mon intention, et le mérite qu'il y a à moi à faire près de vous cette démarche qui autrefois m'eût été si douce, mais qui, dans la situation que vous m'avez faite vis-à-vis de vous, doit être irrévocablement la dernière. Que vous m'ayez privé de votre amitié et de toutes les communications que tout homme a le droit d'attendre de sa mère, cela regarde votre conscience et peut-être aussi celle de votre mari. C'est ce que j'aurai sans doute à vérifier plus tard. » A présent, Baudelaire reproche à sa mère de lui adresser de l'argent par l'intermédiaire d'Ancelle, sans un mot d'affection ni un conseil pour son emploi. De confidente chaleureuse, elle s'est transformée en caissière insensible et lointaine. Alors il la menace : « *Si vous ne redevenez pas immédiatement, et tout à fait, une mère*, je serai obligé de faire faire, par un huissier, entre les mains de M. Ancelle, opposition à toute acceptation d'argent venant de vous, et je prendrai des mesures pour que cette opposition soit strictement respectée. »

A peine Caroline a-t-elle reçu cette lettre qu'un nouvel événement bouleverse son existence. Le 20 février 1851, Aupick, dont le gouvernement n'a qu'à se féliciter, est nommé ambassadeur auprès de Sa Majesté britannique. La promotion est d'importance. De toutes parts, on congratule le ménage. C'est à regret que la colonie française et les hauts dignitaires de Constantinople voient partir ce couple si aimable et si bien assorti. Cependant, malgré l'honneur que lui fait le ministère des Affaires étrangères en lui offrant l'ambassade de Londres, Aupick décide de ne pas accepter ce poste qui le transformerait en espion de la famille d'Orléans, réfugiée en Angleterre après la révolution de 1848 et à laquelle il est redevable de tant de faveurs dans le passé. On veut bien comprendre ses raisons en haut lieu et il reçoit, en échange, l'ambassade d'Espagne.

Arrivés à Paris le soir du 3 juin 1851, les Aupick descendent à l'hôtel du Danube, rue Richepanse. Dès qu'il est averti du retour de sa mère, Baudelaire est submergé par un flot de réminiscences et de douceur. « M. Ancelle m'a appris aujourd'hui que vous étiez arrivée à Paris, lui écrit-il le 7 juin. Il m'a dit aussi que vous désiriez me voir. Cela m'a fait grand plaisir et je vous avoue que si vous ne m'en aviez pas témoigné le désir, j'étais décidé à aller au-devant, et à vous demander la permission de vous voir. Seulement M. Ancelle qui est un brave homme a eu tort de vous promettre que j'irais vous voir. Il a fait cela innocemment. Je voudrais pouvoir m'exprimer d'une façon non blessante pour vos affections, mais enfin vous pouvez deviner facilement pourquoi ma dignité me défend de mettre les pieds chez vous. D'un autre côté, les égards que je vous dois ne me permettent pas de vous recevoir chez une personne que vous haïssez. Ainsi, j'attends de votre affection que vous veuilliez bien venir à *Neuilly*, dans un logement *où je suis seul*. Pendant ces deux jours, dimanche et lundi, je resterai enfermé. Si dans cette lettre, malgré moi, il s'est glissé quelque terme non satisfaisant, ne m'en veuillez pas, vous savez comme je suis malhabile à écrire. » Peu après, il lui donne des renseignements sur les moyens de transport les plus commodes pour le joindre : « Il y a des voitures pour *Neuilly, à la Madeleine*, près de ton hôtel ; il y en a *place du Louvre* et *rue de Rivoli*, il y a *les Courbevoisiennes*. Adieu, je t'embrasse. »

Pendant cette première entrevue, la mère et le fils ont dû bavarder à perdre haleine et pleurer de bonheur dans les bras l'un de l'autre. Une nouvelle rencontre est prévue le 21 juin. Mais il y a eu un malentendu sur l'heure et le lieu. Baudelaire attendra sa mère en vain, au café Berthellemot, dans le jardin des Tuileries, non loin de l'hôtel. Il faut absolument remettre ce rendez-vous : « Je serai ici, au même endroit demain, de midi à deux heures, écrit-il à Caroline, sur un coin de table. Je désire que tu puisses venir, mais je ne veux rien t'imposer [...]. Je sais que tu dois être prise entre une foule de devoirs et de visites, mais cet endroit est à une distance de dix minutes de ton hôtel, et d'ailleurs tu peux m'envoyer de midi à deux heures, si tu ne peux pas venir, un homme avec une lettre, je le reconnaîtrai bien à la lettre qu'il portera à la main. » Mais, le lendemain, il pleut à seaux sur la ville. Aussitôt, Baudelaire envoie un billet à sa mère : « Je ne veux pas te permettre de te mouiller et te laisser [aller] à ce rendez-vous absurde dans un café. J'espère que je t'écrirai à temps pour t'empêcher de sortir pour moi. » Il lui propose donc de venir le retrouver, le 23 juin, à Neuilly.

Ce sera leur dernier tête-à-tête avant longtemps. Déjà le ménage Aupick prépare son départ pour Madrid. Baudelaire n'en est pas aussi affecté qu'il l'aurait cru. Ces rencontres à la sauvette avec sa mère l'agacent et le dérangent autant qu'elles le réconfortent. Il sent qu'il ne pourra pas davantage la guérir de ses préjugés bourgeois qu'elle ne pourra le transformer en un fils économe, travailleur, respectueux et docile. Pourtant, il veut la rassurer avant qu'elle ne s'envole, une fois de plus, avec son prestigieux mari. Le 9 juillet 1851, il lui adresse une lettre conciliante : « Ma chère mère, tu m'as demandé de t'écrire avant ton départ un mot, quelques mots qui te témoignassent sans doute d'un état d'esprit satisfaisant, et aussi de mes sentiments vis-à-vis de toi. Tu désires sans doute avoir, avant de partir, une espèce de garantie de sécurité. Je vais te la donner assez complète, je présume. Tu t'es sans doute aperçue de l'infini plaisir que j'ai éprouvé à te revoir. Je te l'avoue, je n'y aurais pas cru moi-même. Je m'attendais à un accueil froid et inquisitorial. Je m'étais raidi à l'avance. Tu m'as tout à fait désarmé, et tu m'as inspiré une pleine confiance pour l'avenir. Fais tout ce que tu pourras, tout ce que la prudence et les médecins te suggéreront pour conserver ta santé, afin que tu puisses jouir des minimes plaisirs que je me propose de t'offrir en dédommagement de tant d'ennuis, de chagrins et d'inquiétudes. Non seulement dans mon intérêt propre, mais aussi dans le but de te donner une satisfaction légitime, je te promets de ne me permettre jamais aucun de ces désordres qui troublent si gravement la santé, l'esprit et la fortune. Je te promets de travailler incessamment, non seulement pour acquitter des dettes qui rendent ma situation ambiguë et pénible, mais aussi pour me créer un régulateur journalier qui diminue l'influence de toute la sottise et de la passion qui bouillonne toujours en nous [...]. *Je t'écrirai deux fois par mois.* »

Comme il fallait s'y attendre, aucune des promesses faites dans cette missive ne sera tenue. Baudelaire néglige même, malgré son serment, d'écrire tous les quinze jours à sa mère. La première lettre qu'il lui adresse, après avoir quitté Neuilly pour s'installer 25, rue des Marais-du-Temple[1], est datée du 30 août 1851. Encore est-elle tout encombrée de soucis pécuniaires : « Au moment où je t'écris, il y a chez moi 20 francs. Je vais les regarder s'envoler lentement, avec terreur. Dans un mois, dans quinze jours, peut-être, je serai riche mais d'ici là... D'ici là le désordre et conséquemment *l'improduction*. Voilà mon histoire de neuf ans qui recommence aujourd'hui [...]. Je suis très inquiet et très triste. Il faut se l'avouer, l'homme est un bien faible animal, puisque l'habitude joue

---
1. Actuellement rue Albert-Thomas.

un si grand rôle dans la vertu. *J'ai eu toutes les peines du monde à me remettre au travail* [...]. Quelle chose extraordinaire ! J'avais il y a quelques jours entre les mains des papiers de jeunesse de Balzac. Personne ne pourra jamais se figurer combien ce grand homme était maladroit, niais, et *bête* dans sa jeunesse. Et cependant il est parvenu à avoir, à *se procurer*, pour ainsi dire, non seulement des conceptions grandioses, mais encore immensément d'esprit. Mais il a *toujours* travaillé. Il est sans doute bien consolant de penser que par son travail on acquiert non seulement de l'argent mais aussi un talent incontestable. Mais, à trente ans, Balzac avait depuis plusieurs années pris l'habitude d'un travail permanent, et jusqu'ici je n'ai de commun avec lui que les dettes et les projets. »

Pour l'heure, il continue de distribuer ses vers à différents journaux mais hésite toujours à les réunir en volume. *Le Messager de l'Assemblée* publie, sous le titre *Les Limbes*, onze de ses poèmes. Fin août paraît sa notice sur Pierre Dupont, qui est une brève présentation du chansonnier. Et, le 27 novembre, *La Semaine théâtrale* insère son article, drôle et provocant, sur *Les Drames et les romans honnêtes*. Cette fois, l'auteur renonce aux pseudonymes et signe sobrement et fièrement : Charles Baudelaire. Dans ce texte au vitriol, il raille la littérature bien-pensante, les romans douceâtres et moralisateurs, les pièces de théâtre de l'« école du bon sens », personnifiée par Émile Augier. De toutes ses forces, il s'élève contre les réussites commerciales, les prix, les distinctions honorifiques, « qui encouragent l'hypocrisie et glacent les élans d'un cœur libre ». « Quand je vois un homme demander la croix, écrit-il, il me semble que je l'entends dire au souverain : j'ai fait mon devoir, c'est vrai, mais, si vous ne le dites pas à tout le monde, je jure de ne pas recommencer. » Encore une pierre dans le jardin si bien entretenu du général !

Ravi d'avoir ainsi fustigé la race des écrivains que le ménage Aupick admire, Baudelaire expédie ce libelle à sa mère, à Madrid, avec d'autres articles qu'il a donnés à *La Semaine théâtrale* : « Je ne serais pas fâché que tu les lusses quand tu auras le temps. Je doute fort que tu les comprennes tout à fait. Il n'y a aucune impertinence dans ceci. Mais ils sont très *spécialement parisiens*, et je doute qu'ils puissent être compris hors des milieux pour lesquels et sur lesquels ils ont été écrits[1]. »

La Deuxième République s'étant engouffrée dans la voie réactionnaire, il l'assimile maintenant à la monarchie de Juillet. De nouveau, la bourgeoisie de l'argent commande et impose ses goûts à la politique, à la mode, à l'art, à la littérature. Aussi Baudelaire ne réagit-il plus que par un haussement d'épaules au coup d'État de Louis-Napoléon Bonaparte, le 2 décembre 1851. Il note dans *Mon cœur mis à nu* : « Encore un Bonaparte ! Quelle honte ! Et cependant tout s'est pacifié. Le président n'a-t-il pas un droit à invoquer ? » Par la Constitution du 14 janvier 1852, le prince-président est maintenu pour dix ans avec de très larges pouvoirs. Baudelaire ne participe même pas aux élections du 29 février qui dotent la France d'un corps législatif, lequel est prêt aux dernières concessions pour asseoir l'autorité de l'État. Bien qu'on soit encore en république, tout laisse prévoir soit un retour à la monarchie, soit l'instauration d'un « second Empire ». Le 5 mars 1852, Baudelaire confie à Ancelle : « Vous ne m'avez pas vu au vote, c'est un parti pris chez moi. Le 2 décembre m'a *physiquement dépolitiqué. Il n'y a plus d'idées générales*. Que *tout Paris* soit *orléaniste*, c'est un fait, mais cela ne me regarde pas. Si j'avais voté, je n'aurais pu voter que pour moi. Peut-être l'avenir appartient-il aux hommes *déclassés*. »

---

1. Lettre du 27 mars 1852.

Ainsi, après s'être passionné pour la révolution, Baudelaire revient à un scepticisme hautain de dilettante. L'agitation de la rue et des clubs ne le concerne plus. Son destin est dans le mirage, non dans l'action ; dans la poésie, non dans la politique. Quiconque veut être un dandy doit, selon lui, renoncer à toute conviction qui le rapprocherait de ses concitoyens. Les êtres d'exception se reconnaissent à ce qu'ils se tiennent, quoi qu'il arrive, au-dessus des idées reçues et des événements de la vie publique. Un régime ne peut leur convenir que s'il ne trouble pas leurs rêves d'esthètes solitaires et de chercheurs d'absolu.

XIII

EDGAR POE

Depuis la mort d'Edgar Poe à Baltimore, en 1849, le fantôme du visionnaire américain ne cesse de hanter Baudelaire. A chaque tournant de sa vie, il découvre une ressemblance entre lui et l'auteur défunt. Les désordres, l'alcoolisme, l'indigence, la paresse, les hallucinations sataniques d'Edgar Poe ont, pense-t-il, préfiguré les siens. Il avait un frère outre-Atlantique. Et il ne l'a jamais rencontré. Aujourd'hui, ils ne peuvent correspondre qu'à travers les vibrations subtiles de l'éther. Baudelaire se sent moralement obligé de lui rendre hommage. Mais d'autres besognes le détournent quelque temps de ce qu'il considère comme un devoir sacré. Il donne, le 22 janvier 1852, à *La Semaine théâtrale* un article intitulé *L'École païenne*, qui tourne en ridicule les poètes épris d'antiquité grecque et romaine, puis, le 1er février, à la même revue, deux poèmes jumeaux, *Le Crépuscule du soir* et *Le Crépuscule du matin*. En mars et avril, il s'acquitte enfin de sa dette de reconnaissance : il publie dans *La Revue de Paris*, dirigée par un comité que coiffe Maxime Du Camp, une étude sur *Edgar Allan Poe, sa vie et ses ouvrages*.

En évoquant l'étrange figure du disparu, il a parfois l'impression de se confesser dans le silence de sa chambre. C'est à lui-même qu'il pense, avant tout, lorsqu'il affirme : « Il y a des destinées fatales : il existe dans la littérature de chaque pays des hommes qui portent le mot *guignon* écrit en caractères mystérieux dans les plis sinueux de leurs fronts. Il y a quelque temps, on amenait devant les tribunaux un malheureux qui avait sur le front un tatouage singulier : *pas de chance*. Il portait ainsi partout avec lui l'étiquette de sa vie, comme un livre son titre, et l'interrogatoire prouva que son existence s'était conformée à son écriteau. Dans l'histoire littéraire, il y a des fortunes analogues. On dirait que l'Ange aveugle de l'expiation s'est emparé de certains hommes, et les fouette à tour de bras pour l'édification des autres. Cependant, vous parcourez attentivement leur vie, et vous leur trouvez des talents, des vertus, de la grâce. La société les frappe d'un anathème spécial et argue contre eux des vices de caractère que sa persécution leur a donnés. » Et encore : « Y a-t-il donc une Providence diabolique qui prépare le malheur dès le berceau ? Tel homme, dont le talent sombre et désolé vous fait peur, a été jeté avec *préméditation* dans un milieu qui lui était hostile. » Ou bien : « Le caractère, le génie, le style d'un homme est formé par les circonstances en apparence vulgaires de sa première jeunesse. » Enfin : « Edgar Poe, ivrogne, pauvre, persécuté, paria, me plaît plus que, calme et *vertueux*, un Goethe ou un W. Scott. Je dirais volontiers de lui, et d'une classe particulière d'hommes, ce que le catéchisme dit de notre Dieu : "Il a beaucoup souffert pour nous." » On pourrait écrire sur son tombeau : "Vous tous qui avez ardemment cherché à découvrir les lois de votre être, qui avez aspiré à l'infini, et dont les sentiments refoulés ont dû chercher un affreux soulagement dans le vin de la débauche, priez pour lui. Maintenant, son être corporel purifié nage au milieu des êtres dont il entrevoyait l'existence, priez pour lui qui voit et qui sait, il intercédera pour vous." »

Ce panégyrique d'Edgar Poe, qui est en même temps un plaidoyer *pro domo*, il le remaniera en 1856 pour le donner, sous forme de préface, au volume des *Histoires extraordinaires*. Mais il s'en inspirera aussi pour composer, en forçant le ton, les vers admirables qui ouvriront le recueil des *Fleurs du Mal*. Là encore, il célèbre la malédiction qui frappe le poète et qui pousse sa mère à le renier. C'est une Caroline transformée en furie qui exhale sa rage contre son rejeton promis à devenir le rebut de la société :

Lorsque, par un décret des puissances suprêmes,
Le Poète apparaît en ce monde ennuyé,
Sa mère épouvantée et pleine de blasphèmes
Crispe ses poings vers Dieu, qui la prend en pitié :

— « Ah ! que n'ai-je mis bas tout un nœud de vipères,
Plutôt que de nourrir cette dérision !
Maudite soit la nuit aux plaisirs éphémères
Où mon ventre a conçu mon expiation !

« Puisque tu m'as choisie entre toutes les femmes
Pour être le dégoût de mon triste mari,
Et que je ne puis pas rejeter dans les flammes,
Comme un billet d'amour, ce monstre rabougri,

« Je ferai rejaillir ta haine qui m'accable
Sur l'instrument maudit de tes méchancetés,

Et je tordrai si bien cet arbre misérable,
Qu'il ne pourra pousser ses boutons empestés[1] *! »*

Cette fois, Baudelaire a choisi définitivement son personnage. Il sera l'exclu des maisons honorables, l'épouvantail des mères de famille, la victime de Dieu et l'ami de Satan. Mais avec une aspiration constante vers le Ciel et les âmes pures qui l'habitent.

Entre-temps, il s'est découvert un autre maître à penser : le très réactionnaire Joseph de Maistre. Oubliant ses élans révolutionnaires de 1848, il s'émerveille de l'intolérance hautaine de l'auteur des *Soirées de Saint-Pétersbourg*, de son monarchisme mystique, de sa foi en la Providence qui guide le destin des États et des hommes. Il notera dans ses carnets intimes : « De Maistre et Edgar Poe m'ont appris à raisonner. » C'est avec un rien de forfanterie qu'il se réclame de ce double parrainage devant ses compagnons de café, qui sont, pour la plupart, « de gauche ». Il fréquente le bellâtre Arsène Houssaye, le fastueux Philoxène Boyer, le prolifique Banville, le bohème Gustave Mathieu, le petit journaliste fureteur et arriviste Antonio Watripon, mais ses vrais amis demeurent Asselineau, Champfleury, Poulet-Malassis et Nadar. Celui-ci donne, en avril 1852, au *Journal pour rire* un croquis de Baudelaire assorti de cette légende : *Charles Baudelaire, jeune poète nerveux, bilieux, irritable et irritant, et souvent complètement désagréable dans la vie privée. Très réaliste sous des allures paradoxales [...] il est, je pense, le meilleur et le plus sûr de sa route.*

Maxime Du Camp, qui a rencontré Baudelaire vers la même époque, note de son côté : « La tête était un peu celle d'un jeune diable qui se serait fait ermite : les che-

---
1. *Bénédiction.*

veux coupés très court, la barbe complètement rasée, l'œil petit, vif, inquiet, plutôt roux que brun, le nez sensuel et renflé du bout, la lèvre très mince, souriant peu, presque toujours pincée, le menton carré et l'oreille très détachée lui donnaient une physionomie déplaisante au premier abord, mais à laquelle on était promptement accoutumé. La voix était posée, comme celle d'un homme qui cherche ses expressions et se plaît à sa parole. Sa taille moyenne et solide dénotait de la force musculaire, et cependant il y avait en lui quelque chose de ravagé et d'amolli qui indiquait la faiblesse et l'abandon[1]. »

Le besoin de surprendre son interlocuteur est tel, chez Baudelaire, que, sollicité par le poète Fernand Desnoyers d'envoyer quelques vers de circonstance pour un recueil d'hommages au rénovateur de la forêt de Fontainebleau, C.-F. Denecourt, il lui répond sans ambages : « Mon cher Desnoyers, vous me demandez des vers pour votre petit volume, des vers sur la *Nature*, n'est-ce pas ? sur les bois, les grands chênes, la verdure, les insectes, — le soleil sans doute ? Mais vous savez bien que je suis incapable de m'attendrir sur les végétaux et que mon âme est rebelle à cette singulière religion nouvelle, qui aura toujours, ce me semble, pour tout être *spirituel* je ne sais quoi de *shocking*. Je ne croirai jamais que *l'âme des Dieux habite dans les plantes* et, quand même elle y habiterait, je m'en soucierais médiocrement et considérerais la mienne comme d'un bien plus haut prix que celle des légumes sanctifiés. J'ai même toujours pensé qu'il y avait dans la *Nature*, florissante et rajeunie, quelque chose d'affligeant, de dur, de cruel, — un je ne sais quoi qui frise l'impudence. Dans l'impossibilité de vous satisfaire complètement suivant les

---

[1]. Maxime Du Camp, *op. cit.*

termes stricts du programme, je vous envoie deux morceaux poétiques, qui représentent à peu près la somme des rêveries dont je suis assailli aux heures crépusculaires[1]. »

La lettre sera reproduite dans *Fontainebleau, Hommage à C.-F. Denecourt*. Quant aux *Deux Crépuscules*[2], superbes, celui du soir et celui du matin, ils expriment l'un et l'autre la plainte de la ville surpeuplée, avec ses catins, ses fêtards, ses filous, ses malades crevant dans les hôpitaux et ses ouvriers hagards qui se réveillent et empoignent leurs outils, tandis que rayonne sur un Paris brumeux « l'aurore grelottante en robe rose et verte ».

Désormais, Baudelaire poursuit deux carrières parallèles : une carrière de traducteur des œuvres d'Edgar Poe, donnant coup sur coup, à différents journaux, *Le Puits et le Pendule*, *La Philosophie de l'ameublement* et *Le Corbeau* ; une carrière de poète, publiant, dans *La Revue de Paris*, *L'Homme et la Mer* et le terrible *Reniement de saint Pierre*, avec sa conclusion blasphématoire : « Saint Pierre a renié Jésus... il a bien fait ! » Un moment, il craint d'être poursuivi en justice pour cette atteinte à la religion, mais seuls quelques abonnés protestent.

Baudelaire constate alors qu'il a plus de succès auprès du public comme découvreur d'Edgar Poe que comme auteur original. Il a appris l'anglais dans son enfance, en bavardant avec sa mère qui, née à Londres de parents français, a vécu en Angleterre ses premières années. Il se donne beaucoup de mal pour parfaire sa connaissance de cette langue, s'entoure de dictionnaires, interroge des spécialistes ou des professeurs, s'emploie à adapter les textes de l'écrivain américain dans un style sec et dur qui correspond à la facture de l'œuvre initiale. Dans cet effort de communion avec Edgar Poe, il a l'impression de créer en

---
1. Lettre de la fin 1853 ou du début 1854.
2. Titre de 1851-1852.

même temps qu'il transcrit, d'être à la fois le serviteur et le maître d'une pensée qui ne lui appartient pas. Il est aussi fier de sa version du *Corbeau* que de son *Reniement de saint Pierre*. On l'étonnerait fort en lui disant que l'excellence de ses traductions de l'anglais nuit à sa réputation de poète français. En effet, selon une opinion généralement admise, chaque artiste est prisonnier d'un cadre et ne peut en sortir. Ou il est romancier, ou il est historien ; ou il est moraliste, ou il fait des reportages ; ou il rédige ses élucubrations personnelles, ou il transpose celles des autres. En tout cas, pour l'heure, la prose de Baudelaire, fût-elle un reflet du génie d'Edgar Poe, lui rapporte plus que ses propres vers. Les revues publient plus volontiers du Poe à la sauce Baudelaire que du Baudelaire tout court.

L'argent, toujours l'argent ! Dès les premiers jours du mois, il en manque. Et il a deux personnes à nourrir, à vêtir : lui et Jeanne. Après dix ans de vie commune, il considère qu'il n'a pas le droit de rompre avec elle. Cependant, il ne peut plus la supporter. Il hait sa bêtise, ses vacillements d'ivrognesse, son parler criard. Ce corps brun qui l'exaltait jadis ne lui inspire plus que répulsion et pitié. La mulâtresse féline s'est transformée en une espèce d'échalas anguleux et ridé, à la peau rêche et à l'haleine avinée. Elle ne le charme plus, elle l'encombre. Dans un élan de franchise, il avoue à sa mère : « Jeanne est devenue un obstacle, non seulement à mon bonheur, ceci serait peu de chose ; moi aussi je sais sacrifier mes plaisirs et je l'ai prouvé, mais encore au perfectionnement de mon esprit [...]. *Jadis elle avait quelques qualités*, mais elle les a *perdues*, et moi j'ai gagné en clairvoyance. *Vivre avec un être* qui ne vous sait aucun gré de vos efforts, qui les contrarie par une maladresse ou une méchanceté permanente, qui ne vous considère que comme son domestique et sa propriété, avec qui il est impossible d'échanger une parole politique ou littéraire, une créature qui ne *veut rien apprendre*, quoique vous lui ayez proposé de lui donner vous-même des leçons, une créature *qui ne m'admire pas*, et qui ne s'intéresse même pas à mes études, qui jetterait mes manuscrits au feu si cela lui rapportait plus d'argent que de les laisser publier, qui renvoie mon chat, qui était ma seule distraction au logis, et qui introduit des chiens, *parce que* la vue des chiens me fait mal, qui ne sait pas ou ne veut pas comprendre qu'*être très avare, pendant un mois seulement*, me permettrait, grâce à ce repos momentané, de finir un gros livre, — enfin est-ce possible cela ? Est-ce possible ? J'ai des larmes de honte et de rage dans les yeux en t'écrivant ceci ; et en vérité je suis enchanté qu'il n'y ait aucune arme chez moi ; je pense aux cas où il m'est impossible d'obéir à la raison, et à la terrible nuit où je lui ai ouvert la tête avec une console [...]. Je pense *à tout jamais* que la femme qui a souffert et a fait un enfant est la seule qui soit l'égale de l'homme. Engendrer est la seule chose qui donne à la femelle l'intelligence morale[1]. »

Sa décision est prise : il va quitter Jeanne. Néanmoins, il estime ne pouvoir le faire sans avoir assuré l'avenir de sa maîtresse en lui versant « une assez forte somme ». « Mais où la prendre puisque l'argent que je gagnais disparaissait jour à jour, qu'il aurait fallu l'amasser, et enfin que ma mère, à qui je n'osais plus écrire, n'ayant rien de bon à lui annoncer, ne pouvait pas m'offrir cette grosse somme, ne l'ayant pas elle-même. Tu vois que j'ai bien raisonné. Et cependant, il faut partir. *Mais partir à tout jamais*. Voilà donc ce que j'ai résolu : je commencerai par le commencement ; c'est-à-dire par m'en aller. Puisque je ne puis pas lui offrir une grosse somme, je lui donnerai encore plusieurs fois de l'argent, ce qui m'est facile, puis-

---

1. Lettre du 27 mars 1852.

que j'en *gagne assez facilement*, et qu'en travaillant assidûment j'en puis gagner davantage. *Mais je ne la verrai jamais*. Elle fera ce qu'elle voudra. Qu'elle aille en Enfer, si elle veut y aller. J'ai épuisé dix ans de ma vie dans cette lutte. Toutes les illusions de mes jeunes années ont disparu. Il ne m'est resté qu'une amertume peut-être éternelle[1]. » Malgré la violence de son ressentiment, il hésite encore à se séparer de Jeanne. Une chose est d'épancher sa rancune dans une lettre à sa mère, autre chose est de dire en face, à une vieille maîtresse, qu'on ne l'aime plus.

Un jour, pourtant, il a le courage de la flanquer à la porte. D'ailleurs elle le trompe, non seulement avec son coiffeur, mais avec le tout-venant de la rue. Cela étant, il veut, par dignité, continuer à assurer l'existence de la femme qu'il a répudiée. Et, comme de juste, il met sa mère au courant de la situation. Il faut qu'elle sache que, de temps à autre, il rend visite à Jeanne et qu'il lui donne, chaque fois, un peu d'argent : « Or maintenant, elle est sérieusement malade et dans la plus positive misère. Je n'en parle jamais à M. Ancelle ; le misérable en éprouverait trop de joie. Il est évident qu'une petite partie de ce que tu m'enverras lui échoira [...]. Elle m'a fait bien souffrir, n'est-ce pas ? [...] Mais, en face d'une pareille ruine, d'une mélancolie si profonde, je me sens les yeux pleins de larmes, et pour tout dire, le cœur plein de reproches. Je lui ai mangé deux fois ses bijoux et ses meubles, je lui ai fait faire des dettes pour moi, souscrire des billets, je l'ai assommée, et finalement, au lieu de lui montrer comment se conduit un homme comme moi, je lui ai toujours donné l'exemple de la débauche et de la vie errante. Elle souffre — et elle est muette. N'y a-t-il pas là matière à remords ?

---

1. *Ibid.*

Et ne suis-je pas coupable de ce côté comme de tous les côtés ? [...] Comprends-tu maintenant pourquoi, au milieu de l'affreuse solitude qui m'environne, j'ai si bien compris le génie d'Edgar Poe, et pourquoi j'ai si bien écrit sur son abominable vie[1] ? »

Sur ces entrefaites, Aupick, dont la santé laisse à désirer, prend sa retraite d'ambassadeur et est nommé sénateur pour éminents services rendus à la nation. Selon un journal espagnol, les pauvres de Madrid regretteront Mme Aupick, qui a été si charitable avec eux. A l'idée des largesses de sa mère envers les déshérités madrilènes alors qu'elle s'est toujours montrée parcimonieuse envers son fils, Baudelaire ironise froidement : « Je t'avoue que ma première pensée a été mauvaise. Puis je n'ai pu m'empêcher de rire en pensant à ma pensée. En somme, j'ai compris que tu cherchais partout à faire honorer ton mari, ce qui est fort naturel[2]. »

Quittant l'ambassade de Madrid, les Aupick reviennent à Paris à la fin d'avril ou au début de mai 1853 et louent un appartement, 91, rue du Cherche-Midi. A peine arrivé, le nouveau sénateur prend séance à l'Assemblée. Quant à Charles, il se sent un peu plus en sécurité depuis que sa mère a regagné la capitale. Bien que la voyant rarement, il redouble d'égards pour elle dans ses lettres. Ses démonstrations de tendresse alternent, comme toujours, avec des demandes de subsides. Des créanciers le poursuivent, le traquent. « J'ai été obligé de sortir de chez moi cette nuit et de coucher — pour deux jours sans doute, jusqu'à ce que quelqu'un ait arrangé la chose pour moi — *dans un petit hôtel borgne et introuvable*, parce que j'étais cerné et espionné chez moi, de façon que je ne pouvais plus bouger. Je suis sorti sans argent de chez moi, par la raison

---
1. Lettre du 26 mars 1853.
2. *Ibid.*

bien simple qu'il n'y en avait pas. Cette lettre te demande 10 francs, pour passer ces deux jours, jusqu'au 15. Je suis encore au lit et j'attends avec inquiétude[1]. » Le même mois, il s'abaisse à demander un prêt au président de la Société des gens de lettres.

Sa mère cependant, tout en accédant, une fois sur deux, à ses prières, lui écrit pour l'exhorter à oublier ses préventions contre son beau-père et à réintégrer le clan familial. Il s'arc-boute : « Une visite chez toi me cause toujours du malaise [...]. Ne pourrais-tu me faire remettre [...] une lettre pour m'indiquer un rendez-vous où nous pourrions causer une heure ou deux ? Il serait fort gracieux que ce fût un dîner, ou un déjeuner, ou une promenade. Mais ceci est un luxe qui n'est pas indispensable[2]. »

Bien entendu, les exigences d'argent sont accompagnées de promesses de travail assidu et de réussite imminente : « Moyennant cela [le versement de cent francs] je pourrai *peut-être* non seulement finir mon livre avant le milieu du mois, mais encore me réconcilier pleinement avec le libraire, et recommencer à neuf l'exécution des projets que j'aurais dû parfaire il y a un an [...]. Remarque bien que je ne veux absolument pas sortir, autrement je n'en finirais jamais, — le restaurant me fait perdre trois et quatre heures par jour. — Il faut donc que, jour à jour, ma concierge ou une femme de ménage quelconque aille m'acheter mes provisions. Je saurai donc une fois dans ma vie le résultat d'une claustration absolue d'un mois[3]. » Que sa mère ne s'avise surtout pas de le morigéner : « Je t'en prie, ne m'écris pas des phrases comme celles-ci : *En vérité, Charles, tu me désoles*, etc., ou bien : *Quand on est un homme d'ordre, on a toujours chez soi suffisamment*

---

1. Lettre d'avril 1853.
2. Lettre du 27 juin 1853.
3. Lettre du 31 octobre 1853.

d'argent pour payer ces choses-là... Refuse-moi net, ou envoie-moi l'argent. [...] Ne viens pas me voir, je suis vraiment trop triste, trop embarrassé, et de trop mauvaise humeur[1]. » Il ne supporte pas non plus qu'elle lui conseille d'acheter des souliers de caoutchouc, dont l'usage, selon elle, soulagerait ses douleurs : « Tu ne vois pas le côté puéril de la maternité, et moi, si je ne voyais pas le côté touchant de cette puérilité, je ne t'écrirais plus [...]. Quant à tes craintes sur *l'avilissement* de ma personne dans la misère, sache que toute ma vie, déguenillé ou vivant convenablement, — j'ai toujours consacré deux heures à ma toilette. Ne salis plus tes lettres avec ces bêtises-là[2]. »

En vérité, s'il a besoin d'un prêt, de toute urgence, c'est qu'il a une personne chère à enterrer. Il s'agit de la mère de Jeanne : une vieille négresse à l'air digne et à la toison abondante. « Si j'avais aujourd'hui une somme assez forte, 100 francs par exemple, — je n'achèterais pas de souliers, ni de chemises, je n'irais ni chez un tailleur, ni au Mont-de-Piété, écrit Baudelaire dans la même lettre. C'était hier le dernier délai accordé pour l'accomplissement d'un acte que je regarde comme un Devoir *forcé*, c'est-à-dire l'exhumation et la réinhumation d'une femme qui m'a donné ses dernières ressources sans murmurer, sans soupirer et *surtout sans conseiller*. » Sans conseiller ! Parfaitement ! Que Caroline, la chipoteuse, en prenne de la graine ! « Le terrain me coûtera 86 francs, il est évident qu'il y aura encore quelque pourboire, quelque escroquerie de fossoyeur, poursuit-il. Cela passera avant les souliers ; d'ailleurs je suis tellement accoutumé aux souffrances physiques, je sais si bien ajuster deux chemises sous un pantalon et un habit déchirés que le vent traverse ; je sais si adroitement adapter des semelles de paille ou

---
1. Lettre du 18 novembre 1853.
2. Lettre du 26 décembre 1853.

même de papier dans des souliers troués, que je ne sens presque que les douleurs morales. Cependant il faut avouer, j'en suis venu au point que je n'ose plus faire de mouvements brusques ni même trop marcher de peur de me déchirer davantage. » Ayant reçu l'argent de sa mère, il en justifie l'utilisation, le 31 décembre 1853 : « J'ai payé les frais de l'exhumation et de la réinhumation qui ont été plus loin que je ne croyais [...]. Après avoir payé ma blanchisseuse, ma concierge, et acheté un peu de bois, il ne m'est rien resté [...]. Tu m'as écrit une lettre bien triste et bien charmante, mais toujours empreinte de ton inguérissable exagération. La femme morte, je l'ai presque haïe. Mais je l'ai laissée mourir dans la plus vraie misère. Et est-ce moi qui ai inventé les préjugés et le respect des morts ? Ce n'est donc qu'une pure question de convenance. Si tu le désires, j'enverrai chez toi la quittance demain [1]. »

Il est moins affecté, l'année suivante, par la disparition de son neveu Edmond, le fils d'Alphonse et de Félicité, mort à l'âge de vingt ans. Ayant appris la nouvelle trop tard, il n'a pu, dit-il, se rendre aux obsèques. Mais il écrit à son demi-frère, avec qui il n'a plus guère de rapports depuis longtemps : « J'ignore combien grande est la portée du malheur qui te frappe. Je devine seulement qu'elle est immense. De consolations, j'ignore absolument celles qui peuvent être offertes. Voilà bien des années que nous ne nous voyons pas, et je ne sais pourquoi l'idée du malheur qui t'accable et l'idée de notre éloignement me frappent simultanément. Je ne sais rien trouver de mieux que de te promettre que j'irai te serrer la main, et t'embrasser dans quelques jours, — car je suis accablé d'affaires. Ai-je

---

1. La mère de Jeanne, âgée de 73 ans, a été enterrée dans le cimetière de Belleville.

besoin de te prier de témoigner à ta femme toute la sympathie que j'éprouve pour sa douleur[1] ? »

En écrivant cette lettre, il sait trop qu'Alphonse et Félicité représentent pour le ménage Aupick l'exemple de la perfection conjugale et sociale, tandis que lui n'est, aux yeux de ses parents, qu'un fruit sec. Et il leur en veut de cette préférence pour un imbécile prétentieux, sous prétexte qu'il est magistrat, marié et ne manque de rien. Dans ses moments d'euphorie, après boire, il envisage de se racheter par un succès éclatant au théâtre. Pourquoi ne pas écrire un livret qui serait mis en musique, comme le lui a suggéré incidemment le directeur de l'Opéra, Nestor Roqueplan ? A peine cette idée l'a-t-elle effleuré qu'il se voit déjà associé dans le triomphe à l'illustre compositeur Meyerbeer. Mais, par négligence, il manque, dit-il à sa mère, « tous les rendez-vous ». Il songe aussi à un drame destiné à un théâtre de boulevard, puis soudain renonce à ce projet dont il se promettait merveille. Voici plus sérieux : un des acteurs les plus cotés de l'Odéon, Hippolyte Tisserant, l'ayant entendu réciter son poème *Le Vin de l'assassin*, lui conseille d'en tirer une pièce. Immédiatement, Baudelaire dresse un canevas du drame à l'intention du comédien : le héros sera un scieur de long, rêveur, fainéant et alcoolique ; la femme sera « un modèle de douceur, de patience et de *bon sens* ». Il y aura là-dedans de la pauvreté, du chômage, des querelles de ménage, de l'ivrognerie et un meurtre... « Vous voyez combien le drame est simple, écrit Baudelaire à Tisserant. Pas d'imbroglios, pas de surprises. Simplement le développement d'un vice et des résultats successifs d'une situation[2]. » Trois jours plus tard, il annonce victorieusement à sa mère : « C'est un grand drame en cinq actes pour

---

1. Lettre du 29 décembre 1854.
2. Lettre du 28 janvier 1854.

l'Odéon sur la misère, l'ivrognerie et le crime. La vérité est que je n'ai pas lu mon *scénario* à la direction ; mais c'est le principal acteur de l'endroit qui a exigé, pour ainsi dire, que je fisse cela pour lui, et la vérité est que je me suis tiré de la construction de cette grosse machine avec une habileté que je ne me connaissais pas [1]. »

Il ne lui reste plus qu'à écrire la pièce. Mais, s'il la raconte à plaisir dans des soirées amicales, il hésite à la rédiger, réplique par réplique. Le travail du dialogue est trop nouveau pour lui. Il répugne à imaginer le tac-tac banal d'une conversation. Plus le temps passe, plus l'idée de *L'Ivrogne* s'éloigne de son esprit. Il en parle toujours autour de lui, mais il a de moins en moins envie de mettre la main à la pâte. Le scénario restera dans ses tiroirs. Au fond, ce qui l'attirait dans le théâtre, c'était d'abord la perspective d'une grosse recette. De quoi damer le pion à la famille.

A trente-quatre ans, il ne peut pardonner aux siens de ne pas l'aider davantage. Dieu sait pourtant qu'ils auraient les moyens de le faire ! Alors qu'il a à peine de quoi manger et se vêtir, Aupick achète, le 7 mars 1855, une maison à Honfleur, perchée sur une falaise qui domine le port, avec chambres spacieuses, cabinet de travail, salon, véranda, galerie vitrée, jardin, terrasse, remises, écurie... Le sénateur compte s'y reposer l'été et, plus tard, y prendre sa retraite. Caroline espère que Charles consentira à les rejoindre là-bas, pour de brefs séjours. Elle rêve encore d'un replâtrage familial. A plusieurs reprises, elle y fait allusion dans ses lettres. Son fils lui a déjà répondu à ce sujet, l'année précédente : « Oui, oui, tout s'arrangera ; oui, cette réconciliation aura lieu, et honorablement, pour peu que ton mari ait de l'esprit ; oui, je sais tout ce que je t'ai fait endurer [2]. » Mais, au fond de lui-même, il présume

---

1. Lettre du 31 janvier 1854.
2. Lettre du 28 juillet 1854.

qu'il ne pourra jamais courber son intelligence, son orgueil devant cet homme qui l'a si souvent humilié. Il est persuadé qu'en vivant aux côtés d'Aupick sa mère a été contaminée par la suffisance, l'intransigeance et le conformisme étroit du général. Si celui-ci a pu annihiler une faible femme, il n'aura pas le dessus avec un éternel révolté comme son beau-fils. Du moins Charles se le figure-t-il pour se donner l'illusion d'être d'une seule pièce.

En réalité, il tourne au gré du vent. C'est surtout devant sa mère qu'il varie dans ses attitudes. Tantôt il l'accable de sarcasmes et de reproches, tantôt il lui crie son amour avec des accents enfantins ; tantôt il la supplie de venir le voir au plus vite, tantôt il lui demande sèchement de ne pas le troubler dans sa solitude. Trois préoccupations l'obsèdent nuit et jour : l'argent, sa mère, ses poèmes. C'est sa mère qui lui fournit l'argent. Mais qui lui fournit ses poèmes ? Dieu ou le diable ? Il préfère encore ne pas trancher la question.

XIV

MADAME SABATIER ET MARIE DAUBRUN

De temps à autre, Baudelaire éprouve le besoin de procéder à un sévère examen de conscience. Chaque fois, ce bilan se traduit par des lamentations sur son état d'âme, de santé et de fortune, des imprécations contre l'institution du conseil judiciaire et des résolutions, plus ou moins fermes, de bonne conduite et de travail assidu. Chaque fois aussi, il s'en prend à sa mère, qui, dit-il, hésite à le rencontrer, à le comprendre et à le secourir. Le 20 décembre 1855, il lui écrit une longue lettre pour faire le point sur son dénuement moral devant la vie qui le malmène : « Avant toutes choses, je désire vous voir. Voilà plus d'un an que vous vous y refusez, et je crois véritablement que vos légitimes colères doivent être satisfaites. Il y a dans ma situation vis-à-vis de vous quelque chose d'absolument anormal, absolument humiliant pour moi, que vous ne pouvez réellement pas vouloir maintenir [...]. J'ai commencé à mettre une foule de papiers en ordre. J'ai retrouvé une foule de lettres de vous, de différentes époques, écrites dans différentes circonstances. J'ai essayé d'en relire plusieurs ; toutes étaient pénétrées d'un profond intérêt purement matériel, il est vrai, comme si les dettes étaient tout, comme si les jouissances et les contentements spirituels n'étaient rien. Mais enfin, comme avant tout elles étaient maternelles, elles m'ont mis sur une pente de pensées les plus douloureuses de toutes. Toutes ces lettres représentaient des années écoulées et mal écoulées [...]. De pensée en pensée, je me suis dit que cette situation était non seulement monstrueuse et choquante, mais même dangereuse. De ce que mon esprit est fait d'une certaine sorte, qui vous paraît évidemment comme excentrique, il ne faudrait pas en conclure que je prends un plaisir maladif dans cette solitude absolue et dans cet éloignement de ma mère [...]. L'un de nous peut mourir, et vraiment il est douloureux de penser que nous sommes exposés à mourir sans nous voir [...]. Depuis déjà bien longtemps, je suis passablement malade de corps et d'esprit, et je veux tout, tout d'un seul coup, un rajeunissement complet, une satisfaction immédiate de corps et d'esprit. »

De ces considérations supérieures, Baudelaire glisse peu à peu aux tristes réalités de son existence quotidienne. S'il est privé de la chaleur maternelle, il l'est aussi du plus strict confort qu'un homme de sa naissance et de son talent est en droit d'exiger. A qui la faute ? Aux Aupick, parbleu, mari et femme ! « Je suis absolument las de la vie de gargote et d'hôtel garni ; cela me tue et m'empoisonne. Je ne sais comment j'y ai résisté. Je suis las des rhumes et des migraines, et des fièvres, et surtout de la nécessité de sortir deux fois par jour, et de la neige, et de la boue, et de la pluie [...]. Il y a quelque état plus grave encore que les douleurs physiques, c'est la peur de voir s'user et péricliter, et disparaître, dans cette horrible existence pleine de secousses, l'admirable faculté poétique, la netteté d'idées et la puissance d'espérance qui constituent en réalité mon capital. Ma chère mère, vous ignorez tellement ce que c'est qu'une existence de poète, que sans doute vous ne comprendrez pas grand-chose à cet argument-là ; c'est cependant là que gît ma principale frayeur ; je ne veux pas crever obscurément, je ne veux pas voir venir la vieillesse sans une vie régulière, je ne m'y résignerai *jamais* ; et je crois que ma personne est fort précieuse, je ne dirai pas plus précieuse que d'autres, mais suffisamment précieuse pour moi. »

Cette lettre, Baudelaire l'écrit à la veille d'un nouveau déménagement. Après avoir erré de taudis en taudis, il décide de se fixer 18, rue d'Angoulême, dans le quartier du boulevard du Temple : « Je serai donc logé comme un honnête homme ; enfin ! annonce-t-il à sa mère. J'ai besoin d'une vie absolument secrète et d'une chasteté et d'une sobriété complètes. » Caroline serait rassurée par cette dernière affirmation si elle ne savait que, sans habiter avec Jeanne, son fils continue à la voir et à l'entretenir. Elle n'en autorise pas moins Ancelle à verser entre les mains de Charles les mille cinq cents francs que celui-ci réclame d'urgence pour ses frais d'installation. « Franchement, la vie d'un poète vaut bien cela ! » a-t-il ajouté pour la décider. Néanmoins, dans les instructions qu'elle donne à Ancelle, Mme Aupick, tout en reconnaissant que « c'est là l'essentiel » pour le malheureux enfant, précise qu'elle se sent « peu disposée à renouer ses relations avec lui ». L'aurait-il poussée à bout par tant de sautes d'humeur et tant de promesses non tenues ? Parvenue à ce point de désenchantement, elle veut bien lui ouvrir sa bourse pour l'empêcher de mourir de faim, mais non son cœur qu'il a trop souvent blessé.

Baudelaire, cependant, est tout à la joie de son emménagement. Chaque fois qu'il change de décor, il se persuade qu'il va changer de vie. Du reste, même en amour il ne déteste pas le renouvellement. Si Jeanne l'a copieusement trompé ces dernières années, il ne lui est pas non plus demeuré fidèle. Mais ses récentes passions sont d'un autre niveau intellectuel que la mulâtresse. Il s'est d'abord épris d'une demi-mondaine très en vogue, Mme Sabatier[1], prénommée par ses nombreux amis Apollonie et baptisée par Théophile Gautier « la Présidente ». Née à Mézières en 1822, elle est la fille naturelle d'un préfet des Ardennes et d'une lingère, Marguerite Martin. Un sergent du 47e d'infanterie, André Savatier, en garnison dans la ville, ayant accepté de reconnaître l'enfant avant l'accouchement, la fille-mère et le généreux soldat se sont mariés en hâte et Aglaé a vu le jour au sein d'un couple régulier. Très tôt elle a séduit son entourage par sa grâce naturelle et sa jolie voix. Elle a continué son entreprise de charme en devenant, toute jeunette, la maîtresse du richissime Richard Wallace, qui offrira à Paris les fontaines d'eau potable du même nom, puis celle du sculpteur Clésinger, puis celle d'Alfred Mosselman, grand propriétaire minier, qui la met dans ses meubles au numéro 4 de la rue Frochot. « Elle était assez grande et de belles proportions, avec des attaches très fines et des mains charmantes, écrira Judith

---

1. De son vrai nom : Aglaé-Joséphine Savatier.

Gautier, la fille de Théophile. Ses cheveux très soyeux, d'un châtain doré, s'arrangeaient comme d'eux-mêmes en riches ondes semées de reflets. Elle avait le teint clair et uni, les traits réguliers, avec quelque chose de mutin et de spirituel, la bouche petite et rieuse. Son air triomphant mettait autour d'elle comme de la lumière et du bonheur. Sa toilette était pleine de fantaisie et de goût. Elle ne se conformait guère à la mode, en créait une toute spéciale. De grands artistes, convives du dimanche, donnaient des conseils à leur amie et lui dessinaient des modèles[1]. »

En adoration devant l'anatomie parfaite de sa maîtresse, Mosselman a chargé Clésinger de la représenter toute nue, dans l'attitude d'une femme allongée et pâmée, en ayant soin de prendre au préalable un moulage du corps dans ses moindres détails. Ensuite, le protecteur de la belle souhaitant que le monde entier l'enviât d'avoir une maîtresse aussi désirable, le sculpteur a exécuté une statue en marbre dans la même pose. Pour répondre à l'accusation d'indécence, on y a ajouté un petit reptile en bronze, censé avoir mordu la délicieuse et impudique créature. L'œuvre, envoyée au Salon de 1847 sous le titre *Femme piquée par un serpent*, a aussitôt attiré la curiosité égrillarde des visiteurs. Les critiques d'art les plus sévères se sont extasiés sur « la douce élasticité » de cette chair qui semble antique et moderne à la fois. Sans doute Baudelaire a-t-il, lui aussi, été troublé par la vue d'Apollonie sans voiles, expirant à demi sous la morsure du serpent de la volupté. Il avait rencontré Mlle Savatier à plusieurs reprises chez le peintre Boissard, à l'hôtel Pimodan, et Gautier l'a amené dernièrement à quelques dîners du dimanche chez « la Présidente ». Il y a retrouvé Flaubert, Du Camp, Meissonier, Henri Monnier, Barbey d'Aurevilly, les frères Goncourt et bien d'autres. Le

---

1. Judith Gautier, *Le Collier des jours*.

parler est libre et le rire puissant autour de cette jeune femme qui ne s'offusque de rien. Elle règne par l'élégance et l'esprit sur une douzaine de mâles surchauffés. Baudelaire l'observe et, devant cette vivandière bien en chair, souriante et pas bégueule, imagine la joie rare qu'il aurait à la posséder. Cependant, il n'ose envers elle aucun geste, aucun mot déplacé. Elle le fascine et le paralyse. Rentré chez lui, un soir de décembre 1852, il compose en son honneur un poème d'amour, *A une femme trop gaie*[1] :

> *Ta tête, ton geste, ton air*
> *Sont beaux comme un beau paysage ;*
> *Le rire joue en ton visage*
> *Comme un vent frais dans un ciel clair.* [...]
>
> *Ainsi je voudrais, une nuit,*
> *Quand l'heure des voluptés sonne,*
> *Vers les trésors de ta personne,*
> *Comme un lâche, ramper sans bruit,*
>
> *Pour châtier ta chair joyeuse,*
> *Pour meurtrir ton sein pardonné,*
> *Et faire à ton flanc étonné*
> *Une blessure large et creuse,*
>
> *Et, vertigineuse douceur !*
> *A travers ces lèvres nouvelles,*
> *Plus éclatantes et plus belles,*
> *T'infuser mon venin, ma sœur !*

Ces vers, qu'il se garde bien de signer, sont accompagnés d'un billet, également anonyme : « La personne pour qui ces vers ont été faits, qu'ils lui plaisent ou qu'ils lui

---

1. Titre définitif : *A celle qui est trop gaie*.

déplaisent, quand même ils lui paraîtraient tout à fait ridicules, est bien humblement *suppliée* de ne les montrer à *personne*. Les sentiments profonds ont une pudeur qui ne veut pas être violée. L'absence de signature n'est-elle pas un symptôme de cette invincible pudeur ? Celui qui a fait ces vers dans un de ces états de rêverie où le jette souvent l'image de celle qui en est l'objet l'a bien vivement aimée, sans jamais le lui dire, et conservera *toujours* pour elle la plus tendre sympathie [1]. »

Mme Sabatier est habituée à ce genre de déclarations cavalières. Ainsi, Théophile Gautier lui a envoyé naguère d'Italie la fameuse *Lettre à la Présidente*, qui est d'un érotisme si appuyé que le texte n'en pourra être édité, plus tard, que sous le manteau. En revoyant Apollonie à ses dîners de la rue Frochot, Baudelaire éprouve une triple jubilation à l'idée qu'elle a lu son madrigal insolent et indécent, qu'elle en a été troublée sans doute et qu'elle en ignore l'auteur, alors qu'assis en face d'elle il la déguste des yeux. Mais le plaisir qu'il prend à imaginer cette nudité haletante, sous le lustre de la salle à manger et parmi tous ces convives en habit, est encore accru par la notion du châtiment qu'il lui inflige en pensée. Il rêve de la punir pour son insouciance florissante, pour sa coquetterie éhontée, pour son rire perlé en lui transmettant, dans un baiser, sa mélancolie, son goût de la mort et peut-être sa syphilis.

L'expérience de ces aveux masqués l'excite tellement qu'il lui adresse, le 3 mai 1853, toujours anonymement, *Réversibilité* :

Ange plein de gaieté, connaissez-vous l'angoisse,
La honte, les remords, les sanglots, les ennuis,

---
[1]. Lettre du 9 décembre 1852.

Et les vagues terreurs de ces affreuses nuits
Qui compriment le cœur comme un papier qu'on froisse ?
Ange plein de gaieté, connaissez-vous l'angoisse ?

Quelques jours après, troisième envoi à la même, *Confession* :

« Que c'est un dur métier que d'être belle femme,
　　Et que c'est le travail banal
De la danseuse folle et froide qui se pâme
　　Dans un sourire machinal ;

« Que bâtir sur les cœurs est une chose sotte ;
　　Que tout craque, amour et beauté,
Jusqu'à ce que l'Oubli les jette dans sa hotte
　　Pour les rendre à l'Éternité ! »

Ce poème désabusé est accompagné d'une lettre : « Vraiment, Madame, je vous demande mille pardons de cette imbécile rimaillerie anonyme, qui sent horriblement l'enfantillage ; mais qu'y faire ? Je suis égoïste comme les enfants et les malades. Je pense aux personnes aimées quand je souffre. Généralement, je pense à vous en vers, et quand les vers sont faits, je ne sais pas résister à l'envie de les faire voir à la personne qui en est l'objet. En même temps, je me cache, comme quelqu'un qui a une peur extrême du ridicule [...]. Quelque absurde que tout cela vous paraisse, figurez-vous qu'il y a un cœur dont vous ne pourriez vous moquer sans cruauté, et où votre image vit toujours. »

Cette lettre, datée du 9 mai 1853, a été expédiée de Versailles où Baudelaire s'est rendu avec Philoxène Boyer pour préparer une hypothétique étude sur les grands hommes du siècle de Louis XIV. Mais, installés dans un hôtel, ils se sont vite trouvés à court d'argent et, incapables de régler leur note, ont été chassés par le propriétaire, laissant entre ses mains, à titre de garantie, leur léger bagage. Où aller ? Sans hésiter, les deux amis se réfugient dans une maison close. Ils y consomment gaillardement, sans doute pour justifier leur présence auprès de la patronne. Puis Philoxène Boyer, abandonnant Baudelaire comme otage, retourne à Paris pour chercher la rançon.

L'année suivante, Baudelaire adressera encore à Mme Sabatier quatre poèmes : *L'Aube spirituelle, Le Flambeau vivant, Que diras-tu ce soir, pauvre âme solitaire ?* et *Hymne*. La lettre jointe à ce dernier envoi[1], toujours obstinément anonyme, s'enrichit de nouveaux épanchements : « J'ai si peur de vous, que je vous ai toujours caché mon nom [...]. Vous êtes pour moi non seulement la plus attrayante des femmes — de toutes les femmes —, mais encore la plus chère et la plus précieuse des superstitions. — Je suis un égoïste, je me sers de vous. — Voici mon malheureux torche-cul. — Combien je serais heureux si je pouvais être certain que ces hautes conceptions de l'amour ont quelque chance d'être bien accueillies dans un coin secret de votre adorable pensée ! — Je ne le saurai jamais ! » Le quatrain final du poème a les accents d'une prière :

> *A la très-Bonne, à la très-Belle,*
> *Qui m'a versé joie et santé,*
> *Salut en la Vie Éternelle,*
> *En l'Éternelle Volupté*[2].

---

1. Daté du 8 mai 1854.
2. Version du manuscrit de Baudelaire, différente de celle retenue pour l'édition des *Fleurs du Mal*.

Au-dessous, ces quelques mots : « Pardonnez-moi, je ne vous en demande pas plus. »

Il y a dans la lettre une phrase révélatrice : « Je suis un égoïste, je me sers de vous. » Cette formule exprime, avec une franchise carrée, l'attitude de Baudelaire devant Mme Sabatier. Tout en la désirant, il prend prétexte de ses sentiments pour poétiser, pour magnifier la « présidente » des dîners de la rue Frochot. Elle sert de tremplin à son inspiration. Les vers d'exaltation païenne qu'il lui dédie célèbrent en réalité une créature idéale, aussi sensuelle dans son âme qu'immatérielle dans sa chair. S'il est, dans cette affaire, le poète inconnu, elle y est la muse involontaire et parfois maladroite.

D'ailleurs, elle le domine si imparfaitement que, tout en chantant ses louanges, il s'intéresse à une autre jeune femme, l'actrice Marie Daubrun. Ayant débuté modestement, vers 1846, au théâtre Montmartre, elle passera au Vaudeville, à la Porte-Saint-Martin, à l'Ambigu, au Théâtre historique de Dumas, à la Gaîté, dans des rôles de plus en plus importants. Blonde, le teint clair, les yeux vert d'eau, le sourire mutin, elle ravit le parterre et enfièvre les galeries. En 1852, elle a vingt-quatre ans et, au retour d'une tournée en Italie, joue à l'Odéon *Le Feuilleton d'Aristophane*, une pièce de Philoxène Boyer et Théodore de Banville. Sans doute est-elle, dès cette époque, la maîtresse du second. Baudelaire fait sa connaissance par l'intermédiaire de ses deux amis. Et, d'emblée, il la trouve digne de leurs attentions à tous les trois. Au printemps de 1854, Marie Daubrun remonte sur la scène de la Gaîté. A partir de ce moment, l'engouement de Charles pour elle se mue en une naïve dévotion. A cette petite personne indépendante et capricieuse, il accorde une âme de madone. Mais comment faire sa cour à une actrice adulée sans un liard en poche ? Comptant sur la satisfaction qu'éprouvera sa mère en apprenant qu'il se détourne de

Jeanne pour s'intéresser à une autre femme, il lui écrit : « Ma chère mère, je suis *obligé, réellement obligé* de donner *ce soir* à dîner à une personne ; comme la cuisine ici[1], vu la *misère* de mon hôtelier, *misère que j'ignorais*, est insoutenable, il faut que j'emmène cette personne chez le traiteur. Quand même je lui écrirais un mot pour l'empêcher de venir — un gros mensonge, comme absence, maladie —, je serais bien aise de pouvoir moi-même manger un peu dehors, car, en vérité, ici, c'est cruel. Autrefois cette maison était bien tenue, maintenant c'est dégoûtant [...] (comme spécimen du désordre de cette maison, figure-toi que dernièrement, à l'heure du dîner, le pain a manqué)[2]. »

Le dîner, financé par Mme Aupick, a encore rapproché Charles de Marie. Il ne passe plus un jour sans aller voir l'actrice dans sa loge, au théâtre de la Gaîté. Elle y joue *La Closerie des genêts* de Frédéric Soulié et répète *Le Sanglier des Ardennes*, mélodrame d'Émile Vanderburch. Cette double activité la maintient dans un état d'excitation qui aiguise son charme. Baudelaire, de son côté, se prépare à vivre de grands moments avec la prochaine publication de sa traduction des *Histoires extraordinaires* d'Edgar Poe dans *Le Pays* et de ses essais sur *Le Rire* et *Les Caricaturistes* dans *La Revue de Paris*. Il en parle à sa mère comme d'une affaire qui va le remettre à flot. Mais, en attendant, il tire toujours la langue.

Le 14 août 1854, il écrit à Caroline pour solliciter une aumône : « A une femme on peut parler des femmes. Il y a des âmes si délicates, si souffrantes et si honnêtes, qu'il suffit de la moindre caresse pour leur faire prendre le mal en patience. C'est aujourd'hui la fête de Marie. La personne dont je t'ai parlé passe les nuits à veiller ses parents

---
1. A l'hôtel du Maroc, rue de Seine, où Baudelaire s'est réfugié.
2. Lettre du 25 juin 1854.

mourants, après avoir joué ses stupides cinq actes. Je ne suis pas assez riche pour faire des cadeaux, mais quelques fleurs envoyées ce soir seraient une preuve suffisante de sympathie. » Sans doute Caroline a-t-elle souri à la pensée de ces « parents » de l'actrice, malades tous deux en même temps et sur le point de rendre côte à côte le dernier soupir ! Décidément, Charles est incorrigible dans ses affabulations de collégien attardé !

Si les succès de Baudelaire se font toujours attendre, ceux de Marie Daubrun la grisent. Elle joue pièce sur pièce à la Gaîté. Du coup, il rêve de faire représenter *L'Ivrogne* dans ce théâtre et en parle au directeur, Hippolyte Hostein. Mais celui-ci, prudent, se dérobe. Déçu, Baudelaire en appelle de nouveau à la générosité de sa mère : « Depuis *un mois*, j'ai été contraint de déménager six fois, vivant dans le plâtre, dormant dans les puces, mes lettres (les plus importantes) refusées — ballotté d'hôtel en hôtel ; — j'avais pris un grand parti, je vivais et je travaillais à l'imprimerie, ne pouvant plus travailler chez moi [...]. La besogne du *Pays*[1] finit dans trois jours, et il faut commencer ailleurs ; et je n'ai pas de domicile ; car je ne peux pas appeler ainsi un trou sans meubles où mes livres sont *par terre* [...]. Et pour comble de ridicule, il *faut* qu'au milieu de ces insupportables secousses qui m'usent, je fasse des vers, l'occupation la plus fatigante qui soit pour moi[2]. »

Seule bonne nouvelle parmi cette avalanche de soucis : la signature d'un contrat avec Michel Lévy pour la publication en deux volumes des *Histoires extraordinaires* et des *Nouvelles Histoires extraordinaires* d'Edgar Poe. Le traducteur avance dans l'estime du public, alors que le poète piétine. Et, comme s'il n'avait pas assez de ses démêlés personnels avec sa mère, avec Ancelle, avec les

---

1. La suite de la publication des contes de Poe.
2. Lettre du 5 avril 1855.

créanciers, avec les journaux, avec les éditeurs, il doit encore se préoccuper de la carrière de Marie. Le caractère de l'actrice est rien moins que facile. Quand on lui marche sur les pieds, elle riposte. Pendant la saison 1854-1855, elle s'est brouillée avec le directeur de la Gaîté, marié à une femme qui la déteste, et est partie pour une tournée minable en Italie. Mais, en route, son imprésario a fait faillite. La voici bloquée à Nice. Elle souhaiterait décrocher un bon rôle à Paris. Baudelaire ne pourrait-il intervenir auprès de George Sand dont un drame, *Maître Favilla*, va entrer en répétition à l'Odéon ?

Or, Baudelaire a pour George Sand une véritable aversion. Il note à son sujet dans *Mon cœur mis à nu* : « Elle est bête, elle est lourde, elle est bavarde. Elle a, dans les idées morales, la même profondeur de jugement et la même délicatesse de sentiment que les concierges et les filles entretenues [...]. Que quelques hommes aient pu s'amouracher de cette latrine, c'est bien la preuve de l'abaissement des hommes de ce siècle [...]. Je ne puis penser à cette stupide créature sans un certain frémissement d'horreur. Si je la rencontrais, je ne pourrais m'empêcher de lui jeter un bénitier à la tête. » Mais sur quelles préventions Charles ne marcherait-il pas pour complaire à Marie ? Elle sollicite son aide. Il n'a pas le droit de la lui refuser. Le 14 août 1855, il se fend d'une lettre pleine de ronds de jambe à la romancière, ce « Prudhomme de l'immoralité » : « Madame, j'ai un bien grand service à vous demander, et vous ne connaissez même pas mon nom. S'il est une position embarrassante, à coup sûr c'est celle d'un écrivain obscur contraint à recourir à l'obligeance d'un écrivain célèbre. » Après avoir exposé longuement la situation de sa protégée, qui a déjà joué avec succès dans deux pièces de George Sand, une reprise de *François le Champi* et la création de *Claudie*, il conclut : « Ai-je besoin de vous dire, Madame, avec quelle joie je voyais Mlle Daubrun rentrer honorablement à Paris, dans un ouvrage de vous, et réparer rapidement dans un théâtre qui lui convient les douleurs et les accidents de l'année précédente ? [...] Maintenant, il serait vraiment trop bête que je vous parlasse de mon admiration pour vous et de ma reconnaissance. J'attends votre réponse avec une certaine angoisse. »

Au moment de cacheter la lettre, un scrupule le saisit : doit-il l'adresser à Madame Sand, à Madame Dudevant, puisque tel est le vrai nom de l'écrivain, ou à Madame la baronne Dudevant ? « Je craignais avant tout de vous déplaire ! note-t-il dans un post-scriptum. Enfin le dernier nom [baronne Dudevant] m'a fait l'effet d'une impertinence pour le génie, et j'ai pensé que vous préfériez le nom par lequel vous régnez dans le cœur et l'esprit de votre siècle. » Que de platitude dans la louange d'un auteur qu'on méprise ! Mais Marie vaut bien ces courbettes de valet. D'ailleurs personne n'en saura rien...

George Sand répond de Nohant, dès le 16 août, en promettant d'intervenir auprès du directeur de l'Odéon, Gustave Vaëz : « Je vais écrire de suite. Agréez l'expression de mes sentiments distingués. » Mais Gustave Vaëz craint que Marie Daubrun n'ait trop d'embonpoint pour tenir le rôle. Protestation de George Sand : « Je l'ai vue, moi, il y a un an, et quant à la taille il n'y avait rien de trop et la beauté était incontestable. A-t-elle pu arriver si vite à l'obésité ? » Averti des démarches de son illustre consœur, Baudelaire l'en remercie avec effusion : « Madame, j'ai reçu votre excellente lettre le 17. Je ne m'étais donc pas trompé en invoquant votre obligeance [...]. Veuillez agréer avec mes remerciements l'assurance de mes sentiments les plus respectueux [1]. »

---

1. Lettre du 19 août 1855.

Finalement, malgré l'insistance de George Sand, Marie Daubrun est écartée de la distribution de *Maître Favilla* au profit de Marie Laurent. Colère de Baudelaire, qui suppose une machination ourdie contre lui et Marie par l'abominable dame de Nohant. Prenant la lettre de George Sand en date du 16 août, il l'annote avec rage : « Madame Sand m'a trompé et n'a pas tenu sa promesse. » Et il souligne ironiquement la faute de français que sa correspondante a commise en écrivant *de suite* au lieu de *tout de suite*.

Dépitée par cet échec, Marie Daubrun se refroidit à l'égard de Baudelaire et a un retour de flamme pour Théodore de Banville. Leur liaison ravivée donne à celui-ci l'idée d'un roman, *Histoire d'une comédienne, Ninette*, qui est publié dès l'automne 1855 avec cette dédicace imprimée : *A Mademoiselle Marie Daubrun, cette nouvelle écrite sur le coin de sa table hospitalière par son ami Th. de Banville, 1855*. Peu après, ils se mettent en ménage. Baudelaire est jaloux du succès de son rival auprès d'une femme dont lui, naïf, s'est contenté d'admirer les yeux verts et de respirer le parfum capiteux. Alors que le vainqueur affiche partout sa conquête, lui s'enferme dans un amour plus secret, plus sacré, auquel il n'espère nulle réciproque. Mais Banville ne profite pas longtemps de son avantage. Bientôt, il tombe malade et Marie, obligée d'aller jouer en tournée, l'emmène à Nice où il se remettra lentement. Resté à Paris, Baudelaire suit de loin leur idylle et se demande s'il voudrait encore être à la place de son confrère. Ses sentiments envers Marie sont complexes. Quand il la célèbre dans ses vers, c'est tantôt avec une infinie tristesse, tantôt avec une rage cruelle de possession et de profanation. Dans *Chant d'automne*, il écrit, en songeant à l'absente :

J'aime de vos longs yeux la lumière verdâtre,
Douce beauté, mais tout aujourd'hui m'est amer,

Et rien, ni votre amour, ni le boudoir, ni l'âtre,
Ne me vaut le soleil rayonnant sur la mer.

Et pourtant aimez-moi, tendre cœur ! soyez mère,
Même pour un ingrat, même pour un méchant ;
Amante ou sœur, soyez la douceur éphémère
D'un glorieux automne ou d'un soleil couchant.

Ah ! s'il pouvait poser son front brûlant sur les genoux de la bien-aimée et oublier le reste de l'univers dans cette attitude d'enfant sage ! Qu'elle soit pour lui une mère, une sœur, il n'en demande pas plus !

En revanche, dans *A une Madone*, il soumet son idole à un envoûtement sadique. L'ayant placée sur un autel, « loin du désir mondain et du regard moqueur », il la pare des attributs superbes de la divinité pour mieux la supplicier ensuite :

Enfin, pour compléter ton rôle de Marie,
Et pour mêler l'amour avec la barbarie,
Volupté noire ! des sept Péchés capitaux,
Bourreau plein de remords, je ferai sept Couteaux

Bien affilés, et, comme un jongleur insensible,
Prenant le plus profond de ton amour pour cible,
Je les planterai tous dans ton Cœur pantelant,
Dans ton Cœur sanglotant, dans ton Cœur ruisselant !

Ainsi, après avoir imploré Marie Daubrun de lui verser dans l'âme le baume d'une tendresse maternelle, se promet-il férocement de la poignarder pour la punir de l'amour qu'il lui porte. Tout Baudelaire est là, oscillant entre l'angélisme et le satanisme, la mélancolie et la rage, le clair-obscur d'un sentiment vrai et les flammes artificielles de l'enfer. Mais supplications et imprécations sont exprimées avec le même souci de rigueur dans le rythme de la phrase et dans le choix des mots. Qu'il joue pianissimo ou fortissimo, l'archet de l'artiste ne tremble jamais.

Ses espoirs autour de Mme Sabatier et de Marie Daubrun n'ayant abouti à rien de concret, il finit par se lasser de la solitude, des logis successifs, de la cuisine de gargote et reprend, en décembre 1855, la vie commune avec Jeanne. Elle est pour lui un pis-aller inévitable, l'incarnation de ses mauvaises habitudes, une sorte d'animal familier qu'on houspille et qui, par instants, se rebiffe et mord. La réconciliation après les injures est si agréable qu'on provoquerait les querelles par plaisir. Ayant rendu toute confiance à sa compagne, Charles la charge même de commissions auprès d'Ancelle et prévient celui-ci : « Je vous supplie de ne pas faire à Jeanne la moindre plaisanterie ou la moindre allusion sur des misères antécédentes. Ce serait vraiment brutal[1]. » Mais le rabibochage se révèle décevant. Après avoir habité quelque temps 18, rue d'Angoulême-du-Temple[2], le couple va de garni en garni pour s'installer enfin à l'hôtel Voltaire, sur le quai du même nom, à deux pas de l'imprimerie du *Moniteur universel* qui doit publier *Les Aventures d'Arthur Gordon Pym* dans la traduction de Baudelaire. Les bisbilles entre les deux amants prennent bientôt des allures de règlements de comptes.

En septembre 1856, excédés l'un par l'autre, ils se séparent sur un dernier éclat. C'est Jeanne, semble-t-il, qui a voulu partir. Aussitôt, Charles avertit sa mère, dont il imagine, avec regret, la satisfaction : « Ma liaison, liaison de quatorze ans, avec Jeanne, est rompue. J'ai fait

---
1. Lettre du 24 décembre 1855.
2. Actuellement rue Jean-Pierre-Timbaud.

tout ce qu'il était humainement possible de faire pour que cette rupture n'eût pas lieu. Ce déchirement, cette lutte a duré quinze jours, Jeanne m'a toujours imperturbablement répondu que j'avais un caractère intraitable et que d'ailleurs je la remercierais moi-même un jour de cette résolution. Voilà bien la grosse sagesse bourgeoise des femmes. Moi, je sais que quelque agréable aventure, plaisir, argent, ou vanité, qui m'arrive, je regretterai toujours cette femme. Pour que ma douleur, que vous ne comprendrez peut-être pas bien, ne vous paraisse pas trop enfantine, je vous avouerai que j'avais mis sur cette tête toutes mes espérances, comme un joueur ; cette femme était ma seule distraction, mon seul plaisir, mon seul camarade, et malgré toutes les secousses intérieures d'une liaison tempétueuse, jamais l'idée d'une séparation irréparable n'était entrée clairement dans mon esprit. Encore maintenant, et cependant je suis tout à fait calme, — je me surprends à penser en voyant un bel objet quelconque, un beau paysage, n'importe quoi d'agréable : pourquoi n'est-elle pas avec moi pour admirer cela avec moi, pour acheter cela avec moi ? Vous voyez que je ne déguise pas mes plaies. Il m'a fallu beaucoup de temps, je vous assure, tant la secousse a été violente, pour comprendre que peut-être le travail me donnerait des plaisirs et qu'après tout j'avais des devoirs à remplir. J'avais devant mon esprit un éternel : à quoi bon ? [...] Je suis resté pendant dix jours sans sommeil, toujours avec des vomissements, et obligé de me cacher, parce que je pleurais toujours [...]. Je voyais devant moi une interminable suite d'années sans famille, sans amis, sans amie, toujours des années de solitude et de hasards, — et rien pour le cœur [...]. Tout cela est arrivé par ma faute ; j'ai usé et abusé ; je me suis amusé à martyriser, et j'ai été martyrisé à mon tour. Alors j'ai été pris d'une terreur superstitieuse, je me suis figuré que vous étiez malade. J'ai envoyé chez vous ; j'ai appris votre absence, et que vous vous portiez bien ; du moins on me l'a dit, mais répétez-le-moi dans votre lettre [...]. Me voilà seul, bien seul, pour toujours, c'est plus que probable. — Car je ne peux plus, *du côté moral*, mettre ma confiance dans les créatures, *pas plus qu'en moi-même*, n'ayant désormais à m'occuper que de mes intérêts d'argent et de vanité, et sans autre jouissance que la littérature [1]. »

Selon toute probabilité, au cours de cette période sombre, il a souvent pensé à Gérard de Nerval, qui s'est pendu, l'année précédente, rue de la Vieille-Lanterne. L'exemple le hante. Disparaître comme lui. Pourquoi pas ? Cependant, son désarroi est de courte durée. Après quelques semaines d'abattement, de regret, d'incertitude, il constate en lui le retour du goût de vivre et du besoin de créer. A sa mère qui le plaint de n'avoir pas un foyer, comme la plupart des hommes de son âge, il répond ironiquement : « Me permettez-vous de rire un peu, rien qu'un peu, de ce désir que vous exprimez sans cesse de me voir *semblable à tout le monde*, et de me voir digne de vos vieux amis, que vous nommez complaisamment ? Hélas ! vous savez bien que je n'en suis pas là, et que ma destinée sera faite autrement. Pourquoi ne parlez-vous pas un peu de mariage, comme toutes les mamans ? Pour vous parler tout à fait sincèrement, la pensée de cette fille [Jeanne] ne m'a jamais quitté, mais je suis si parfaitement rompu au métier de la vie qui n'est que mensonge et vaines promesses, que je me sens incapable de retomber dans les mêmes inextricables pièges de cœur. — La pauvre enfant est maintenant malade et j'ai refusé d'aller la voir. Pendant longtemps elle m'a fui comme la peste, car elle connaît mon affreux tempérament, qui n'est que ruse et violence. — Je sais qu'elle

---

1. Lettre du 11 septembre 1856.

doit quitter Paris et j'en suis bien aise ; quoique, je l'avoue, une tristesse me prenne quand je pense qu'elle peut aller mourir loin de moi. Pour me résumer brièvement, j'ai une soif diabolique de jouissance, de gloire et de puissance. Cela, je dois le dire, est traversé souvent, pas assez souvent, — n'est-ce pas, ma chère mère ? — par le désir de vous plaire [1]. »

Comme pour l'inciter à l'optimisme, les *Histoires extraordinaires* remportent un succès immédiat, *La Revue des Deux Mondes* insère dix-huit de ses plus beaux poèmes, diverses feuilles publient quelques-unes de ses chroniques ayant trait à l'art et à la caricature. Couronnant le tout, Poulet-Malassis signe avec lui, le 30 décembre 1856, un contrat tout à fait correct pour l'édition de *Bric-à-brac esthétique*, réunion d'articles préfigurant les *Curiosités esthétiques* [2], et d'un volume de vers : *Les Fleurs du Mal*. L'auteur étant à peu près inconnu, on limite le tirage de ces deux ouvrages à mille exemplaires chacun. Tout en se réjouissant de la prochaine sortie de ses livres, Baudelaire ne croit pas à leur retentissement. En ce qui concerne la poésie, les lecteurs sont inondés par la production des rimailleurs, au point d'en avoir perdu le sens de la qualité musicale. Ils sont à la fois blasés et ignares. Comment les réveiller de leur torpeur ? Baudelaire compte beaucoup sur le choc du titre de son recueil. Il avait commencé par l'appeler *Les Lesbiennes*, et c'est le critique et romancier Hippolyte Babou qui, en 1855, lui a suggéré : *Les Fleurs du Mal*. Dès lors, Baudelaire n'a pas voulu d'une autre étiquette. Cette formule traduit admirablement, lui semble-t-il, l'inspiration aussi voluptueuse que maléfique de son œuvre. En effet, il y a en elle — conscient ou non — un double mouvement de l'âme. Son appétit de tendresse,

---

1. Lettre du 4 novembre 1856.
2. Posthumes (1868).

sa quête d'idéal y sont évoqués à travers les figures de Marie Daubrun et de Mme Sabatier, et son besoin de violence, de vice, de laideur, de révolte est incarné par la mégère libertine, le vampire, la démone noire qui vient de le quitter. C'est sa vie toute nue, toute saignante qu'il offre en pâture au public. Sera-t-il accepté, admiré tel un novateur ou hué tel un fou qui se déculotte en pleine rue ? Peu importe ! Cette confession le libère de ses rêves bleus comme de ses cauchemars lubriques. En remettant le manuscrit des *Fleurs du Mal* à Poulet-Malassis, il a l'impression d'avoir débridé une plaie profonde. L'écoulement du pus le soulage.

XV

LES FLEURS DU MAL

Durant les premiers mois de l'année 1857, Baudelaire ne sait où donner de la tête. Tandis que les *Nouvelles Histoires extraordinaires* sont lancées sur le marché, succédant aux *Histoires extraordinaires* parues l'année précédente, *Le Moniteur universel* poursuit la publication des *Aventures d'Arthur Gordon Pym*. La mise au net de ce dernier ouvrage le préoccupe beaucoup, car il craint de se tromper dans la traduction des termes de navigation dont fourmille le récit d'Edgar Poe. Pour être sûr de ne pas trahir l'original, il hante les tavernes de Paris, à la recherche de matelots anglais qui pourraient le renseigner sur la signification de quelques mots obscurs du vocabulaire maritime. Comme son ami Asselineau le plaisante sur son souci d'exactitude, il le toise avec mépris et déclare :

« Vous ne comprenez donc pas que toute chose que j'écris doit être irréprochable et que je ne dois pas plus donner prise à la censure d'un matelot qu'à la critique d'un littérateur ! » Mais c'est surtout la correction des épreuves des *Fleurs du Mal* qui l'épuise nerveusement. Ces épreuves, que Poulet-Malassis lui transmet au fur et à mesure, il les couvre de rectifications et de rajouts au point de les rendre illisibles. Eugène de Broise, le beau-frère de Poulet-Malassis, s'indigne de ces perpétuels changements. Réplique cinglante de Baudelaire : « Vous ignorez sans doute, Monsieur, ce que c'est que le soin et les lenteurs indispensables pour un ouvrage auquel on attache de l'importance [...]. Si vous ne voulez pas de surcharges, Monsieur, il ne faut pas envoyer d'épreuves *torchées* comme celles que vous nous avez expédiées, pendant que M. Malassis était à Paris [1]. »

Le choix de la dédicace imprimée est également capital. Baudelaire a décidé de présenter son œuvre sous le patronage de Théophile Gautier. Le texte qu'il a l'intention de placer en tête du volume est longuet et emphatique : « A mon très cher et très vénéré Maître et Ami Théophile Gautier [...]. Je sais que, dans les régions éthérées de la véritable Poésie, le Mal n'est pas, non plus que le Bien, et que ce misérable dictionnaire de mélancolie et de crime peut légitimer les réactions de la morale, comme le blasphémateur confirme la Religion. [...] » En lisant le projet que lui propose son « disciple », Gautier sursaute et met aussitôt le poète en garde contre ce genre de déclaration liminaire. Il lui explique qu'une dédicace ne doit pas être une « profession de foi » et que celle-ci a pour défaut « d'attirer les yeux sur le côté scabreux du volume et de le dénoncer [2] ». Si les gens sont assez bornés pour ne pas

---

1. Lettre du 15 mars 1857.
2. Lettre à Poulet-Malassis du 9 mars 1857.

flairer l'odeur de soufre qui se dégage de ces vers, ce n'est pas à l'auteur de la leur signaler ! Baudelaire reconnaît que son illustre confrère a raison et se contente d'offrir « ces Fleurs maladives » « au poète impeccable, au parfait magicien ès lettres françaises », « avec les sentiments de la plus profonde humilité ». Il lui semble qu'en se blottissant dans l'ombre d'un écrivain aimé et respecté de tous il a choisi le meilleur paratonnerre. Et déjà il dresse la liste de son service de presse. On y relève, entre autres, les noms de Sainte-Beuve, de Barbey d'Aurevilly, de Leconte de Lisle, de Victor Hugo et de plusieurs ministres et chefs de cabinet.

Alors que le livre est encore en fabrication, un événement foudroyant s'abat sur Baudelaire : le 27 avril 1857, Aupick, dont les forces déclinaient depuis quelques mois, meurt à l'âge de soixante-huit ans, à son domicile parisien. Aussitôt informé, Charles se précipite au 91 de la rue du Cherche-Midi, reçoit dans ses bras sa mère en larmes et pleure avec elle, non certes sur la disparition du général, mais sur le réel chagrin qu'elle éprouve. Trois jours plus tard, il accompagne à sa dernière demeure ce défunt magistral qui, après une brillante carrière dans l'armée, a été ambassadeur de France et sénateur d'Empire. Un maître de cérémonie porte sur un coussin de velours les décorations du disparu. L'orchestre militaire joue des airs de circonstance. Un détachement de soldats en grande tenue rend les honneurs. Le trajet est long de l'église Notre-Dame-des-Champs au cimetière du Montparnasse. Sur le passage du corbillard, surchargé de fleurs et de couronnes, les gens se découvrent. La veuve vacille sous ses voiles noirs. Parmi les familiers du ménage Aupick, certains se demandent quel est cet inconnu qui seul, à deux pas devant le représentant de l'empereur et celui du Sénat, conduit le deuil avec une raide dignité. On chuchote : « C'est le beau-fils... Un poète... » Sec, osseux, le regard vif, les lèvres serrées, le front dégarni, Charles ressemble à un moine défroqué qui défie le monde. Les discours se succèdent autour de la tombe. Baudelaire écoute, avec une exaspération croissante, ce flot de louangeuses contre-vérités. Sur la stèle funéraire, figure un blason dessiné jadis par le général lui-même : une épée tenue par un dextrochère et la devise *Tout par elle*. Encore un mensonge, pense Charles. Mais c'est la lecture du testament laissé par le général qui lui donnera la vraie mesure du personnage. Le style en est d'une enflure si ridicule qu'il suggère une parodie de la respectabilité. « Créature imparfaite, écrit Aupick, j'ai péché, j'en demande pardon à Dieu et aux hommes. Né dans la condition la plus humble, la Providence a permis que je fournisse une brillante carrière — je l'ai parcourue sans me laisser éblouir [...]. Je recommande à la sollicitude de mes amis ma femme bien-aimée que, pendant trente ans, j'ai constamment trouvée auprès de moi, tendre et dévouée, et qui a tant contribué à me rendre facile l'exercice de mes hautes fonctions, surtout à l'étranger, où la grâce de son esprit, unie à l'aménité de ses manières, donnait à son salon un charme que chacun se plaisait à reconnaître. Je lui donne ma dernière pensée et me réfugie dans le sein de mon Créateur. »

A la mort d'Aupick, Charles a l'impression que le principal obstacle entre sa mère et lui vient de tomber et qu'il va enfin la retrouver tout entière, comme au temps de son enfance. Autrefois, Caroline lui ayant « préféré » un étranger, il souffrait de jalousie et cherchait à se démarquer, par ses excentricités, de cet homme qui ne vivait que pour et par les conventions. En prenant le contrepied de toutes les idées de son beau-père, il voulait à la fois affirmer sa personnalité et punir son entourage. Ses armes de guerre contre des parents incompréhensifs, c'étaient la paresse, la rudesse, la licence, la provocation, la misère... A présent, grâce à l'effacement définitif de l'encombrant Aupick, tout est changé. Charles se sent appelé à le remplacer auprès de la faible femme qu'il laisse sur terre. Lui seul, désormais, a le devoir de la chérir et de la protéger. De fils dénaturé, il va devenir ange gardien.

Mais Caroline ne veut pas rester à Paris. Elle se retire dans sa maison de Honfleur. Charles se préoccupe de la vente du mobilier de la rue du Cherche-Midi, des voitures, des chevaux, des harnais devenus inutiles et de l'attribution de la pension qui est due à la veuve d'un sénateur. Elle va bénéficier d'un revenu annuel tout à fait décent : onze mille francs. Comparés aux deux mille deux cents francs de revenus produits par le capital de son fils du fait de la gestion de M. Ancelle, c'est un pactole. Baudelaire n'a donc pas à se soucier de la situation financière de sa mère. Il redouble d'attentions à son égard. Dès le mois de mai 1857, il lui envoie un « paroissien de deuil », en attendant que celui qu'elle possède soit « arrangé » par un relieur auquel il l'a porté. « Toutes les pages seront lavées, toutes les taches disparaîtront, même celles de graisse. Quant aux feuillets lacérés, ils seront raccommodés aussi bien qu'il est possible. »

Le mois suivant, il lui fait part de l'évolution de ses sentiments filiaux : « Je veux vous rendre compte en deux lignes de la raison de ma conduite et de mes sentiments depuis la mort de mon beau-père ; vous trouverez dans ces deux lignes l'explication de mon attitude dans ce grand malheur et en même temps de ma conduite future : — cet événement a été pour moi une chose solennelle, comme un rappel à l'ordre. J'ai été quelquefois bien dur et bien malhonnête envers vous, ma pauvre mère ; mais enfin, je pouvais considérer que quelqu'un s'était chargé de votre bonheur, — et la première idée qui me frappa lors de cette mort fut que, désormais, c'était moi qui en étais naturellement chargé. Tout ce que je me suis permis, nonchalance, égoïsme, grossièretés violentes, comme il y en a toujours dans le dérèglement et l'isolement, tout cela m'est interdit. — Tout ce qui sera humainement possible pour vous créer une félicité particulière et nouvelle pour la dernière partie de votre vie *sera fait*. — La chose n'est pas si difficile après tout, puisque vous attachez tant d'importance à la réussite de tous mes projets. En travaillant pour moi, je travaillerai pour vous [1]. »

Trois semaines plus tard, *Les Fleurs du Mal* sortent en librairie. Devant cette plaquette, fruit d'un labeur de plus de quinze ans, Baudelaire sent renaître sa crainte de braquer contre lui un public abreuvé jusqu'ici d'eau de mélisse. Il hésite même à en adresser un exemplaire à sa mère. Elle se plaint, dans ses lettres, d'avoir perdu le goût de vivre. Il la secoue tendrement : « Si vous vous abandonnez ainsi, vous tomberez malade, et ce sera alors le pire des malheurs et pour moi la plus insupportable des inquiétudes. » Il lui annonce aussi que, réflexion faite, il va lui expédier son recueil de poèmes, paru voici quinze jours : « Il m'a semblé que, puisque vous entendriez, après tout, parler de ce volume, au moins par les comptes rendus que je vous enverrai, la pudeur serait de ma part aussi folle que la pruderie de la vôtre [...]. Vous savez que je n'ai jamais considéré la littérature et les arts que comme poursuivant un but étranger à la morale, et que la beauté de conception et de style me suffit. Mais ce livre, dont le titre : *Fleurs du Mal*, dit tout, est revêtu, vous le verrez, d'une beauté sinistre et froide. Il a été fait avec fureur et patience [...]. Le livre met les gens en fureur [...]. Je me moque de tous ces imbéciles et je sais que ce volume, avec ses qualités et ses défauts, fera son chemin dans la mémoire du public lettré, à côté des meilleures poésies de V. Hugo, de Th. Gautier et même de Byron. » Puis, s'avi-

---

1. Lettre du 3 juin 1857.

sant que Caroline est très liée avec Louis Émon, cet ancien officier qui le déteste pour ses frasques passées et a même hésité à lui serrer la main le jour de l'enterrement d'Aupick, Charles met sa mère en garde contre l'influence des « gens de bien » qu'elle fréquente à Honfleur. Louis Émon a fait partie du conseil de famille réuni en 1841. Empesé par les conventions, imperméable à la fantaisie, il est, pour Charles, comme le prolongement posthume du général Aupick. « Puisque vous vivez avec la famille Émon, écrit Baudelaire, ne laissez pas le volume traîner dans les mains de Mlle Émon. Quant au curé, que sans doute vous recevez, vous pouvez le lui montrer. Il pensera que je suis damné, et n'osera pas vous le dire. On avait répandu le bruit que j'allais être poursuivi ; mais il n'en sera rien. Un gouvernement qui a sur les bras les terribles élections de Paris n'a pas le temps de poursuivre un fou. » Enfin, pour attendrir sa mère, Charles lui apprend qu'il s'est rendu au cimetière et que la dépouille du général a été transférée dans le caveau définitif avec les meilleurs égards : « Vos couronnes, fanées par les grandes pluies, avaient été soigneusement rapportées sur la nouvelle sépulture. J'en ai ajouté d'autres [1]. »

Alors que Baudelaire s'efforce de rassurer sa mère et de se rassurer lui-même, la campagne de presse contre *Les Fleurs du Mal* a déjà commencé. Le 5 juillet, Gustave Bourdin, l'un des deux gendres d'Hippolyte Villemessant, publie dans *Le Figaro* un bref article condamnant quatre poésies (*Le Reniement de saint Pierre*, *Lesbos* et les deux pièces intitulées *Femmes damnées*) : « Si l'on comprend qu'à vingt ans l'imagination d'un poète puisse se laisser entraîner à traiter de semblables sujets, rien ne peut justifier un homme de plus de trente ans d'avoir donné la publi-

---

[1]. Lettre du 9 juillet 1857.

cité à de pareilles monstruosités. » Et le critique ajoute que, dans ces vers, « l'odieux coudoie l'ignoble, le repoussant s'y allie à l'infect. Jamais on ne vit mordre et même mâcher autant de seins en si peu de pages ». Quelques jours plus tard, dans le *Journal de Bruxelles*, un anonyme signant Z.Z.Z. déclare que *Madame Bovary*, « ce hideux roman », est « une lecture de piété » en comparaison des *Fleurs du Mal*. Or, *Madame Bovary* a été poursuivie en justice au mois de février de la même année. Le gouvernement de Napoléon III ne va-t-il pas en faire autant pour *Les Fleurs du Mal* ? Si Flaubert a été acquitté, Baudelaire le sera-t-il ? Rien n'est moins sûr. Flaubert a bénéficié d'une intervention amicale de la princesse Mathilde. Mais Baudelaire, sur quel personnage de haut vol peut-il compter pour sa défense ? Sainte-Beuve, appelé à la rescousse, le gratifie d'un « mon cher enfant » et se récuse.

Cependant, à la direction générale de la Sûreté publique (ministère de l'Intérieur), un rapport confidentiel spécifie que *Les Fleurs du Mal* constituent « un défi jeté aux lois qui protègent la religion et la morale ». Blasphèmes, éloges de la lubricité, chants en l'honneur de l'amour entre femmes, complaisances pour le satanisme et l'ordure, l'ouvrage entier paraît à ces messieurs du ministère un outrage aux mœurs, à l'Église et presque à la patrie. Dès le 7 juillet, le ministre de l'Intérieur demande au procureur général d'engager les poursuites. Prévoyant l'orage, Baudelaire écrit, le 11 juillet, à Poulet-Malassis : « Vite, *cachez*, mais *cachez bien* toute l'édition [...]. Voilà ce que c'est que d'envoyer *des exemplaires au Figaro !!!* » Et il supplie Théophile Gautier, qui a des amitiés parmi la presse, de lui obtenir un article élogieux dans *Le Moniteur universel*, journal officiel de l'Empire. Dans le numéro du 14 juillet, Édouard Thierry, éperonné par « le bon Théo », affirme : « Le poète ne se réjouit pas devant le spectacle du mal. Il regarde le vice en face, mais comme un ennemi qu'il connaît bien et qu'il affronte. » Pour mieux disculper Baudelaire, il le place même « sous l'austère caution de Dante ».

Trop tard : la machine judiciaire est en marche. Le 17 juillet 1857, le procureur général requiert une information contre Baudelaire et son éditeur, et ordonne la saisie de tous les exemplaires du livre incriminé. Heureusement, les amis de l'auteur, Asselineau en tête, se sont empressés d'enlever et d'escamoter une grande partie du tirage. De son côté, espérant toujours enrayer l'action intentée contre lui, Baudelaire écrit, le 20 juillet, à Achille Fould, ministre de la Maison de l'empereur [1], afin de lui témoigner sa gratitude pour la pension qui a été accordée à sa mère après la mort du général Aupick et l'assurer, par la même occasion, de sa parfaite innocence dans l'affaire des *Fleurs du Mal* : « *Je ne me sens pas du tout coupable*. Je suis au contraire très fier d'avoir produit un livre qui ne respire que la terreur et l'horreur du Mal [...]. Aussi bien, Monsieur le Ministre, pourquoi ne vous dirais-je pas avec candeur que je vous demande votre protection, en tant qu'il soit possible de l'obtenir, à vous, qui par votre esprit, encore plus que par votre position, vous trouvez le protecteur naturel des Lettres et des Arts ? »

Dans sa naïveté, il escompte, en flattant Achille Fould, ministre d'État et patron du *Moniteur*, s'en faire un allié contre deux autres ministres, celui de l'Intérieur, Billault, et celui de la Justice, Abbatucci. Manœuvre puérile : les ministres se tiennent les coudes. Barbey d'Aurevilly, ayant écrit pour *Le Pays* un article chaleureux sur *Les Fleurs du Mal*, se voit opposer un refus quasi officiel de publication. Aussitôt, il en avertit Baudelaire : « Je voudrais savoir où en est la chose. La poursuite absurde sera-t-elle

---

[1]. Chef du gouvernement, équivalent du Premier ministre.

interrompue ? Si elle a lieu et que vous soyez acquitté comme Flaubert, l'article paraîtra [...]. Si la poursuite s'interrompait, un mot, vite ! pour que mon article se lève comme un Cid pour vous[1]. »

Affolé, Baudelaire cherche un avocat célèbre et qui ait l'oreille du pouvoir. Il pense à Chaix d'Est-Ange père. Mais celui-ci se dérobe et l'adresse à son fils Gustave. On s'en contentera, faute de mieux. Ce qui est important, ce n'est pas l'éloquence d'un maître du barreau, mais le prestige des grands personnages qui l'épauleront dans l'ombre. Et, de ce côté-là, Baudelaire est optimiste. Il en informe sa mère, avec assurance : « J'ai pour moi *M. Fould, M. Sainte-Beuve* et *M. Mérimée* (qui est non seulement un littérateur illustre, mais le seul qui représente la littérature au Sénat), *M. Pietri*, une puissance très grande et, comme *M. Mérimée*, l'ami intime de l'empereur. *Il me manque une femme* ; il y aurait peut-être moyen d'engager la princesse Mathilde dans cette affaire ; mais je me creuse en vain le cerveau pour trouver le moyen [...]. Je n'ai pas besoin de vous dire que le livre se vend toujours, mais secrètement, et le double du prix ordinaire[2]. »

Dans sa retraite de Honfleur, Caroline est consternée. Être veuve d'un homme remarquable, qui a été général, ambassadeur, sénateur, grand officier de la Légion d'honneur, dignitaire de trente-six ordres étrangers, et avoir un fils qui est traîné devant les tribunaux pour atteintes à la religion et à la morale, c'est trop pour une seule femme. Elle bénit le ciel d'avoir rappelé son mari avant cet outrage public. Il aurait eu l'impression d'être dégradé devant le front des troupes. Pour se réconforter un peu, elle veut croire que tous les personnages influents dont Charles

---

1. Lettre du 25 juillet 1857.
2. Lettre du 27 juillet 1857.

invoque l'amitié dans sa lettre prendront fait et cause pour lui et que les poursuites seront abandonnées.

Or, comme toujours, Charles chevauche des nuages. Aucun de ses supposés partisans ne songe à lever le petit doigt pour le défendre. Mérimée, à qui il a envoyé un exemplaire sur hollande, n'a nulle sympathie pour lui et n'aime pas le livre. Il répondra, le 29 août, à Mme de La Rochejaquelein qui l'interroge à ce sujet : « Je n'ai fait aucune démarche pour empêcher de brûler le poète dont vous me parlez, sinon de dire à un ministre d'en brûler d'autres d'abord. » Il estime que *Les Fleurs du Mal* sont un recueil « très médiocre, nullement dangereux », où brillent certes « quelques étincelles de poésie », mais « comme il peut y en avoir dans un pauvre garçon qui ne connaît pas la vie et qui en est las parce qu'une grisette l'a trompé ». Fould a d'autres chats à fouetter que de voler au secours d'un débutant malchanceux. Pierre-Marie Pietri, le préfet de police, se désintéresse de l'affaire. Quant à Sainte-Beuve, il se contente d'indiquer à Baudelaire quelques « petits moyens de défense », propres à désarmer le tribunal. Selon lui, l'avocat aurait intérêt à plaider les circonstances atténuantes en s'appuyant sur les arguments suivants : « Tout était pris dans le domaine de la poésie. Lamartine avait pris les *cieux*. Victor Hugo la *terre*, et plus que la terre. Laprade les *forêts*. Musset *la passion et l'orgie éblouissante*. D'autres *le foyer, la vie rurale*, etc. Théophile Gautier, *l'Espagne* et ses vives couleurs. Que restait-il ? Ce que Baudelaire a pris. Il y a été comme forcé. » Sainte-Beuve ajoute qu'il faudrait évoquer à l'audience l'ombre de Béranger, mort le 16 juillet dernier et à qui les autorités ont accordé des funérailles nationales, bien qu'il fût l'auteur de quelques refrains assez lestes, et celle de Musset, décédé au mois de mai et qui a été élu à l'Académie française malgré certains vers choquants pour la pudeur. En somme, selon l'éminent critique, Baudelaire devrait se proclamer innocent parce que d'autres ont été coupables avant lui. Flaubert lui-même écrit au poète persécuté : « Tenez-moi au courant de votre affaire, si ça ne vous ennuie pas trop. Je m'y intéresse comme si elle me regardait personnellement. Cette poursuite n'a aucun sens. Elle me révolte. Et on vient de rendre les honneurs *nationaux* à Béranger ! à ce sale bourgeois qui a chanté les amours faciles et les habits râpés ! J'imagine que, dans l'effervescence d'enthousiasme où l'on est à l'encontre de cette glorieuse binette, quelques fragments de ses chansons (qui ne sont pas des chansons, mais des odes de Prudhomme), lus à l'audience, seraient d'un bel effet [...]. Et puisqu'on vous accuse, sans doute, d'outrages aux mœurs et à la religion, je crois qu'un parallèle entre vous deux ne serait pas maladroit. Communiquez cette idée (pour ce qu'elle vaut ?) à votre avocat[1]. » Docile, Baudelaire prépare des notes à l'intention de son défenseur et lui recommande, outre d'évoquer dans sa plaidoirie Lamartine et les « monstruosités » de *La Chute d'un ange*, de « citer avec dégoût et horreur de bonnes ordures de Béranger[2] ». D'autre part, pour étayer son argumentation, il fait imprimer à cent exemplaires quatre chroniques élogieuses en une plaquette intitulée : *Articles justificatifs pour Charles Baudelaire, auteur des Fleurs du Mal*, et expédie plusieurs de ces brochures au Parquet et aux juges du tribunal correctionnel.

Mais il lui manque toujours « une femme » qui, par sa grâce et son entregent, pourrait incliner le pouvoir à la clémence. La princesse Mathilde, cousine de l'empereur et protectrice de Flaubert, est décidément inaccessible. Alors qui ? Soudain Baudelaire songe à Mme Sabatier, inspiratrice de quelques-uns de ses poèmes les plus chauds. Il les

---
1. Lettre du 23 août 1857.
2. Lettre de la fin juillet ou du début août 1857.

lui a adressés de 1852 à 1854, sans signature. Cette fois, il se démasque et lui envoie, le 18 août, deux jours avant le procès, un exemplaire sur hollande des *Fleurs du Mal*, relié par Lortic en demi-maroquin janséniste vert clair. Le recueil est assorti d'une lettre d'amour et de supplication : « Croiriez-vous que les misérables (je parle du juge d'instruction, du procureur, etc.) ont osé incriminer, entre autres morceaux, deux des pièces composées pour ma chère Idole (*Tout entière* et *A celle qui est trop gaie*) ? Cette dernière est celle que le vénérable Sainte-Beuve déclare la meilleure du volume. Voilà la première fois que je vous écris avec ma vraie écriture. Si je n'étais pas accablé d'affaires et de lettres (c'est après-demain l'audience), je profiterais de cette occasion pour vous demander pardon de tant de folies et d'enfantillages. » Cependant, Charles sait qu'elle a depuis longtemps percé son anonymat et qu'elle a feint de l'ignorer par coquetterie. Elle en a d'ailleurs parlé à sa sœur, l'espiègle « Bébé », et ce « petit monstre », rencontrant un jour Baudelaire, lui a demandé en riant s'il était toujours amoureux d'Apollonie à qui il dédiait de si beaux poèmes. Les lignes suivantes ne surprendront donc pas la charmante destinataire : « Vous oublier n'est pas possible. On dit qu'il a existé des poètes qui ont vécu toute leur vie les yeux fixés sur une image chérie. Je crois en effet (mais j'y suis trop intéressé) *que la fidélité est un des signes du génie.* Vous êtes plus qu'une image rêvée et chérie, vous êtes ma *superstition*. Quand je fais quelque grosse sottise, je me dis : *Mon Dieu ! si elle le savait !* Quand je fais quelque chose de bien, je me dis : *Voilà quelque chose qui me rapproche d'elle,* — en esprit. Et la dernière fois que j'ai eu le bonheur (bien malgré moi) de vous rencontrer, car vous ignorez avec quel soin je vous fuis ! — je me disais : il serait singulier que cette voiture l'attendît, je ferais peut-être bien de prendre un autre chemin. — Et puis : *Bonsoir, Monsieur !* avec cette voix aimée dont le timbre enchante et déchire. Je m'en suis allé, répétant tout le long de mon chemin : *Bonsoir, Monsieur !* en essayant de contrefaire votre voix. »

Ayant ainsi rappelé à Apollonie la violence secrète de sa passion, il passe, sans transition, aux choses sérieuses : « J'ai vu mes juges jeudi dernier. Je ne dirai pas qu'ils ne sont pas beaux ; ils sont abominablement laids ; et leur âme doit ressembler à leur visage. Flaubert avait pour lui l'impératrice. Il me manque une femme. Et la pensée bizarre que peut-être vous pourriez, par des relations et des canaux peut-être compliqués, faire arriver un mot sensé à une de ces grosses cervelles, s'est emparée de moi, il y a quelques jours. L'audience est pour après-demain, jeudi. Les monstres se nomment : *Président* : Dupaty ; *Procureur impérial* : Pinard (redoutable) ; *Juges* : Delesvaux, De Ponton d'Amécourt, Nacquart ; 6ᵉ Chambre correctionnelle. » Le « redoutable » Pinard, qui n'est d'ailleurs que substitut du procureur, a requis naguère, avec férocité, contre Flaubert. Il n'y a aucune compréhension à attendre de ce coco-là ! Et Baudelaire conclut : « Je veux laisser toutes ces trivialités de côté. Rappelez-vous que quelqu'un pense à vous, que sa pensée n'a jamais rien de trivial, et qu'il vous en veut un peu de votre malicieuse *gaîté. Je vous prie très ardemment de garder désormais pour vous tout ce que je pourrai vous confier.* » Et, pour mettre les points sur les i à sa « Madone », il note en post-scriptum : « Tous les vers compris entre la page 84 et la page 105 vous appartiennent. »

En recevant cette épître, Mme Sabatier est doublement flattée. Non seulement un poète avoue, noir sur blanc, qu'elle est sa muse attitrée, mais il lui demande de jouer en sa faveur le rôle que l'impératrice a joué en faveur de Flaubert. Une telle promotion ne se refuse pas. Il faut agir, vite, vite. A tout hasard, elle se procure un mot d'introduction auprès de Louis-Marie de Belleyme, un magistrat respectable qui vient d'entrer comme conseiller à la Cour de cassation. Manœuvre tardive et inutile. Belleyme ne veut pas risquer sa réputation d'intégrité pour une cause aussi louche. Déjà Mme Sabatier songe à d'autres moyens de se dévouer à son sigisbée.

Le jeudi 20 août 1857, Baudelaire, crispé de honte et de rage, se présente au Palais de Justice, dans la salle de la sixième chambre correctionnelle, qui a accueilli avant lui tant de voyous, d'escrocs, d'ivrognes, de souteneurs et de prostituées. Ernest Pinard prononce un réquisitoire somme toute modéré, mais cite largement les vers « scandaleux » des *Bijoux*, du *Léthé*, d'*A celle qui est trop gaie*, de *Lesbos*, de *Femmes damnées*, des *Métamorphoses du vampire*, du *Reniement de saint Pierre*, d'*Abel et Caïn*, des *Litanies de Satan*, du *Vin de l'assassin*... Toutefois, il admet que l'auteur, « nature inquiète et sans équilibre », n'a peut-être pas eu conscience des offenses qu'il commettait là. En conclusion, il demande aux juges une certaine pondération : « Soyez indulgents pour Baudelaire [...]. Mais donnez, en condamnant au moins certaines pièces du livre, un avertissement devenu nécessaire. » La plaidoirie de Me Chaix d'Est-Ange est pâlotte. Il répète que « l'affirmation du mal n'en est pas la criminelle approbation », que les vrais sentiments du poète sont exprimés dans *Bénédiction* et que, avant Baudelaire, Musset, Béranger, Gautier, La Fontaine, Voltaire, Rousseau, Lamartine, Balzac, George Sand ont pu publier des textes immoraux sans être inquiétés.

Le jugement est rendu le jour même. Baudelaire est condamné à trois cents francs d'amende, Poulet-Malassis et de Broise à cent francs chacun. De plus, le tribunal ordonne la suppression des poèmes qui lui paraissent les plus osés : *Les Bijoux, Le Léthé, A celle qui est trop gaie*, l'une des *Femmes damnées* (« A la pâle clarté des lampes languissantes »), *Lesbos* et *Les Métamorphoses du vam-*

pire[1]. Au terme de l'audience, Baudelaire ne sait s'il doit être soulagé ou indigné : le livre n'est pas interdit dans sa totalité, mais il est mutilé de certaines strophes irremplaçables. En sortant du prétoire, Asselineau constate la mine assombrie de son ami et lui demande timidement : « Vous vous attendiez à être acquitté ? — Acquitté ! me dit-il, j'attendais qu'on me ferait réparation d'honneur ! » « Pour lui, ajoute Asselineau, ce procès ne fut jamais qu'un malentendu[2]. »

Baudelaire ne démordra pas de cette idée : l'art n'a rien à voir avec la morale. Quiconque écrit pour enseigner ses contemporains est peut-être un excellent prédicateur, mais à coup sûr un mauvais poète. Après le verdict, il perd confiance en la justice de son pays et renonce à faire appel. Pour sauver le recueil, Poulet-Malassis en arrachera les pages concernant les poèmes condamnés, puis recomposera typographiquement les pages voisines, touchées par cette « opération chirurgicale[3] ». Et l'auteur impécunieux s'adressera à l'impératrice pour qu'on l'aide à payer son amende, qui, lui écrira-t-il, « dépasse les facultés de la pauvreté proverbiale des poètes ». En janvier 1858, elle sera ramenée de trois cents à cinquante francs. Légitime compensation au discrédit jeté sur le coupable.

Une compensation encore plus inattendue est celle que Mme Sabatier réserve à son adorateur. Après la lettre qu'il lui a adressée le 18 août, elle s'est demandé comment le consoler de ses déboires avec la justice. Sa résolution a été celle d'une femme sûre de ses charmes. Elle couchera avec Baudelaire pour le récompenser de sa fidélité et le guérir

---

1. *Le Vin de l'assassin, Le Reniement de saint Pierre* et les deux autres poèmes de *Révolte* échappent, par chance, à la condamnation.
2. Charles Asselineau, *op. cit.*
3. Expression de Baudelaire dans sa lettre à Poulet-Malassis du 9 octobre 1857.

de sa tristesse. Elle le lui fait savoir et il tombe des nues. Très embarrassé par cette faveur qu'il n'a pas sollicitée, il ne peut la refuser sans passer pour un goujat.

La rencontre décisive a lieu dans la plus grande discrétion. Devant cette femme qui n'est plus une idole lointaine, ni l'élégante hôtesse des dîners de la rue Frochot, mais une opulente créature aux seins lourds, aux hanches larges, offerte à lui sans détour, Baudelaire se sent paralysé de la tête aux pieds. Elle est trop charnue, trop rieuse, trop provocante à son goût. Ne va-t-il pas flancher par manque d'appétit ? Il voudrait fuir. Néanmoins, il s'exécute. Hélas ! sans enthousiasme. Elle, cependant, se déclare satisfaite. Sincère ou non, elle lui écrit après l'événement : « Aujourd'hui, je suis plus calme. L'influence de notre soirée de jeudi se fait mieux sentir. Je peux te dire sans que tu me taxes d'exagération que je suis la plus heureuse des femmes, que jamais je n'ai mieux senti que je t'aime, que je ne t'ai jamais vu plus beau, plus adorable, mon divin ami, tout simplement. Tu peux faire la roue, si cela te flatte, mais ne va pas te regarder : car, quoi que tu fasses, tu n'arriveras jamais à te donner l'expression que je t'ai vue une seconde. Maintenant, quoi qu'il arrive, je te verrai toujours ainsi, c'est le Charles que j'aime ; tu pourras impunément serrer tes lèvres et rapprocher tes sourcils sans que j'en prenne souci, je fermerai les yeux et je verrai l'autre. » Dans une deuxième lettre, elle s'accuse d'un « manque absolu de pudeur » et déclare : « Il me semble que je suis à toi depuis le premier jour où je t'ai vu. Tu en feras ce que tu voudras, mais je suis à toi de corps, d'esprit et de cœur. »

Devant cette passion volcanique, Baudelaire se rétracte. Apollonie ne va-t-elle pas rompre avec l'opulent Mosselman pour s'attacher à lui, alors qu'il n'a pas un sou en poche et qu'il rêve d'une solitude laborieuse ? Dans la crainte d'être coiffé par elle, il bat prudemment en retraite : « [...] j'ai abominablement mal aux nerfs, à en crier, lui répond-il, et je me suis réveillé avec l'inexplicable malaise moral que j'ai emporté hier soir de chez vous. [...] les serments de l'amitié et de l'amour, personne n'en punit la violation. Aussi je t'ai dit hier : Vous m'oublierez ; vous me trahirez ; celui qui vous amuse vous ennuiera. — Et j'ajoute aujourd'hui : celui-là seul souffrira qui comme un imbécile prend au sérieux les choses de l'âme. — Vous voyez, ma bien belle chérie, que j'ai d'*odieux* préjugés à l'endroit des femmes. — Bref, je n'ai pas *la foi*. — Vous avez l'âme belle, mais en somme, c'est une âme féminine. Voyez comme en peu de jours notre situation a été bouleversée. D'abord nous sommes tous les deux possédés de la peur d'affliger un honnête homme qui a le bonheur d'être toujours amoureux [Mosselman]. Ensuite nous avons peur de notre propre orage, parce que nous savons (moi, surtout) qu'il y a des nœuds difficiles à délier[1]. »

Cette référence à Mosselman, le protecteur toujours présent, et à Jeanne, avec qui Baudelaire n'a plus que des relations épisodiques, a de quoi surprendre Mme Sabatier. Pour la décourager tout à fait, il insiste sur l'étrangeté de son propre caractère devant une créature aussi désirable qu'elle : « Et enfin, enfin, il y a quelques jours, tu étais une divinité, ce qui est si commode, ce qui est si beau, si inviolable. Te voilà femme maintenant. — Et si par malheur pour moi j'acquiers le droit d'être jaloux, ah ! quelle horreur seulement d'y penser ! mais avec une personne telle que vous, dont les yeux sont pleins de sourires et de grâces pour tout le monde, on doit souffrir le martyre. [...] Enfin, arrive ce que pourra. Je suis un peu fataliste. Mais ce que je sais bien, c'est que j'ai horreur de la passion, —

---

1. Lettre du 31 août 1857.

parce que je la connais, avec toutes ses ignominies [...]. Je n'ose pas trop relire cette lettre ; je serais peut-être obligé de la modifier ; car je crains bien de vous affliger ; il me semble que j'ai dû laisser percer quelque chose de la vilaine partie de mon caractère. [...] Adieu, chère bien-aimée ; je vous en veux un peu d'être trop charmante. Songez donc que quand j'emporte le parfum de vos bras et de vos cheveux, j'emporte aussi le désir d'y revenir. Et alors, quelle insupportable obsession ! — Charles[1]. »

Suffoquée par cette douche froide, Mme Sabatier réplique immédiatement : « Tenez, cher, voulez-vous que je vous dise ma pensée, pensée cruelle et qui me fait bien du mal ? C'est que vous ne m'aimez pas. De là viennent ces craintes, cette hésitation à contracter une liaison qui, dans de semblables conditions, deviendrait une source d'ennuis pour vous, et un supplice continuel pour moi. N'en ai-je pas la preuve dans une phrase de votre lettre ? Elle est tellement explicite qu'elle me glace le sang. — *Bref, je n'ai pas la foi.* — Vous n'avez pas la foi ! mais alors l'amour vous manque. Que dire à cela ? N'est-ce pas la clarté même ? Ô mon Dieu ! que cette idée me fait souffrir et que je voudrais pleurer sur ton sein ! Il me semble que cela me soulagerait. Quoi qu'il en soit, je ne changerai rien à notre rencontre de demain. Je veux vous voir, ne fût-ce que pour m'essayer à mon rôle d'amie. Ah ! pourquoi avez-vous cherché à me revoir ? — Votre bien malheureuse amie[2]. »

Pour répondre à ce cri d'une maîtresse outragée, Baudelaire feint la sympathie envers le couple qu'elle forme avec Mosselman. Il espère ainsi lui faire oublier son faux amour. L'important, pour l'heure, est de calmer le jeu. Il adresse à Apollonie billet sur billet pour s'excuser de

---

1. Même lettre du 31 août 1857.
2. Lettre du 1er septembre 1857.

n'avoir pu dîner avec elle et son protecteur, pour les inviter tous deux au théâtre, pour accompagner un bibelot qu'il voudrait leur offrir en tout bien tout honneur. Et il signe : « Votre bien dévoué ami et serviteur. »

Agacée par cette partie de cache-cache, Mme Sabatier lui envoie une lettre exprimant sa perplexité : « Quelle comédie ou plutôt quel drame jouons-nous ? Car mon esprit ne sait quelles conjectures faire, et je ne vous cacherai pas que je suis très inquiète. Votre conduite est tellement étrange, depuis quelques jours, que je n'y comprends plus rien. C'est trop de subtilités pour une lourdaude de ma trempe. Éclairez-moi, mon ami, je ne demande qu'à comprendre. Quel mortel froid a soufflé sur cette belle flamme ? Est-ce simplement l'effet de sages réflexions ? Cela vient un peu tard. Hélas ! n'est-ce pas ma très grande faute ? Je devais être grave et réfléchie, quand vous vîntes à moi. Mais que voulez-vous ? Quand la bouche tremble et que le cœur bat, les saines pensées s'envolent...[1]. »

En vérité, Apollonie n'a pas digéré certain billet de Baudelaire, en date du 13 septembre, par lequel il déplore de ne pouvoir assister au dîner de ce dimanche, mais promet de passer lui dire « un petit bonsoir, ainsi qu'à nos excellents amis ». « Votre lettre m'arrive, poursuit-elle. Inutile de vous dire que je m'attendais à ce qu'elle me dit. Ainsi nous n'aurons que le plaisir de vous posséder quelques instants ! C'est très bien, comme il vous plaira. Je n'ai pas l'habitude de trouver mauvais ce que font mes amis. Il paraît que vous avez une peur terrible de vous trouver en tête à tête avec moi. Ce serait pourtant si nécessaire ! Vous en ferez ce que vous voudrez. Quand ce caprice sera passé, écrivez-moi ou venez. Je suis indulgente et je vous pardonnerai le mal que vous me faites. Je ne résiste pas au

---

[1]. Lettre du 13 septembre 1857.

désir de vous dire quelques mots au sujet de notre brouille. Je m'étais cependant dicté une conduite pleine de dignité, et il ne s'est pas écoulé une journée entière que déjà la force manque à mon cœur, et cependant, Charles, ma colère était bien légitime. Que dois-je penser quand je te vois fuir mes caresses, si ce n'est que tu penses à l'autre, dont l'âme et la face noires viennent se placer entre nous ? Enfin, je me sens humiliée et abaissée. Sans le respect que j'ai pour moi, je te dirais des injures. Je voudrais te voir souffrir. C'est que la jalousie me brûle, et qu'il n'est pas de raisonnement possible dans de semblables moments. Ah ! cher ami, je souhaite que vous n'en souffriez jamais. Quelle nuit j'ai passée et combien j'ai maudit cet amour cruel ! Je vous ai attendu toute la journée. [...] Dans le cas où le caprice vous pousserait demain vers la maison, je dois vous prévenir que je ne serai jamais chez moi que d'une heure à trois, ou, le soir, de huit jusqu'à minuit. Bonjour, mon Charles. Comment se comporte ce qui vous reste de cœur ? Le mien est plus tranquille. Je le raisonne fortement afin de ne pas trop vous ennuyer de ses faiblesses. Vous verrez ! Je saurai le contraindre à descendre à la température que vous avez rêvée. Je souffrirai très certainement, mais, pour vous plaire, je me résignerai à supporter toutes les douleurs possibles. »

Pour concrétiser son dépit, Mme Sabatier glissera dans l'exemplaire des *Fleurs du Mal* sur hollande dédicacé par Baudelaire un portrait de Jeanne Duval, dû à la plume de l'auteur, et l'agrémentera de cette dédaigneuse légende : *Son idéal*. Entre-temps, leurs relations ont évolué, comme il l'a souhaité, vers une sage tiédeur mondaine. S'il apparaît encore à la table de la Présidente, parmi les amis habituels, il ne la désire plus depuis qu'il l'a vue dans le débordement animal de l'amour, ni ne la craint depuis qu'il lui a fait comprendre son opposition à toute liaison durable. Dans son for intérieur, il se félicite de s'être débarrassé de cette créature qu'il plaçait si haut tant qu'il ne pouvait l'atteindre et qui est dégringolée si bas dès qu'elle a retiré sa robe pour se donner à lui.

Le voici de nouveau sans femme. D'instinct, il se rapproche de sa mère. Elle seule mérite d'être sa compagne, sa confidente tout au long de la vie. Cependant, il hésite à faire le voyage à Honfleur pour la serrer dans ses bras. Elle est entourée, là-bas, de trop de gens qui, par leur rigidité et leur sottise bourgeoises, semblent taillés dans la même étoffe qu'Aupick. L'avant-veille du Nouvel An, il lui écrit pour s'excuser de son silence, de son absence, alors qu'il ne cesse de penser à elle. « Le succès bizarre de mon livre et les haines qu'il a soulevées m'ont intéressé un peu de temps, et puis après cela je suis retombé. » Le principal motif de ce désenchantement est, selon lui, « le contraste offensant, répugnant, de [son] honorabilité spirituelle avec cette vie précaire et misérable ». Mais, avoue-t-il, l'attitude de sa mère n'est pas faite pour lui remonter le moral. Cette fois, il casse le morceau. C'est elle, la vraie responsable de son malheur : « Le lendemain de la mort de mon beau-père, vous me disiez que je vous déshonorais, et vous me défendiez (avant que j'eusse songé à vous faire une demande à ce sujet) de jamais projeter de vivre auprès de vous. Puis, vous me contraigniez à faire d'humiliantes avances d'amitié à M. Émon. Rendez-moi cette justice, ma chère mère, que j'ai supporté cela avec l'humilité et la douceur que me commandait votre lamentable situation. — Mais plus tard, quand après m'avoir écrit des lettres où il n'y avait que gronderie et amertume, après m'avoir reproché ce maudit livre [*Les Fleurs du Mal*], qui après tout n'est qu'une *œuvre d'art* fort défendable, vous m'avez invité à vous venir voir, en me faisant comprendre que l'absence de M. Émon me permettait le séjour de Honfleur, comme si *M. Émon avait qualité pour me fermer ou pour m'ouvrir la porte de ma mère*, enfin en me recommandant soigneusement de ne pas faire de dettes à Honfleur, — alors, ma foi, j'ai été si dérouté et étonné qu'il est présumable que je suis devenu injuste [...]. Je crois vraiment, ma chère mère, que vous n'avez jamais connu mon insupportable sensibilité. »

Plus loin, il fait allusion à son demi-frère, qu'il déteste pour son ânerie pontifiante. Il disait de lui jadis à sa mère : « Le crime de mon frère s'appelle sottise, rien de plus — mais c'est beaucoup [...]. Ma répulsion à l'endroit de mon frère est si vive que je n'aime pas m'entendre demander si j'ai un frère[1]. » Cette fois, il se contente de lui écrire : « Nous sommes actuellement bien seuls et bien faibles, car je crois que mon frère ne peut compter pour rien. Si nous essayions une bonne fois d'être heureux l'un par l'autre ? » Puis, dans son désarroi, il se tourne vers le souvenir de son père, qu'il a à peine connu. Il s'imagine que François Baudelaire, peintre occasionnel, aurait compris ses tourments d'artiste, qu'ils auraient communié tous deux dans la poursuite d'un idéal de perfection plastique. Quelques mois auparavant, il a découvert, chez un marchand du passage des Panoramas, un tableau assez licencieux de son père : une femme nue, couchée, voyant deux autres figures nues en rêve. Il aurait pu acheter la toile. Il ne l'a pas fait. Il le regrette aujourd'hui : « Je n'avais pas du tout d'argent, pas même pour donner des arrhes, et le torrent insupportable des futilités journalières m'a depuis fait négliger cela. » Qui a vendu cette relique au boutiquier du passage des Panoramas ? N'est-ce pas Caroline, sur le conseil de l'affreux M. Émon ? « Croyez-vous que plusieurs bévues de ce genre aient été commises ? poursuit Charles. Mon père était un détestable artiste, mais toutes ces vieilleries-là ont une valeur morale[2]. »

---

1. Lettre du 9 janvier 1856.
2. Lettre du 30 décembre 1857.

De là à croire que sa mère a trahi son père comme elle trahit son fils, il n'y a qu'un pas. Baudelaire le franchit allégrement. Tout ce qui contribue au mythe du poète orphelin, sauvage, persécuté, incompris et pervers, lui semble bon à prendre. Comme certaines âmes pieuses s'ingénient à se mortifier, il cultive en lui, à plaisir, les symboles de la malédiction. Et, bien souvent, il est incapable de déceler quelles sont la part de la sincérité et celle de la comédie dans l'attitude qu'il s'impose, seul dans sa chambre, devant son papier, ou au milieu de la société bruyante et futile des dîners de la rue Frochot. Peut-être, s'il le savait, ne pourrait-il plus écrire ? En tout cas, il a accroché au-dessus de sa table de travail le portrait de son père, François Baudelaire, homme songeur et sévère, aux cheveux gris et aux sourcils noirs. On s'entend toujours mieux avec les morts qu'avec les vivants.

XVI

L'ATTIRANCE DE HONFLEUR

Si la presse n'a guère parlé des *Fleurs du Mal*, elle a largement commenté le procès intenté à l'auteur. Du jour au lendemain, Baudelaire est devenu célèbre. Non pour son talent, mais pour ses audaces. Dans le public, il passe pour un énergumène peu recommandable, qui s'évertue à heurter le bon goût par la grossièreté de ses écrits et l'excentricité de ses manières. Tout le monde le connaît, personne, ou presque, ne l'a lu. Il ne tient debout que par sa légende. Dans le milieu des lettres, on ne sait trop que penser de lui : est-il un génie ou un mystificateur ? L'ayant rencontré, en octobre 1857, au café Riche, fréquenté par nombre d'écrivains, les Goncourt notent dans leur *Journal* : « Baudelaire soupe à côté, sans cravate, le col nu, la tête rasée, en vraie toilette de guillotiné. Une seule recherche : de petites mains, lavées, écurées, mégissées. La tête d'un fou, la voix nette comme une lame. Une élocution pédantesque ; vise au Saint-Just et l'attrape. Se défend, assez obstinément et avec une certaine passion rêche, d'avoir outragé les mœurs dans ses vers. »

Cependant, si les Goncourt font la moue, d'autres confrères éminents écrivent à Baudelaire pour lui exprimer leur admiration. Flaubert le gratifie d'une lettre superbe : « J'ai d'abord dévoré votre volume d'un bout à l'autre, comme une cuisinière fait d'un feuilleton, et maintenant, depuis huit jours, je le relis, vers à vers, mot à mot, et, franchement, cela me plaît et m'enchante. Vous avez trouvé le moyen de rajeunir le romantisme. Vous ne ressemblez à personne (ce qui est la première de toutes les qualités) [...]. J'aime votre âpreté, avec ses délicatesses de langage qui la font valoir comme des damasquinures sur une lame fine [...]. Ah ! vous comprenez l'embêtement de l'existence, vous ! [...] En résumé, ce qui me plaît avant tout dans votre livre, c'est que l'Art y prédomine. Et puis vous chantez la chair sans l'aimer, d'une façon triste et détachée qui m'est sympathique. Vous êtes résistant comme le marbre et pénétrant comme un brouillard d'Angleterre[1]. »

Victor Hugo, du fond de son exil, balance, lui aussi, l'encensoir : « Vos *Fleurs du Mal* rayonnent et éblouissent comme des étoiles. Continuez. Je crie bravo de toutes mes forces à votre vigoureux esprit [...]. Une des rares décorations que le régime actuel peut accorder, vous venez de la

---

[1]. Lettre du 13 juillet 1857.

recevoir. Ce qu'il appelle sa justice vous a condamné au nom de ce qu'il appelle sa morale. C'est une couronne de plus. Je vous serre la main, poète[1]. »

Sainte-Beuve, la chattemite, est plus réticent : « Vous dire que [l'] effet général est triste ne saurait vous étonner ; c'est ce que vous avez voulu. Vous dire que vous n'avez reculé, en rassemblant vos fleurs, devant aucune sorte d'image et de couleur, si effrayante et affligeante qu'elle fût, vous le savez mieux que moi ; c'est ce que vous avez voulu encore [...]. Vous avez voulu arracher leurs secrets aux démons de la nuit. En faisant cela avec subtilité, avec raffinement, avec un talent curieux et un abandon quasi *précieux* d'expression, en *perlant* le détail, en *pétrarquisant* sur l'horrible, vous avez l'air de vous être joué ; vous avez pourtant souffert, vous vous êtes rongé à promener vos ennuis, vos cauchemars, vos tortures morales ; vous avez dû beaucoup souffrir, mon cher enfant. Cette tristesse particulière qui ressort de vos pages, et où je reconnais le dernier symptôme d'une génération malade dont les aînés nous sont très connus, est aussi ce qui vous sera compté. » Et, citant un vers de *L'Aube spirituelle* (« Dans la brute assoupie un ange se réveille »), il conclut doctement : « C'est cet Ange que j'invoque en vous et qu'il faut cultiver. Que si vous l'eussiez fait intervenir un peu plus souvent, en deux ou trois endroits bien distincts, cela eût suffi pour que votre pensée se dégageât, pour que tous ces rêves du mal, toutes ces formes obscures et tous ces bizarres entrelacements où s'est lassée votre fantaisie, parussent dans le vrai jour, c'est-à-dire à demi dispersés déjà et prêts à s'enfuir devant la lumière. Votre livre alors eût offert comme une *tentation de saint Antoine* au moment où l'aube approche et où l'on sent qu'elle va cesser [...]. Si

---

[1]. Lettre du 30 août 1857.

je me promenais avec vous au bord de la mer le long d'une falaise, sans prétendre à faire le mentor, je tâcherais de vous donner un croc-en-jambe, mon cher ami, et de vous jeter brusquement à l'eau pour que vous qui savez nager vous alliez désormais sous le soleil et en plein courant [1]. »

En somme, Sainte-Beuve reproche à Baudelaire d'être Baudelaire et non Théodore de Banville ou Théophile Gautier. Plus violente est la « leçon » que l'auteur des *Fleurs du Mal* reçoit de son ancien camarade de Louis-le-Grand, Louis Ménard. Ce dernier n'a pas encaissé la moquerie désinvolte dont Charles a salué son *Prométhée délivré*, jadis, dans *Le Corsaire*. Aujourd'hui, il prend sa revanche en lui assenant un article virulent dans *La Revue philosophique et religieuse* de septembre 1857. Il y met en doute la sincérité de Baudelaire dans la description de ses jouissances infernales. Selon lui, l'auteur « doit être un grand garçon un peu gauche, avec une longue redingote noire, le teint jaune, les yeux myopes et des cheveux de séminariste. Il a beau parler sans cesse de la vermine et des scorpions qu'il a dans l'âme et se prendre pour un type de tous les vices, il est facile de voir que son plus grand défaut consiste dans une imagination trop libertine, défaut trop commun chez les érudits qui ont passé leur jeunesse dans la retraite ». Rien ne peut vexer davantage Baudelaire que cette accusation d'être un novice prétentieux dans la connaissance de la luxure. Il veut à toute force qu'on croie à l'authenticité de sa diablerie. C'est ainsi qu'il accepte plus volontiers les imprécations d'un Jean-Jacques Weiss qui, dans *La Revue contemporaine* du 15 janvier 1858, lui fait grief de souiller « la grâce, la beauté, l'amour, la jeunesse, la fraîcheur, le printemps ». « Et M. Baudelaire a des lecteurs, s'indigne Jean-Jacques Weiss. Et on

---

1. Lettre du 20 juillet 1857.

l'admire ! et on le prône ! et il faut le discuter comme un événement[1]. »

Baudelaire a beau froncer les sourcils, au vrai il jubile en lisant ce genre de critiques qui pourraient être signées Aupick ou Émon. De même, tout en pestant pour la forme, il s'amuse des premières caricatures qui paraissent sur lui dans les revues. Le voici respirant un bouquet de fleurs vénéneuses (*Le Monde illustré*) ; voici un père de famille qui s'offusque devant une charmante enfant en jupe à crinoline : « Qu'est-ce qui a pu fourrer les *Fleurs du Mal* de cet affreux mosieu Baudelaire dans les mains de ma fille ? » (*Le Journal amusant*) ; voici un homme renversé sur son lit après la lecture des *Fleurs du Mal* et soupirant : « Oh ! c'est beau, de l'air[2] ! »

Ce qui attire et choque à la fois les rares lecteurs de ce recueil, c'est bien sûr, dès l'abord, la violence thématique des poèmes. Tous, qu'il s'agisse de la terrible et nauséabonde *Charogne* ou de l'harmonieuse et claire *Invitation au voyage*, de l'hommage au mystère des *Chats* ou de la grave pitié du *Vin des chiffonniers*, sont des ouvertures sur l'âme de l'auteur. Le livre entier, du premier vers au dernier, se présente comme la confession d'un original vacillant entre la lumière et les ténèbres. Loin d'être un exercice aimable, conçu pour plaire au public, il est la biographie haletante d'un homme malade, aspirant au beau et se complaisant dans le laid, voulant le bien et cédant au mal, se détestant et s'adorant, préoccupé de lui-même et refusant de s'intégrer au monde. Cette brutale mise à nu effraie les esprits timorés, comme si on les forçait d'assister à une opération chirurgicale. Tout ce sang, tout ce pus, mais, au-dessus, toute cette lumière céleste ! Où Baudelaire veut-il en venir ? Est-il du côté de Satan ou de Dieu ?

---

1. Cf. Claude Pichois et Jean Ziegler, *op. cit.*
2. *Ibid.*

La deuxième surprise du public vient de l'extraordinaire rigueur de cette poésie. Rompant avec la tradition romantique des élans oratoires, Baudelaire resserre au maximum l'expression de sa pensée. Ses formules sont brèves, sa prosodie est ciselée. Alors qu'avant lui l'inspiration diffuse était reine, il se méfie de tout entraînement. A la surabondance stylistique, il préfère la concision. L'intensité de ses images vient de leur netteté, toujours concertée. Chez lui, rien n'est laissé au hasard, chaque syllabe compte. Il ne caresse pas, il frappe.

Troisième innovation : l'utilisation d'un mot plat, d'une image presque triviale, soudain, au milieu d'une envolée lyrique. C'est, dans le quatrième *Spleen* : « Quand le ciel bas et lourd pèse comme un couvercle » ; c'est, dans *Réversibilité*, le cœur comprimé « comme un papier qu'on froisse » ; c'est, dans *Le Balcon*, la nuit qui s'épaissit « ainsi qu'une cloison » ; c'est, dans *Le Mort joyeux*, la « terre grasse et pleine d'escargots » ; c'est, dans *Le Coucher du soleil romantique*, les abords d'un marécage où le pied écrase « des crapauds imprévus et de froids limaçons ». Ce brusque passage de l'incantation à la réalité accentue l'anomalie de l'ensemble. Le langage de tous les jours intervenant dans le chant profond du poème lui confère une singulière modernité. Bizarre mélodie où les couacs ont une sonorité cristalline. Pour Baudelaire, il n'y a pas plus de termes nobles qu'il n'y a de sujets interdits. Son art incisif, mordant, éclate aussi bien dans les tableaux macabres que dans les évocations érotiques, sataniques, exotiques, nostalgiques ou mystiques. Derrière ces différents paysages de son cerveau, se cachent toujours une immense compassion pour la misère humaine et une révolte permanente contre la société qui se réclame du Christ. La seule façon d'échapper à la médiocrité du monde est de se réfugier dans le rêve, en s'aidant, s'il le faut, des drogues et de l'alcool. Tout est beau, sauf la matière. Dominé par cette idée fixe, Baudelaire est semblable à un anorexique à qui la seule vue de la nourriture soulèverait le cœur. Écorché vif, il souffre de tout ce qui lui rappelle sa triste condition d'homme perdu parmi les hommes. Il ne pardonne pas à Dieu d'avoir créé cet univers d'iniquité et d'absurdité. Mais justement parce qu'il lui tient tête, il reconnaît Son pouvoir. Croyant le nier, au nom de Satan, il l'interpelle, en dehors de toute Église. Ses invectives sont des prières détournées. Les vers qu'il lance comme des flèches vers le ciel ne retombent jamais.

Incontestablement, Baudelaire est un inadapté. Aurait-il une fortune personnelle considérable, vivrait-il dans un château entouré d'une nuée de serviteurs, les plus belles femmes se presseraient-elles à la porte de sa chambre qu'il se plaindrait encore. Ce qui lui manque pour être heureux, nul ne saurait le lui donner. Il souffre d'un trouble congénital, organique, l'inappétence aux biens terrestres, le doute perpétuel sur le sens de la vie, la nostalgie d'hier, le dégoût de demain. Et cette confusion charnelle et morale il la traduit dans un livre qui a la netteté de taille d'un diamant. Même l'architecture du recueil a été travaillée avec une impitoyable exactitude. L'ordre dans lequel sont présentés les poèmes procède d'un calcul méticuleux. Selon Baudelaire, il y a, dans l'établissement de la table des matières, une sorte de logique, qui contribue à l'envoûtement du lecteur. Et il est vrai qu'à partir du moment où l'on pénètre dans *Les Fleurs du Mal* on subit comme les effluves d'un champ magnétique. Plus on avance dans le volume, plus s'approfondit en nous l'impression de décalage entre notre existence journalière et le vertige sensuel et sombre auquel nous convie l'auteur.

L'étonnant est que ce poète, si sincère dans ses écrits, puisse être souvent pris, dans la vie, en flagrant délit de truquage et de simulation. Son souci primordial, une fois qu'il sort de sa chambre, est de camper un personnage, d'abuser ses contemporains et, au besoin, de provoquer un petit scandale. A un fonctionnaire qui lui reproche timidement les sujets « si peu aimables » de ses poèmes, il réplique : « Monsieur, c'est pour étonner les sots[1]. » Ou bien il demande froidement, dans un cercle d'amis : « Avez-vous mangé de la cervelle de petit enfant ? Cela ressemble à des cerneaux et c'est excellent[2] ! » A son propriétaire qui se plaint du bruit qu'il fait la nuit, il répond : « Je ne sais pas ce que vous voulez dire. Je fends du bois dans le salon, je traîne ma maîtresse par les cheveux, cela se passe chez tout le monde[3] ! » Devant Nestor Roqueplan, directeur de l'Opéra, il tire de sa poche un livre qu'il prétend « relié en peau humaine ».

Ce ne sont que de faciles plaisanteries destinées à effaroucher les niais, mais, en toute circonstance, Baudelaire s'évertue à feindre l'originalité. Son attitude la plus courante est la pose. Quand il était enfant, il rêvait d'être comédien. Il y est parvenu dans son âge mûr. Certains prétendent qu'il se maquille et se teint les cheveux. L'artifice est pour lui une seconde nature. Le seul être devant qui il ne puisse jouer un rôle est sa mère. Aussi hésite-t-il à se rendre auprès d'elle : il a un tel besoin d'épater et d'agacer la galerie qu'il préfère croupir à Paris dans les tracas, les dettes et les clabauderies plutôt que de se réfugier dans la paix confortable de Honfleur. « J'ai, je vous le répète, la très ferme résolution d'aller m'installer à Honfleur, lui écrit-il le 11 janvier 1858 ; j'ai l'espérance que ce sera dans le commencement de février [...]. J'ai fait part à quelques amis du projet [...]. Tout le monde me dit que c'est un trait de génie. En effet, par ce moyen, suppression de l'agitation et des courses stériles, et enfin cette solitude

---

1. Rapporté par John Charpentier dans son *Baudelaire*.
2. *Ibid.*
3. *Ibid.*

que j'aime tant. De plus, je dois espérer que si je gagne à Paris, au milieu de tourments sans nombre et sans nom, 5 ou 6 000 francs en travaillant très peu, j'en gagnerai beaucoup plus dans de bonnes conditions de tranquillité. » Mais, le 19 février, il est toujours à Paris et s'en excuse auprès de Caroline qui l'attend avec impatience : « Il me tarde sincèrement d'être hors de cette maudite ville où j'ai tant souffert et où j'ai tant perdu de temps. Qui sait si mon esprit ne rajeunira pas là-bas, dans le repos et le bonheur ? Je porte dans ma tête une vingtaine de romans et deux drames. Je ne veux pas d'une réputation honnête et vulgaire ; je veux écraser les esprits, les étonner, comme Byron, Balzac ou Chateaubriand. Est-il encore temps, mon Dieu ? [...] Je ne veux pas qu'en me lisant tu croies que l'égoïsme seul me dirige. Une grosse partie de ma pensée est ceci : *Ma mère ne me connaît pas, elle m'a à peine connu ; nous n'avons pas eu le temps de vivre ensemble. Il faut pourtant que nous trouvions en commun quelques années de bonheur.* »

Malheureusement, avant de se mettre en route, il doit régler les créances les plus pressantes. Malgré la modicité de la pension que lui verse Ancelle, il n'a renoncé ni aux repas entre amis, ni aux achats de livres, de gravures, de bibelots, de vins et d'alcools, ni aux petites gratifications aux filles de rencontre. Pour avoir les coudées franches, il souhaiterait remplacer son vétilleux conseil judiciaire par l'avoué Antoine Jaquotot, ami de la famille. En attendant, il demande à celui-ci d'intervenir auprès d'Ancelle pour fléchir sa rigueur et obtenir un prêt substantiel qui lui permettrait de fuir Paris. Mais, le 25 février, Ancelle se rend discrètement à l'hôtel Voltaire où habite Charles et soumet le propriétaire, Denneval, à un véritable interrogatoire : « M. Baudelaire ne reçoit-il pas de femmes ? — Rentre-t-il tard ? » A l'annonce de cet espionnage, Baudelaire explose et envoie lettre sur lettre à sa mère : « *Ancelle est* *un misérable que je vais souffleter devant sa femme et ses enfants. Je vais le souffleter à 4 heures* [...] *et si je ne le trouve pas, je l'attendrai. Je jure que ceci aura une fin éclatante.* » (Lettre du 27 février 1858, vers midi.) Puis, le propriétaire de l'hôtel l'ayant supplié de ne commettre aucune violence, il décide de surseoir au châtiment : « *Je consens à attendre avant de me venger. Lui as-tu donné* [à Ancelle] *commission de diffamer et d'insulter ton fils — M. Ch. Baudelaire, dont le nom, en somme, est pur et intact ? Je veux des excuses. Je veux des excuses profondes.* [...] *Si je n'obtiens pas une réparation éclatante*, je frapperai Ancelle, je frapperai son fils, et on verra un conseil judiciaire attaquant devant les tribunaux M. Ch. Baudelaire pour coups et blessures.* » (Lettre du 27 février 1858, 4 heures du soir.) « Je suis positivement navré du chagrin que je te cause. J'ai à travailler, et maintenant il faut que je cherche des témoins pour le cas d'une querelle positive entre moi et Ancelle, ou entre moi et son fils. Le petit bonhomme est assez grand pour cela. — Je veux des excuses positives, un témoignage de regret bien marqué ; je veux que cela ait lieu devant deux ou trois personnes choisies par moi. Si cela n'a pas lieu, je marcherai brutalement. — Et quels témoins me faut-il ? discrets et dévoués ! Il *faut* que ce soient des gens à qui je puisse avouer que j'ai, *moi*, été, à l'instigation *involontaire* de ma mère, insulté par mon conseil judiciaire qui est venu faire dans une antichambre un métier ignoble [...]. Pauvre chère maman, je connais tes nerfs, tu vas souffrir. Mais vraiment, et franchement, est-ce ma faute ? » (Lettre du 27 février 1858, 5 heures du soir.) « J'ai déjà consulté deux personnes sur ce que je devais faire. Frapper un vieillard dans sa famille, c'est bien vilain. — Il me faut cependant une réparation ; — que ferai-je si cette réparation n'a pas lieu ? Il faudra — *au moins* — que j'aille lui dire, devant sa femme et sa famille, ce que je pense de sa

215

conduite. Et si à mon tour je suis insulté *de nouveau*, que ferai-je ? Dans quel embarras m'as-tu plongé, mon Dieu ! [...] Voilà un homme sans loyauté, sans délicatesse, sans honneur, qui a mangé ma vie, et c'est lui que tu choisis pour confident des craintes maternelles et pour m'aider dans une affaire qui demande de la discrétion, dans une affaire où je me suis absolument fié à toi ! » (Autre lettre, plus tardive, du 27 février 1858.)

Le lendemain, qui est un dimanche, la colère bouillonnante de Baudelaire retombe : il renonce à l'argent qu'il réclamait, il renonce au voyage à Honfleur, il renonce à corriger Ancelle. Son accès de rage le laisse sans force : « Hier soir, la journée a fini par une fièvre et une névralgie qui ont duré toute la nuit. Enfin, ce matin, de gros vomissements m'ont soulagé. Comme il faisait un peu moins froid aujourd'hui, je suis sorti pour prendre l'air. Que les gens qui peuvent travailler sont donc heureux ! Avec quelle envie je les regarde[1] ! »

Après une nouvelle série de lettres à Caroline pour tenter d'éclaircir la situation, il lui écrit encore, le 5 mars 1858 : « Je te demande pardon de te parler brièvement et catégoriquement. Je sors de chez M. Jaquotot, et ma lettre actuelle peut être considérée comme l'abrégé de ma conversation avec lui [...]. Il y a onze jours, ma mère me prête une somme suffisante pour aller la rejoindre. Ancelle *sollicite* pour que cette somme ne me soit pas remise (*entre parenthèses, c'est déloyal*). Je refuse tout. Dans l'intervalle, Ancelle se conduit de façon à rendre ma résolution encore plus définitive. M. Jaquotot intervient et propose de remplir le rôle d'Ancelle. Maintenant nous demandons : où est l'argent ? Il existe sous la forme d'un titre qu'Ancelle est chargé de vendre. Or, *qu'a fait Ancelle*

---

1. Lettre du 28 février 1858.

depuis onze jours ? Il a fait une visite à l'hôtel. Quelle visite ! J'ai parié avec M. Jaquotot qu'Ancelle n'avait rien fait du tout, n'avait rien vendu et n'était prêt à rien, ce qui d'ailleurs s'explique par la résolution où il est *de ne rien payer, et de ne me rien donner.* Autre question : Ancelle a-t-il une procuration pour vendre ce titre ? S'il n'a pas de procuration, il faut l'envoyer tout de suite à M. Jaquotot. M. Jaquotot pense avec toi qu'il faut jeter dans le silence ma querelle personnelle avec Ancelle. »

A la suite de multiples explications épistolaires entre Honfleur et Paris, Baudelaire se réconcilie avec Ancelle, dont il disait pis que pendre, et un titre de rente est vendu, le 11 mars 1858, pour trois mille francs. Cette somme lui permet d'éponger les dettes les plus criardes. Mais, bien que provisoirement libéré de ses soucis d'argent, il repousse encore la date de son départ. Il a trop de besognes en cours pour se permettre cette escapade. Le volume des *Aventures d'Arthur Gordon Pym* étant en fabrication, il se rend à Corbeil pour surveiller le travail de l'imprimeur : « Malgré le soin obstiné que j'apporte à toute chose littéraire, je ne suis pas tout à fait satisfait de ce dernier ouvrage, écrit-il à sa mère. Il me semble toujours que cela pourrait être mieux [...]. Mon Dieu ! que cette vie sans domicile, sans amis et sans intérieur convenable me rend malheureux[1] ! »

A peine en a-t-il fini avec les épreuves du long récit d'Edgar Poe qu'il s'emploie à mettre au point ses études sur le haschich et sur l'opium destinées à *La Revue contemporaine*, publication à tendance gouvernementale appartenant à Alphonse de Calonne. Cette feuille l'a naguère éreinté, sous la signature de Jean-Jacques Weiss, pour *Les Fleurs du Mal*. Baudelaire n'a pas oublié l'ava-

---

1. Lettre du 1er avril 1858.

nie. Mais il juge amusant de soutirer de l'argent à la direction d'un périodique qui, quelques mois auparavant, l'a traîné dans la boue. « Tu m'as donc trouvé bien maltraité dans cette *Revue contemporaine*, écrit-il encore à Caroline. Ces gens-là [...] sont de simples idiots, des dindons, des crânes sans cervelle ; ils ne peuvent pas deviner d'ailleurs le monde de projets et de plans que je roule dans ma tête [...]. Depuis trois ou quatre ans, je suis tout à fait familiarisé avec les injures [...]. Tous ces gens qui m'accablent ne sont pas tenus de deviner quelle solidité et quelle santé il y a dans mon cerveau. En somme, j'ai à peine montré la mesure de ce que je pouvais faire. La cruelle paresse ! La terrible rêverie ! La fermeté de ma pensée est pour moi-même un contraste pénible quand je songe à mes lambineries dans l'exécution. Et c'est pour cela qu'il faut que j'aille à Honfleur[1]. »

Pourtant il n'y va toujours pas. Chaque jour il s'invente de nouveaux prétextes pour refuser de bouger : travaux urgents, projets réels ou fictifs, rendez-vous avec des directeurs de revues ou de théâtres, attirance des cafés où il rencontre d'autres écrivains : au Divan, chez Tortoni, à la brasserie des frères Schoen... Pas d'amis, rien que des camarades de parlotes et de trinquées. Certains journalistes captent ses moindres propos pour en tirer des échos malveillants à l'intention des lecteurs de leurs gazettes. Ainsi Jean Rousseau rapporte-t-il dans *Le Figaro* : « Le sieur Baudelaire aurait dit en entendant le nom de l'auteur des *Contemplations* : — Hugo ! Qui ça Hugo ?... Est-ce qu'on connaît ça, Hugo ? » Et ce rédacteur d'ajouter : « Le sieur Baudelaire passe maintenant sa vie à dire du mal du romantisme et à vilipender les *Jeune-France*. On devine le mobile de cette mauvaise action. C'est l'orgueil [...] qui

---

1. Lettre du 13 mai 1858.

pousse le Baudelaire d'aujourd'hui à renier ses maîtres ; mais il suffisait de mettre son drapeau dans sa poche ; quelle nécessité de cracher dessus ? » Aussitôt, Baudelaire proteste auprès de la direction du *Figaro* et écrit à Villemessant : « M. Victor Hugo est si haut placé qu'il n'a aucun besoin de l'admiration d'un tel ou d'un tel ; mais un propos qui, dans la bouche du premier venu, serait une preuve de stupidité, devient une monstruosité impossible dans la mienne[1]. »

C'est vrai qu'il a cessé d'admirer Victor Hugo, mais cette basse dénonciation l'indigne. Il lui semble que, s'il s'éloignait de la capitale, les injures et les sarcasmes redoubleraient dans son dos. Et puis, il ne peut se permettre de déguerpir alors que sa traduction des *Aventures d'Arthur Gordon Pym* vient de paraître en librairie et qu'il doit battre le rappel de toutes les plumes illustres pour assurer le succès de l'ouvrage. Sainte-Beuve, malgré ses promesses, ne lui a jamais consacré le grand article qu'il est en droit d'espérer. Or, l'éminent critique en a publié un, fort élogieux, dans *Le Moniteur* du 14 juin 1858, sur *Fanny* d'Ernest Feydeau, écrivain que Baudelaire déteste et méprise. Immédiatement, il se pique au jeu et, ravalant sa superbe, implore Sainte-Beuve de lui faire, à lui aussi, l'aumône d'un hommage public : « Avec vous, il faut être cynique ; car vous êtes trop fin pour que la ruse ne soit pas dangereuse. Eh bien ! cet article [sur *Fanny*] m'a inspiré une épouvantable jalousie ! [...] Ne trouverai-je donc pas un brave qui en dira autant de moi ? Par quelles câlineries, ami si puissant, obtiendrai-je cela de vous ? Cependant ce que je vous demande n'est pas une injustice. Ne me l'avez-vous pas un peu offert, au commencement ? *Les*

---

1. Lettre du 9 juin 1858.

Aventures de Pym ne sont-elles pas un excellent prétexte pour un aperçu *général*[1] ? »

Vaine démarche. Mais Baudelaire ne se décourage pas. Il faut, pense-t-il, insister, se rappeler au bon souvenir des gens importants, tirer les cordons de sonnette. Par une étrange contradiction de son caractère, il peut se montrer d'un orgueil insensé quand il s'agit de sa propre personne et d'une servilité astucieuse quand le succès de son œuvre dépend de quelques flatteries bien distribuées. Tantôt il quémande et tantôt il frappe du poing sur la table. Selon lui, un véritable écrivain doit savoir assumer entièrement sa carrière. Dans l'écriture comme dans la vente du produit. Cela n'empêche pas de poursuivre, par jeu, vingt sortes d'illusions agréables. C'est si excitant de rêver de Honfleur tout en restant à Paris, d'échafauder des romans, des pièces de théâtre sans en écrire une ligne, de conquérir, par l'imagination, ce que la vie quotidienne vous refuse. Ah ! Honfleur ! Honfleur ! Le vent du large, la caresse d'une main douce sur un front fiévreux, les dîners en tête à tête avec une mère bien-aimée ! « Comme vous devez tous être heureux là-bas, où la chaleur est tempérée par la mer ! C'est vraiment un miracle de pouvoir travailler ici. Le jour, on se sent exténué, et la nuit ne donne aucun soulagement[2]. »

Baudelaire est véridique en écrivant ces lignes. Plus il avance en âge, plus il éprouve le besoin de se replonger dans l'atmosphère douillette de son enfance pour oublier les vicissitudes de son existence d'homme. Par moments, il se dit qu'en rejoignant sa mère il rajeunirait et que, de surcroît, il renouvellerait son inspiration à la source. Mais, en même temps, il se méfie de la sottise provinciale dont Caroline est nourrie à Honfleur. Il craint de retrouver,

---

1. Lettre du 14 juin 1858.
2. Lettre du 9 juin 1858.

debout derrière elle, l'ombre d'Aupick. Et, avec un soupir de regret, il remet à plus tard la joie ou la déception d'une nécessaire rencontre.

XVII

ADMIRATIONS

L'idée d'un voyage à Honfleur n'a pas abandonné Baudelaire. Le 12 octobre 1858, il signe avec Calonne un contrat par lequel il s'engage à livrer chaque année l'équivalent de douze feuilles d'impression[1] à *La Revue contemporaine*, moyennant un versement de trois mille francs, sur lequel il a d'ailleurs déjà touché quelques avances. Le voici renfloué. Il en avertit sa mère et, le 20 du même mois, prend le train pour Le Havre, d'où un bateau lui fera traverser l'estuaire de la Seine. Mais il a précisé, dès la veille, par lettre : « Je ne viens que pour t'embrasser et causer. Je repars immédiatement. » Il tient parole. Le temps d'échanger trois baisers et quatre confidences, et il retourne à Paris. Il est très content de sa visite éclair : la maison dominant la mer lui a paru si jolie et si confortable qu'il l'a baptisée la « maison-joujou » ; et il a reçu de sa mère l'accueil le plus compréhensif et le plus tendre.

Dans l'intervalle, il a quitté l'hôtel Voltaire. Pour aller où ? Tout vaut mieux que la solitude. Il s'installe chez

---

1. Soit 192 pages de la revue.

Jeanne, 22, rue Beautreillis. C'est une décision de charité, juge-t-il. Mais charité pour qui ? Pour Jeanne ou pour lui-même ? A peine a-t-il transporté ses pénates chez elle qu'il se précipite à Alençon, où Poulet-Malassis se débat dans des difficultés financières et juridiques. Douze jours de tractations, et c'est de nouveau Paris, Jeanne, la copie à livrer à *La Revue contemporaine*, les poèmes qu'il faut écrire pour remplacer ceux que la justice a condamnés dans *Les Fleurs du Mal*. Vers la fin de janvier 1859, il expédie caisses et paquets à Honfleur avant de s'y rendre pour travailler en paix et dépenser moins d'argent. Escomptant un long séjour de son fils, Caroline a aménagé pour lui deux pièces mansardées au deuxième étage de la « maison-joujou » : une chambre à coucher dont les fenêtres donnent sur Honfleur et un bureau d'où il peut apercevoir la mer aux couleurs changeantes et le fin gréement des navires à quai.

Quand il revient à Paris, en mars 1859, il ne rêve que de repartir. C'est en coup de vent qu'il traverse le Salon de 1859, dont il écrira le compte rendu en se fiant à sa « vieille mémoire excitée par le livret ». Quelques semaines plus tard, il retourne auprès de sa mère. Au vrai, il travaille mieux à Honfleur qu'à Paris. Entre deux promenades sur le port et deux conversations avec Caroline, il traduit les *Confessions d'un mangeur d'opium* de Thomas De Quincey et compose de nouvelles *Fleurs* en vue d'une réédition de l'ouvrage : le très byronien *Voyage*, dédié à Du Camp ; la voluptueuse et odorante *Chevelure* ; la seconde version de *L'Albatros* ; *Les Petites Vieilles*, ces pantins disloqués qui « furent jadis des femmes » ; *Les Sept Vieillards*, hallucinante vision d'une file de monstres cacochymes se déboîtant l'un de l'autre dans un Paris de brume jaunâtre. De ce dernier poème, dédié à Victor Hugo, Baudelaire dit, dans sa lettre au directeur de *La Revue française*, Jean Morel : « Je crains bien d'avoir simplement réussi à dépasser les limites assignées à la Poésie[1]. » Et, de fait, aussi bien *Les Petites Vieilles* que *Les Sept Vieillards* sont un terrible cri de révolte devant la décrépitude inéluctable de la chair. Ces fantasmes qui hantent Baudelaire sont dus, en partie, à l'absorption régulière de drogues à base d'opium. Destiné à apaiser ses douleurs, consécutives aux progrès de la syphilis, le laudanum lui procure un état de flottement cérébral qui détruit l'organisme et aide à la création. « Je suis bien noir, mon cher, écrit-il à Poulet-Malassis, et je n'ai pas apporté d'opium, et je n'ai pas d'argent pour payer mon pharmacien à Paris[2]. » Heureusement, le pharmacien de Honfleur, M. Allais[3], se montre conciliant envers ce Parisien bien mis, aux manières distinguées et au regard un peu fou. Il lui cède, à petites doses, la potion qu'il réclame. D'ailleurs, par égard pour sa mère, Charles s'impose de se conduire fort aimablement avec les personnes qu'il rencontre en ville. Ses excentricités de costume et ses boutades, il les réserve à Paris. Tout au plus se permet-il d'arborer, de temps en temps, une cravate rouge et de marquer une courtoisie narquoise à M. Émon, le pointilleux censeur. A mesure que les jours passent, il se dit que la vie à Honfleur a du bon. Ici, il est à l'abri de tout. Dans la capitale, ce ne sont qu'intrigues, billets à ordre et complications sentimentales.

Depuis le début de l'année, Jeanne est menacée par la paralysie. Elle vient d'être admise à la maison de santé municipale, dite « maison Dubois », 200, faubourg Saint-Denis. Inquiet, Baudelaire envoie à Poulet-Malassis l'argent nécessaire au paiement de la pension et des soins. « Quand même tout cela vous ennuierait beaucoup, je

---

1. Lettre de la fin mai 1859.
2. Lettre du 16 février 1859.
3. Le père de l'humoriste Alphonse Allais.

compte sur votre amitié, lui écrit-il. Je ne veux pas qu'on mette ma paralytique à la porte. Elle, peut-être, en serait contente ; mais moi, je veux qu'on la garde jusqu'à épuisement de tous les moyens de guérison[1]. » Tout en déplorant la déchéance physique de cette créature qui a cessé depuis longtemps d'être pour lui un objet de désir, il cherche en vain à lui trouver une remplaçante dans le rôle de confidente, d'inspiratrice et de maîtresse. Marie Daubrun est toujours entichée de Théodore de Banville, qu'elle a emmené à Nice. Mme Sabatier a déçu son adorateur en essayant de se l'attacher. Et les filles des rues ne le troublent plus guère. Aurait-il perdu le goût de la femme ? Il attaque cette engeance avec férocité dans ses notes de *Mon cœur mis à nu* : « La femme est le contraire du Dandy. Donc elle doit faire horreur. La femme a faim et elle veut manger. Soif, et elle veut boire. Elle est en rut et elle veut être foutue. Le beau mérite ! La femme est *naturelle*, c'est-à-dire abominable. Aussi est-elle toujours vulgaire, c'est-à-dire le contraire du Dandy. » Au fond, ce que ce rêveur impénitent reproche aux représentantes de l'autre sexe, c'est d'être, par leurs entrailles mêmes, si proches de la matière. Esclaves de la chair dans l'amour, elles fabriquent de la chair dans la maternité et ne voient pas plus loin que la chair dans leurs pensées.

Malgré ces prises de position catégoriques à l'égard des femmes, Baudelaire avoue avoir été émoustillé par la beauté provocante d'une Élisa Néri, demi-mondaine dont on dit qu'elle est quelque peu espionne pour le compte de l'Italie. Il se tourne aussi avec émotion, à l'époque, vers une mystérieuse personne qu'il désigne sous les initiales J.G.F. dans sa dédicace des *Paradis artificiels*, publiés chez Poulet-Malassis au printemps de 1860. « [...] ce

---

1. Lettre du 29 avril 1859.

n'est pas à une morte que je dédie ce petit livre ; c'est à une qui, quoique malade, est toujours active et vivante en moi, et qui tourne maintenant tous ses regards vers le Ciel, ce lieu de toutes les transfigurations, écrit-il dans une sorte d'introduction à l'ouvrage. [...] Tu verras dans ce tableau un promeneur sombre et solitaire, plongé dans le flot mouvant des multitudes, et envoyant son cœur et sa pensée à une Électre lointaine qui essuyait naguère son front baigné de sueur et *rafraîchissait ses lèvres parcheminées par la fièvre* ; et tu devineras la gratitude d'un autre Oreste dont tu as souvent surveillé les cauchemars, et de qui tu dissipais, d'une main légère et maternelle, le sommeil épouvantable. » Au fait, cette Électre « lointaine » et « malade », qui se penche sur les insomnies de son amant et l'apaise à force de caresses, n'est-ce pas encore Jeanne, magnifiée par l'imagination du poète qui se refuse à la voir telle qu'elle est ? Certes, il a cessé, depuis longtemps, de lui être fidèle. Mais il divise le monde féminin en trois : les filles publiques avec qui il couche en les oubliant aussitôt après, Jeanne qui n'est plus qu'un souvenir et les femmes de qualité qu'il fréquente en espérant qu'elles se contenteront d'hommages épistolaires.

Ainsi est-il particulièrement sensible à l'intérêt que lui témoigne Mme de Calonne. Elle approche de la quarantaine, mais son charme et la délicatesse de sa conversation font oublier son âge. Dans chaque lettre qu'il adresse au directeur de *La Revue contemporaine*, Baudelaire glisse quelques mots à l'intention de son épouse : « Voyant le goût de Mme de Calonne pour les récits romanesques, j'ai pris la liberté de lui envoyer le *Pym* et le *Héros de notre temps*[1] » (15 décembre 1858) ; « Veuillez me rappeler au souvenir de

---

[1]. Récit de Lermontov, traduit par Xavier Marmier et publié par Michel Lévy.

Mme de Calonne, et lui dire combien je suis touché des aimables paroles qu'elle m'a dites la dernière fois que j'ai eu le plaisir de la voir » (1ᵉʳ février 1859) ; « Mes bien affectueuses amitiés à Mme de Calonne » (11 février 1859) ; « J'obéis à Mme de Calonne. Ne m'a-t-elle pas dit : "Faites-nous des vers surtout" » (24 février 1859).

Si Mme de Calonne est toutes grâces avec Baudelaire, il n'en va pas de même de son mari. Celui-ci se plaint des retards que *son* auteur apporte à la livraison des manuscrits sur le haschich et l'opium et aussi de la violence de certaines expressions dans les nouveaux poèmes expédiés de Honfleur. Comme M. de Calonne tique sur le mot « gouge », dans *Danse macabre*, Baudelaire se hérisse : « *Gouge* est un excellent mot, mot unique, mot de *vieille* langue, applicable à une *danse macabre* [...]. La Mort n'est-elle pas la *Gouge* qui suit en tous lieux la *Grande Armée universelle*, et n'est-elle pas une courtisane dont les embrassements sont *positivement irrésistibles* ? Couleur, antithèse, métaphore, tout est exact. Comment votre sens critique, si net, n'a-t-il pas deviné mon intention[1] ? » Les réactions effarouchées de M. de Calonne se multiplient à mesure que l'écrivain lui soumet ses dernières productions. Baudelaire en est tellement agacé qu'il songe à rompre avec *La Revue contemporaine* et écrit à Poulet-Malassis : « Croyez-vous que cet imbécile de Calonne a jeté les hauts cris en lisant *Le Voyage* ? Depuis qu'il est sûr de marcher[2], il est redevenu tatillon et *ultra-rédacteur en chef*. Et il a l'effronterie de me tourmenter pour avoir de nouveaux vers. *Il n'en aura pas* [...]. Nouvelles *Fleurs du Mal* faites. A

---

1. Lettre du 11 février 1859.
2. La subvention gouvernementale, d'abord promise à *La Revue européenne*, a été finalement attribuée à *La Revue contemporaine*, laquelle pourra donc de nouveau « marcher ».

tout casser, comme une explosion de gaz chez un vitrier. Mais quoi que me dise la dame de Calonne, elles iront ailleurs que chez elle[1]. » Toujours poli malgré son froissement d'amour-propre, Baudelaire a d'ailleurs déjà prévenu Calonne : « Vous ne m'en voudrez pas si, après avoir vu vos hésitations, je me permets de donner *Le Voyage* à *La Revue française* [...]. Tout à vous. Veuillez présenter mes compliments à Mme de Calonne[2]. »

Les relations entre Baudelaire, Calonne et Poulet-Malassis sont d'autant plus compliquées que Baudelaire est lié à Calonne par un contrat en bonne et due forme sur lequel il a déjà touché des avances et que, par ailleurs, il a délégué une partie de ses droits d'auteur sur *La Revue contemporaine* à Poulet-Malassis, à qui il doit de l'argent. Or, ce dernier est au bout du rouleau. Il supplie Charles de s'acquitter de ses dettes. Comment ? Calonne est appelé à la rescousse. Enfin un arrangement est trouvé. Les billets à ordre se chevauchent. Pour apaiser les craintes de Poulet-Malassis, Baudelaire l'assure qu'il va bientôt gagner des sommes considérables grâce à la parution imminente de sa traduction d'*Eureka* d'Edgar Poe dans *La Revue internationale* et à la représentation, au théâtre impérial du Cirque, d'un drame résolument boulevardier : *Le Marquis du 1er housards*, adapté d'une nouvelle de son ami Paul de Molènes. Bien qu'il ait dressé le plan de la pièce, acte par acte, elle ne verra jamais le jour. Encore un de ces mirages auxquels il se raccroche pour ne pas désespérer de sa réussite. Tout craque autour de lui. *La Revue internationale* ne bat que d'une aile. Son directeur, Carlos Derode, refuse de poursuivre, au-delà du numéro de janvier 1860, la publication d'*Eureka* dont les lecteurs se désintéressent. Avec *La Revue contemporaine* aussi, les rapports sont

---

1. Lettre du 29 avril 1859.
2. Lettre du 7 avril 1859.

marqués de querelles et de réconciliations qui épuisent Baudelaire. « Mon nom et mon talent devraient me mettre, et m'ont généralement mis à l'abri de ces petites persécutions du classique *rédacteur en chef*, et je vous donne ma parole d'honneur que vous êtes le premier pour qui j'ai eu tant de déférence », écrit-il fièrement à Calonne, le 5 janvier 1860. Le mois suivant, il confiera à Poulet-Malassis : « Je me suis brouillé quatre fois avec Calonne, il m'a écrit deux lettres d'excuses, et, une cinquième fois, il est retombé dans ses rages d'autorité et de direction littéraire. Cette vie-là m'est intolérable [1]. »

Il est tellement agacé par l'outrecuidance de ces patrons de presse qui s'arrogent le droit de le conseiller sur ce qu'il devrait écrire, de lui suggérer des coupures, de le chicaner sur un mot qu'il en éprouve un malaise dont il avertit aussitôt sa mère : « J'ai subi avant-hier une crise singulière. J'étais hors de chez moi ; j'étais presque à jeun. Je crois que j'ai eu quelque chose comme une congestion cérébrale. Une vieille bonne femme m'a tiré d'affaire par des moyens singuliers. Mais quand j'ai été dégagé, une autre crise est arrivée. Des nausées et une faiblesse telle, avec vertiges, que je ne pouvais pas monter une marche de l'escalier sans croire que j'allais m'évanouir. Au bout de quelques heures tout était fini [...]. Un détail assez comique de ma triste aventure, c'est que je n'ai pas perdu un instant la raison, et que j'étais inquiet à l'idée qu'on devait me croire ivre [2]. » Caroline a dû passer des heures d'angoisse en lisant le récit de cette défaillance. Charles aurait pu la lui laisser ignorer. Mais il aime l'inquiéter et se faire plaindre par elle, comme au temps de son enfance...

Peu de temps auparavant, désirant lui offrir un cadeau de Noël, il a acheté un dessin à la plume, au lavis et à

---

1. Lettre du 4 février 1860.
2. Lettre du 15 janvier 1860.

l'aquarelle de Constantin Guys : *La Femme turque au parasol*. « Je présume que tu as été satisfaite de tes étrennes, lui a-t-il écrit après avoir envoyé le colis. Ce dessin est le seul morceau oriental que j'aie pu arracher à cet homme bizarre, sur qui je vais écrire un grand article [1]. » Dans son esprit, Constantin Guys est, à certains égards, l'égal de Delacroix. Il voit en cet artiste au trait léger, aux notations allusives, au charme vif et discret le représentant d'une esthétique moderne de l'instantané. Grâce à son coup de crayon, les lorettes de Paris, les pensionnaires de maisons closes, les cochers de fiacre, les soldats de la guerre de Crimée passeront à la postérité. Il est celui qui fixe l'éphémère et exalte l'insignifiance. La modestie farouche de l'homme, son talent d'écrivain, joint à son talent de dessinateur, enthousiasment Baudelaire au point qu'il lui consacre un long article d'éloges. Hélas ! tour à tour *Le Constitutionnel*, *La Revue contemporaine*, *La Revue européenne* refuseront de l'imprimer. Constantin Guys n'est pas assez connu pour retenir l'attention des lecteurs. Ses œuvres sont trop banales. C'est seulement en 1863 que *Le Figaro* acceptera l'essai de Baudelaire. A la demande de l'intéressé, Constantin Guys n'y sera appelé que « M.G. » Pour sceller leur amitié, le dessinateur et le poète sortent souvent ensemble, choisissant de préférence les endroits louches où ils observent en souriant filles à passes et bourgeois en goguette.

Parmi les autres amitiés de Baudelaire, il y a le graveur Méryon, dont il apprécie la vision fantastique, Nadar, qui multiplie déjà les portraits photographiques d'une hallucinante fidélité, et, bien sûr, les « anciens », Asselineau, Poulet-Malassis, Babou, Boyer, Soulary, lequel lui donne du « cher maître » dans sa correspondance. Quant aux

---

[1]. Lettre du 28 décembre 1859.

admirations littéraires de Baudelaire, elles le conduiront à rédiger des études aimables sur Hugo, Gautier, Leconte de Lisle, Banville, pour une anthologie dirigée par Eugène Crépet : *Les Poètes français*. L'ensemble, formant quatre volumes, sera préfacé par Sainte-Beuve. Ce dernier, tout en louant Baudelaire dans le privé, n'a toujours pas trouvé le moyen de consacrer un article aux *Fleurs du Mal*, ni aux traductions d'Edgar Poe. Pour lui, c'est un écrivain secondaire, aux bizarreries artificielles, qui a tort de se complaire dans les noirceurs de l'âme et du corps. Baudelaire souffre de ce dédain courtois, mais conserve à Sainte-Beuve une vague gratitude de disciple.

Il est également déçu par l'attitude à son égard de Delacroix, dont il n'a cessé de proclamer le génie et qui s'obstine à refuser son amitié. Sans doute le peintre, d'un naturel compassé, est-il gêné par les étranges manifestations d'estime d'un homme qui a eu maille à partir avec la justice. Ayant lu les éloges que Baudelaire lui prodigue dans son *Salon de 1859*, il l'en remercie poliment : « Vous venez à mon secours au moment où je me vois houspillé et vilipendé par un assez bon nombre de critiques sérieux ou soi-disant tels [...]. Ayant eu le bonheur de vous plaire, je me console de leurs réprimandes. Vous me traitez comme on ne traite que les *grands morts* ; vous me faites rougir tout en me plaisant beaucoup : nous sommes faits comme cela. Adieu, cher Monsieur : faites donc paraître plus souvent quelque chose : vous mettez de vous dans tout ce que vous faites, et les amis de votre talent ne se plaignent que de la rareté de vos apparitions[1]. » Plus tard, ayant reçu la plaquette de Baudelaire sur Théophile Gautier, il le félicite pour ce « joli livre », mais fait une réserve : « Il participe à l'inconvénient de plusieurs de vos

---

1. Lettre du 27 juin 1859.

publications : le caractère en est si fin que la lecture en est un travail pour moi difficile [...]. Mille excuses et amitiés[1]. » Peu importe, Charles continuera à placer Delacroix au sommet de la peinture. Sa faculté d'enthousiasme est inépuisable. Dans tous les domaines.

Après plusieurs séjours à Paris, Richard Wagner y revient à l'automne de 1859, et ses amis français l'accueillent comme un messie. D'emblée, Baudelaire voit en lui le rénovateur de la musique contemporaine. Il se rend les 25 janvier, 1er et 8 février 1860 aux concerts du Théâtre-Italien, l'orchestre étant dirigé par le compositeur en personne. Au programme : l'ouverture du *Vaisseau fantôme*, des extraits de *Tannhäuser* et de *Lohengrin*, le prélude de *Tristan*. Dès le 16 février, Baudelaire écrit à Poulet-Malassis : « Je n'ose plus parler de Wagner ; on s'est trop foutu de moi. Ç'a été, cette musique, une des grandes jouissances de ma vie ; il y a bien quinze ans que je n'ai senti pareil enlèvement. » Tandis que la presse du Boulevard se déchaîne contre ce révolutionnaire de l'art, ce « Marat de la musique », ce fossoyeur du bon goût, Baudelaire, outré par la bêtise de ses compatriotes, adresse à Wagner une lettre qui est « comme un cri de reconnaissance ». « Avant tout, je veux vous dire que je vous dois *la plus grande jouissance musicale que j'aie jamais éprouvée*. Je suis d'un âge où on ne s'amuse plus guère à écrire aux hommes célèbres, et j'aurais hésité longtemps encore à vous témoigner par lettre mon admiration si tous les jours mes yeux ne tombaient sur des articles indignes, ridicules, où on fait tous les efforts possibles pour diffamer votre génie. [...] La première fois que je suis allé aux Italiens pour entendre vos ouvrages, j'étais assez mal disposé, et même, je l'avouerai, plein de mauvais pré-

---

[1]. Lettre du 13 décembre 1859.

jugés [...]. Par vous j'ai été vaincu tout de suite. Ce que j'ai éprouvé est indescriptible, et si vous daignez ne pas rire, j'essaierai de vous le traduire. D'abord il m'a semblé que je connaissais cette musique [...] ; il me semblait que cette musique était *la mienne*, et je la reconnaissais comme tout homme reconnaît les choses qu'il est destiné à aimer. [...] Ensuite le caractère qui m'a principalement frappé, ç'a été la grandeur. Cela représente le grand, et cela pousse au grand. J'ai retrouvé partout dans vos ouvrages la solennité des grands bruits, des grands aspects de la Nature, et la solennité des grandes passions de l'homme. [...] Autre chose encore : j'ai éprouvé souvent un sentiment d'une nature assez bizarre, c'est l'orgueil et la jouissance de comprendre, de me laisser pénétrer, envahir, volupté vraiment sensuelle et qui ressemble à celle de monter dans l'air ou de rouler sur la mer. [...] Depuis le jour où j'ai entendu votre musique, je me dis sans cesse, surtout dans les mauvaises heures : *Si, au moins, je pouvais entendre ce soir un peu de Wagner*. [...] Une fois encore, Monsieur, je vous remercie ; vous m'avez rappelé à moi-même et au grand, dans de mauvaises heures. » Un post-scriptum suit la signature : « Je n'ajoute pas mon adresse, parce que vous croiriez peut-être que j'ai quelque chose à vous demander[1]. »

Touché par ces louanges d'un poète français, Wagner charge Champfleury de remercier Baudelaire et invite son admirateur à lui rendre visite. Mais celui-ci se dérobe. « J'irai le voir, mais pas tout de suite, écrit-il à Champfleury. Des affaires assez tristes me prennent tout mon temps. Si vous le voyez avant moi, dites-lui que ce sera pour moi un grand bonheur de serrer la main d'un homme

---

[1]. Lettre du 17 février 1860.

de génie, insulté par toute la *populace* des esprits frivoles [1]. »

La vénération de Baudelaire pour Wagner est telle que, non content de lui avoir adressé une lettre dithyrambique, il veut lui consacrer une étude de fond destinée à *La Revue européenne*. Or, on répète *Tannhäuser* à l'Opéra. Première représentation le 13 mars 1861. C'est un échec total. L'œuvre et son auteur sont sifflés par une salle dont l'hostilité était préparée de longue date. Ivre d'indignation, Baudelaire reprend son article et, l'étoffant, le corrigeant, en fait une plaquette qui sortira des presses en mai 1861 : *Richard Wagner et Tannhäuser à Paris*. Ému par cet hommage, Wagner affirme que jamais personne n'a mieux encouragé son « pauvre talent ». Et il termine sa lettre de remerciements par ces mots : « Croyez-moi bien fier de vous pouvoir nommer ami. »

Lancé dans la musique, Baudelaire accepte inconsidérément, vers la même époque, d'adapter en français le livret d'une symphonie romantique due au compositeur germano-américain Robert Stoepel : *Hiawatha*. Ce livret s'inspire du poème épique indien de Longfellow : *The Song of Hiawatha*. Baudelaire compte sur une rémunération forfaitaire de quinze cents francs. Mais, avant même que son travail soit terminé, Stoepel part pour Londres sans lui verser un sou de dédommagement. Lettres, menaces de procès, tout est vain. Stoepel ne daigne pas répondre. Le voici réfugié aux États-Unis. Inaccessible. Baudelaire reste Gros-Jean comme devant, avec sur les bras des dizaines de vers qui lui déplaisent et dont il ne sait que faire. Il finit par ranger une partie de son texte dans un tiroir et par en donner à *La Revue contemporaine* un long fragment : *Le Calumet de la paix*.

---

1. Lettre du 28 février 1860.

Il ne demeure en lui, de cette aventure, que le regret du temps perdu et la rage d'avoir été roulé comme un novice. Or, dans l'état déplorable de ses finances, il n'a pas le droit d'écrire sans être payé. Jeanne est entièrement à sa charge. Elle n'a plus toute sa tête et ruse comme elle peut pour obtenir de lui un « rabiot » d'argent. Bien qu'ayant quitté la maison de santé Dubois, elle est loin d'être guérie. Mais Charles n'habite plus avec elle. Installé provisoirement à l'hôtel de Dieppe, il se contente de lui rendre visite « en tuteur », « en sœur de charité[1] ». Pendant de longues minutes il contemple, le cœur serré, cette infirme à l'œil vide, au corps décharné, à la peau sombre et flasque, qui lui a donné jadis tant de plaisir et qui, aujourd'hui, ne lui inspire qu'une atroce compassion. Elle rabâche devant lui de vieux souvenirs et de vieux griefs. Et il l'écoute avec l'impression de racheter, par sa navrance et son remords, une faute indéfinissable et très ancienne.

Même quand il se trouve auprès de sa mère, il ne peut délivrer son esprit de la mulâtresse qui y trône, non plus par sa beauté mais par sa décrépitude. La seule lettre adressée à Jeanne qui ait été retrouvée témoigne de cette misérable sollicitude. Elle est expédiée de Honfleur et datée du 17 décembre 1859 : « Ma chère fille, il ne faut pas m'en vouloir si j'ai brusquement quitté Paris sans avoir été te chercher pour te divertir un peu [...]. Je te jure que je vais revenir dans quelques jours [...]. Désormais, je ne veux plus faire de ces énormes séjours à Paris qui me coûtent tant d'argent. Il vaut mieux pour moi *venir souvent et ne rester que quelques jours.* En attendant, comme je puis rester une semaine absent, et que je ne veux pas que dans ton état tu restes privée d'argent même un jour, adresse-toi à M. Ancelle. » A cet effet, Charles joint à sa

---

1. Lettre à Poulet-Malassis du 8 mai 1859.

lettre un billet : « Reçu de M. Ancelle la somme de quarante francs pour Mme Duval. » Et il recommande à Jeanne, à demi paralysée : « Mets donc ce billet sous une nouvelle enveloppe, et, puisque tu n'as pas le courage d'écrire de la main gauche, fais écrire l'adresse par ta domestique. » Dernières promesses et dernières recommandations : « Je vais donc revenir, et si, comme je le crois, je suis doué de quelque argent, je tâcherai de t'amuser [...]. Avec ces chemins glissants, ne sors pas sans être accompagnée. Ne perds pas mes vers et mes articles. »

A la fin de l'été 1860 — est-ce dans un élan de dévouement ou pour sa commodité personnelle ? —, il installe Jeanne à Neuilly, 4, rue Louis-Philippe[1], et y fait transporter son propre mobilier. Il en informe sa mère, tout en lui reprochant, une fois de plus, l'institution du conseil judiciaire, « cette épouvantable faute qui a ruiné ma vie, flétri toutes mes journées et donné à toutes mes pensées la couleur de la haine et du désespoir ». Son angoisse est telle qu'il ne cesse de songer à la mort qui le guette. « Je puis mourir avant toi, malgré ce diabolique courage qui m'a soutenu si souvent, écrit-il plus loin à Caroline. Ce qui me retient depuis dix-huit mois, c'est Jeanne. (Comment vivrait-elle après ma mort, puisque tu aurais à payer tout ce que je dois avec ce que je laisserais ?) D'autres raisons encore : te laisser seule ! et te laisser l'horrible embarras de te débrouiller dans un chaos que moi seul je puis comprendre ! [...] Pour tout dire, pour tout bien accentuer, ce sont deux idées de charité qui me retiennent, toi et Jeanne [...]. Quelle que soit la destinée qui s'empare de moi, si, après avoir préparé la liste de mes dettes, je disparaissais brusquement, si tu vivais encore, il faudrait faire

---

[1]. La maison où Baudelaire avait loué un petit appartement se trouvait au coin de l'actuelle avenue Charles-de-Gaulle, à l'emplacement de la poste.

quelque chose pour soulager cette vieille beauté transformée en infirme. »

Ainsi, dans ses dernières volontés, Charles tient la balance égale entre sa mère qu'il adore tout en la critiquant et sa vieille maîtresse qu'il refuse d'abandonner à la mendicité et à la soûlographie. Femme de général, d'ambassadeur, de sénateur, Caroline souffre d'être, dans l'affection de son fils, la rivale d'une traînée. Vraiment, il ne sait qu'inventer pour l'inquiéter et l'humilier dans sa solitude de veuve ! Voici maintenant qu'il lui annonce l'apparition d'un frère de Jeanne : « Un frère a été retrouvé, *que j'ai vu*, avec qui j'ai causé, et qui évidemment lui viendrait aussi en aide ; il ne possède rien, mais il gagne de l'argent[1]. » Caroline sursaute : qu'est-ce encore que cette histoire de frère ? Dans quelle aventure abracadabrante Charles va-t-il de nouveau se fourrer ? Il est si naïf qu'il est capable de se laisser mettre le grappin dessus par toute une famille africaine !

Au vrai, elle s'exagère à peine les dangers qu'il court loin d'elle. Dès le début de son installation à Neuilly, Charles se heurte au soi-disant frère de Jeanne. Un grand mulâtre, qui arrive chaque jour à huit heures du matin et ne repart qu'à onze heures du soir, bavardant, fumant et prenant ses repas au chevet de sa sœur, avec un tranquille sans-gêne. « Pas une seconde pour les confidences, écrit Charles à sa mère. Voulant la ménager dans l'état où elle est, je me suis contenu longtemps ; enfin un soir à minuit, je lui ai dit avec toutes sortes de ménagements que j'étais venu ici pour elle, que je n'avais aucun droit de chasser son frère, mais que, puisque j'étais tenu à l'écart, j'allais me retirer chez ma mère qui, elle aussi, avait besoin de moi, — que je ne prétendais nullement la priver d'argent,

---

[1]. Lettre du 11 octobre 1860.

mais que, puisque son frère la prenait tout entière à mon détriment, il était juste que lui qui gagne plus qu'un littérateur et qui n'a pas 50 000 francs de dettes, grossissantes par les intérêts, vînt au secours de sa sœur malade et entrât désormais en participation, pour les deux tiers ou la moitié des dépenses à elle nécessaires. » Jeanne pleure abondamment, reconnaît que Charles a raison et promet de demander à son frère de l'aider dans la mesure de ses moyens. Mais elle doute qu'il se laisse convaincre, car il n'a jamais envoyé d'argent à leur mère. En effet, le lendemain, elle profite de l'absence de Charles pour mettre le pique-assiette devant ses responsabilités : « Tu es ici toute la journée, lui dit-elle. Tu me prives de vivre avec Charles. Il est entré, à cause de moi en partie, dans d'inextricables embarras. Il va se retirer, mais il compte que tu voudras bien entrer pour la moitié dans la dépense de ma vie. » L'autre éclate de rire. Le soir, Jeanne rapporte la scène à Baudelaire et celui-ci confie, dans la même lettre, à Caroline : « Tu ne devinerais jamais la réponse, si sotte et si barbare que si elle m'avait été faite directement j'aurais coupé le visage de l'homme à coups de canne. — Que je devais être accoutumé à la gêne et aux embarras, — que quand on se chargeait d'une femme, c'est qu'on savait pouvoir le faire, — que, quant à lui, il n'avait jamais mis d'argent de côté, — et que, pour l'avenir même, il ne fallait pas compter sur lui. » Et Charles conclut : « Tant de pleurs dans ce visage vieilli, toute cette indécision dans un être affaibli m'ont touché : ma colère s'est apaisée. Mais je suis dans un état d'irritation perpétuelle que mes préoccupations extérieures ne sont pas faites pour diminuer [...]. Quand Jeanne a besoin de me voir, elle vient dans ma chambre. Ce monsieur ne sort pas de chez elle, — et si je me décide à quitter Paris, il ne viendra pas au secours de sa sœur malade. Je me suis bien souvent et justement accusé moi-même d'un monstrueux égoïsme. Mais ma foi ! le mien n'est jamais monté jusque-là[1]. »

Peu après, Baudelaire, exaspéré, quitte le petit appartement de Neuilly et retourne à l'hôtel de Dieppe, d'où il écrit à Poulet-Malassis : « Je me suis sauvé de Neuilly, par dignité, ne voulant pas rester dans une situation honteuse et ridicule. Pendant vingt-cinq jours, je me suis trouvé en face d'un homme qui passait toutes ses journées dans la chambre de sa sœur [...], m'empêchant ainsi de prendre mon seul plaisir, c'est-à-dire de causer avec une femme vieille et infirme [...]. Il m'a fallu vivre entre un drôle et une malheureuse femme dont le cerveau est affaibli. J'ai fui ; j'en suis encore malade d'indignation ; j'ai le cerveau tout affadi, et croiriez-vous que j'ai du mal à écrire une heure de suite[2] ? » Ayant laissé Jeanne avec son frère, qui n'est peut-être qu'un ancien amant, Charles ne cherche pas à la revoir. Bientôt, il apprend que l'état de l'infirme a empiré et qu'elle a été de nouveau admise à l'hôpital. Sans doute ce transport d'urgence a-t-il été décidé par son frère. En l'absence de Jeanne, celui-ci s'empresse de vendre une partie du mobilier et des vêtements de la malheureuse. Quand elle retourne chez elle, son frère a disparu et l'appartement est à demi vide.

Malgré tous les mécomptes qu'il a subis à cause d'elle, Baudelaire ne l'abandonne pas. Le jour de Noël 1861, il parlera encore à sa mère de cette « femme toujours malade qu'il faut soutenir et consoler », et à qui il pourrait facilement donner un peu d'argent s'il faisait des économies en vivant ailleurs qu'à Paris. Caroline doit en prendre son parti : Charles a deux compagnes dans l'existence, une blanche et une noire, une mère et une maîtresse, une femme âgée qui veille sur son argent

---
1. Lettre du 5 janvier 1861.
2. Lettre du 16 janvier 1861.

et une femme impotente qui le dépense. L'une et l'autre le tourmentent, chacune à sa manière, et l'une et l'autre lui sont indispensables. Incapable de choisir entre elles, il savoure, tout en les jugeant néfastes à sa tranquillité, les plaisirs pervers de la pitié, de la révolte et de l'impuissance.

XVIII

NOUVELLES *FLEURS*

Le 1ᵉʳ janvier 1860, Poulet-Malassis et de Broise ont signé avec Baudelaire un contrat pour la réédition des *Fleurs du Mal*, le tirage envisagé étant de quinze cents exemplaires. Le traité prévoit également la publication en volume des *Paradis artificiels* et celle de deux ouvrages d'essais critiques, intitulés *Opinions littéraires* et *Curiosités esthétiques*. La deuxième édition des *Fleurs du Mal*, qui ne pourra reprendre les six pièces condamnées par la justice, sera enrichie de poèmes nouveaux que Baudelaire a composés depuis le procès et qui ont déjà paru dans différentes revues. Pour ces quatre ouvrages, l'auteur recevra « trois cents francs par volume, payables moitié à la livraison du manuscrit de chaque volume, moitié au bon à tirer de la dernière feuille ». Mais, ayant déjà touché deux cent cinquante francs d'avance, et les éditeurs lui devant trente francs pour sa brochure sur Théophile Gautier, il ne percevra en tout que neuf cent quatre-vingts francs. A la fin de la même année, Poulet-Malassis, qui tenait boutique jusque-là rue des Beaux-Arts, ouvre une librairie à l'angle du passage Mirès[1] et de la rue de Richelieu. La salle d'accueil de la clientèle est décorée, sous les frises du plafond, d'une série de portraits en médaillons représentant quelques auteurs de la maison : Monselet, Hugo, Théophile Gautier, Champfleury, Théodore de Banville, Babou, Asselineau, Baudelaire... Celui-ci, dominant les rayons chargés de livres, fixe sur les acheteurs un regard inquiétant. C'est Alexandre Lafond, un élève d'Ingres, qui a peint cette toile, d'après une photographie de Nadar. « Figure puissante, fortement creusée aux lèvres et sous les yeux, écrit un contemporain, le menton glabre, les joues légèrement colorées, le front dégarni, les cheveux longs et ondulés, repoussés en arrière. La face terrifiante est à la fois d'un comédien tragique et d'un prêtre des messes noires. L'expression hautaine s'augmente de la retombée des lèvres sur les côtés en plis aigus, et du regard largement ouvert, ironique et scrutateur. La tête, de grandeur presque nature, se détache sur un fond verdâtre qui en accentue l'impressionnante tristesse[2]. »

Sans doute Baudelaire n'est-il pas mécontent de cette effigie qui évoque si bien, pour les visiteurs de la librairie, le caractère sulfureux de son œuvre. Dans les nouveaux poèmes qu'il envoie à Poulet-Malassis au fur et à mesure de leur achèvement, il s'ingénie encore à forcer le trait et à foncer la couleur. Au début de son travail, il n'a songé qu'à compléter l'ouvrage, mutilé selon l'exigence du tribunal, par une demi-douzaine de pièces inédites. Mais, dès le 5 novembre 1858, envoyant à Poulet-Malassis *Le Possédé* (« Ô mon cher Belzébuth, je t'adore ! »), il lui écrit :

---

1. Aujourd'hui passage des Princes.
2. L'auteur de cette description serait le prince Ourousof. Le texte en est emprunté à « Notes pour une iconographie du poète Charles Baudelaire » (dans *Le Tombeau de Charles Baudelaire*, Paris, Bibliothèque artistique et littéraire, 1896).

« Je commence à croire qu'au lieu de six *fleurs*, j'en ferai vingt. » Puis, c'est *Le Squelette laboureur* (« dans la fosse même le sommeil promis n'est pas sûr »), *Obsession* (« Car je cherche le vide, et le noir, et le nu ! »), *Le Cygne* (« Je pense à la négresse, amaigrie et phtisique »), le plus émouvant, le plus inquiétant peut-être de ses appels à la pitié pour l'espèce humaine malmenée par le Créateur. En adressant ces vers à Victor Hugo, il explique son intention : « Ce qui était important pour moi, c'était de dire vite tout ce qu'un accident, une image, peut contenir de suggestions, et comment la vue d'un animal souffrant [le cygne] pousse l'esprit vers tous les êtres que nous aimons, qui sont absents et qui souffrent, vers tous ceux qui sont privés de quelque chose d'irretrouvable [1]. »

De Hauteville House, Victor Hugo répond doctoralement : « Comme tout ce que vous faites, Monsieur, votre *Cygne* est une idée. [...] Je vous remercie de ces strophes si pénétrantes et si fortes [2]. » Deux mois auparavant, le même Victor Hugo l'a congratulé pour *Les Sept Vieillards* et *Les Petites Vieilles* en des termes plus éloquents encore : « Que faites-vous ? Vous marchez. Vous allez en avant. Vous dotez le ciel de l'art d'on ne sait quel rayon macabre. Vous créez un frisson nouveau [3]. »

Ainsi encouragé, Baudelaire continue à écrire pour enrichir le bouquet des futures *Fleurs du Mal*. Le contrat du 1er janvier 1860 prévoyait « vingt pièces nouvelles ». Le 13 mars, Baudelaire annonce à Poulet-Malassis : « Voici encore des vers [*Le Rêve d'un curieux* et *Rêve parisien*]. Nous en sommes maintenant à vingt-cinq pièces, sans compter trois morceaux commencés. » En fait, de rajout en rajout, ce seront trente-cinq pièces inédites qui figure-

---

1. Lettre du 7 décembre 1859.
2. Lettre du 18 décembre 1859.
3. Lettre du 6 octobre 1859.

ront dans *Les Fleurs du Mal* remaniées. Déjà l'auteur impatient se préoccupe du lancement : « Il faudra que nous pensions [...] à des affiches, des annonces et des réclames. *Si vous me trouvez exigeant, et si vous avez peur de De Broise, j'y mettrai de mon argent.* La nature tout à fait impopulaire de mon talent me défend de négliger les moyens grossiers (citations quelques jours avant la mise en vente, affiches, annonces et réclames pendant la vente) [...]. Je présume que les ornements et le frontispice de M. Bracquemond sont finis. Êtes-vous content et dois-je l'être ? »

Pour ce frontispice, Baudelaire a souhaité d'abord que l'artiste s'inspirât d'une gravure du XVIe siècle représentant une sorte de « squelette arborescent », s'épanouissant en feuillages étranges et protégeant de ses branches écartées « plusieurs rangées de plantes vénéneuses, dans de petits pots échelonnés comme dans une serre de jardinier[1] ». Cette idée lui est venue en feuilletant l'*Essai sur les Danses des morts* d'Eustache-Hyacinthe Langlois. Pensant faciliter le travail de Félix Bracquemond, Poulet-Malassis lui envoie un décalque de la gravure qui a séduit le poète. Après deux essais manqués, Bracquemond soumet à Baudelaire une eau-forte qu'il estime définitive. Mais celui-ci est outré : ce n'est pas du tout ce qu'il voulait. Cette image défigure l'œuvre qu'elle prétend symboliser. N'osant exprimer crûment son opinion à l'aquafortiste, il se plaint à Poulet-Malassis : « Voici l'horreur de Bracquemond. Je lui ai dit que c'était bien. Je ne savais que dire, tant j'étais étonné. Ce squelette *marche* et il est appuyé sur un *éventail* de rameaux qui *partent des côtes* au lieu de *partir des bras*. A quoi a servi le dessin décalqué d'après Langlois ? Je ne souffrirai pas que cela paraisse,

---

1. Lettre à Nadar du 16 mai 1859.

et si je vous cause trop de chagrin, comme à un enfant qui veut manger ce qu'il a payé, je m'appliquerai à vous consoler et à vous dédommager d'une manière quelconque[1]. » N'ayant plus confiance ni dans le talent ni dans le goût de Bracquemond, Baudelaire exige maintenant qu'on reproduise purement et simplement, en tête des *Fleurs du Mal*, la gravure ancienne qu'il a choisie dans l'ouvrage de Langlois sur les danses macabres. Enfin cette idée même est abandonnée et le frontispice allégorique est remplacé par un portrait à l'eau-forte de Baudelaire, dû à la pointe de Bracquemond, d'après une photographie de Nadar.

Alors que le livre est encore en préparation, Baudelaire écrit à sa mère : « *Les Fleurs du Mal* sont finies. On est en train de faire la couverture et le portrait. Il y a trente-cinq pièces nouvelles et chaque pièce ancienne a été profondément remaniée. Pour la première fois de ma vie, je suis presque content. Le livre est *presque bien*, et il restera, ce livre, comme témoignage de mon dégoût et de ma haine de toutes choses[2]. »

Néanmoins, il lui arrive de se demander si, une fois de plus, il n'a pas forcé la dose dans ses imprécations démoniaques. La justice ne va-t-elle pas se saisir du prétexte d'amoralité pour condamner ces nouvelles *Fleurs* ? Pourtant, l'année précédente, le bruit a couru qu'il pourrait recevoir (à quel titre ?) la croix de la Légion d'honneur. Cette seule idée le jette hors de lui. C'est bon pour un Aupick de collectionner les croix et les médailles ! Lui, sa seule décoration ne peut être que son œuvre. « Il a encore été question de cette ridicule croix d'honneur, a-t-il écrit, le 11 octobre 1860, à sa mère. J'espère bien que la préface des *Fleurs* rendra la chose à jamais impossible. D'ailleurs j'ai répondu avec courage à celui de mes amis qui me fai-

---

1. Lettre du 20 août 1860.
2. Lettre du 1ᵉʳ janvier 1861.

sait cette ouverture : "*Il y a vingt ans* (je sais que ce que je dis est absurde) c'eût été bien ! Aujourd'hui je veux être une *exception*. Qu'on décore tous les Français, *excepté moi*. Jamais je ne changerai mes mœurs ni mon style. Au lieu de la croix, on devrait me donner de l'argent, *de l'argent*, rien que *de l'argent*. Si la croix vaut 500 francs, qu'on me donne 500 francs ; si elle ne vaut que 20 francs, qu'on me donne 20 francs." Bref, j'ai répondu à des goujats *comme un goujat*. Plus je deviens malheureux, plus mon orgueil augmente. »

Avec quelle satisfaction Mme Aupick eût accueilli l'annonce de la nomination de son fils dans la Légion d'honneur ! Enfin, se fût-elle dit, il emprunte la voie royale qu'a suivie son beau-père ! Au lieu de cette nouvelle exaltante, elle reçoit un volume maudit, qui est — hélas ! — la deuxième mouture des *Fleurs du Mal*. En le feuilletant, elle constate que, d'une édition à l'autre, son fils a aggravé son cas vis-à-vis de l'Église et de la société. Pour comble de malheur, croyant bien faire, il a également envoyé l'ouvrage à l'abbé Jean-Baptiste Cardine, curé de Sainte-Catherine de Honfleur. Le saint homme, ayant lu le livre, a préféré le brûler pour empêcher que le diable ne s'installât dans son presbytère. Épouvantée, Caroline fait part à son fils de ses propres réactions et de celles de son confesseur devant les abominations qu'il a osé écrire. Blessé par l'étroitesse d'esprit de sa mère, Baudelaire se fâche : « Tu es toujours armée pour me lapider avec la foule, lui répond-il le 1er avril 1861. Tout cela date de mon enfance, comme tu sais. Comment donc fais-tu pour être toujours pour ton fils le contraire d'une *amie*, excepté dans les affaires d'argent, pourvu encore, et c'est là que se fait voir ton caractère à la fois absurde et généreux, qu'elles ne pèsent que sur toi ? J'avais pris soin de te noter, à la table des matières, tous les morceaux nouveaux. Il t'était facile de vérifier qu'ils étaient tous faits pour le cadre. Un livre auquel j'ai travaillé vingt ans, et que d'ailleurs *je ne suis pas le maître de ne pas réimprimer.* »

Reste le cas de l'abbé, auteur de l'autodafé purificateur : « Quant à M. Cardine, c'est une affaire grave, mais dans un sens tout autre que celui que tu crois. Au milieu de toutes mes douleurs, je ne veux pas qu'un prêtre vienne lutter contre moi dans l'esprit de ma vieille mère, et j'y mettrai bon ordre, si je peux, si j'en ai la force. La conduite de cet homme est monstrueuse et inexplicable. Quant à brûler les livres, cela ne se fait plus, excepté chez les fous qui veulent voir flamber du papier. Et moi qui m'étais bêtement privé d'un exemplaire précieux, pour lui plaire et pour lui donner une chose réclamée depuis trois ans ! et je suis sans exemplaires, pour mes amis ! — Il a toujours fallu que tu me misses aux genoux de quelqu'un. Ç'a été devant M. Émon. Souviens-toi. Maintenant, c'est devant un prêtre qui n'a même pas assez de délicatesse pour te cacher une pensée blessante. Et enfin il n'a même pas compris que le livre partait d'une idée catholique ! mais ceci est une considération d'un autre ordre. »

Est-ce pour punir sa mère de son incompréhension qu'il revient sur la tentation qu'il a eue, à plusieurs reprises, de se tuer ? Puisque Caroline l'a froissé en critiquant ses poèmes, il a le droit de la tourmenter dans sa solitude confortable de Honfleur, en lui répétant qu'il ne tient nullement à la vie. Avec une cruauté toute filiale, il écrit dans la même lettre : « Dans cette horrible situation d'esprit, impuissance et hypocondrie, l'idée du suicide est revenue ; je peux le dire maintenant que c'est passé ; à toute heure de la journée, cette idée me persécutait. Je voyais là la délivrance absolue, la délivrance de tout. En même temps, et *pendant trois mois*, par une contradiction singulière, mais seulement apparente, j'ai prié ! à *toute heure* (qui ? quel être défini ? je n'en sais absolument rien) pour obtenir deux choses : pour moi, la force de vivre ; pour toi de longues, longues années. »

S'il souhaite rester en ce monde quelque temps encore, c'est, précise-t-il plus loin, pour deux raisons : dresser, à l'intention de sa mère, la liste exacte de ses dettes ; publier ses essais critiques, ainsi que le « grand livre auquel, dit-il, je rêve depuis deux ans : *Mon cœur mis à nu*, et où j'entasserai toutes mes colères. Ah ! si jamais celui-là voit le jour, les *Confessions* de J(ean) -J(acques) [Rousseau] paraîtront pâles [1] ». En somme, chez lui, c'est l'écrivain qui maintient l'homme en vie.

Un mois plus tard, l'aile noire l'effleure de nouveau : « Toutes les fois que je prends la plume pour t'exposer ma situation, j'ai peur ; j'ai peur de te tuer, de détruire ton faible corps. Et moi, je suis sans cesse, sans que tu t'en doutes, au bord du suicide. Je crois que tu m'aimes passionnément ; avec un esprit aveugle, tu as le caractère si grand ! Moi, je t'ai aimée passionnément dans mon enfance ; plus tard, sous la pression de tes injustices, je t'ai manqué de respect, comme si une injustice maternelle pouvait autoriser un manque de respect filial [...]. Nous sommes évidemment destinés à nous aimer, à vivre l'un pour l'autre, à finir notre vie le plus honnêtement et le plus doucement qu'il sera possible. Et cependant, dans les circonstances terribles où je suis placé, je suis convaincu que l'un de nous deux tuera l'autre, et que finalement nous nous tuerons réciproquement. Après ma mort, tu ne vivras plus, c'est clair. Je suis le seul objet qui te fasse vivre. Après ta mort, surtout si tu mourais par une secousse causée par moi, je me tuerais, cela est indubitable [...]. Moi, me tuer, c'est absurde, n'est-ce pas ? "Tu vas donc laisser ta vieille mère toute seule", diras-tu. Ma foi ! si je n'en ai

---

1. Lettre du 1er avril 1861.

pas strictement le droit, je crois que la quantité de douleurs que je subis depuis *près de trente ans* me rendrait excusable. "*Et Dieu !*" diras-tu. Je désire de tout mon cœur (avec quelle sincérité, personne ne peut le savoir que moi !) croire qu'un être extérieur et invisible s'intéresse à ma destinée ; mais comment faire pour le croire[1] ? »

A lire ces lignes de désarroi, il semble à Caroline que l'attitude de son fils vis-à-vis de Dieu a évolué depuis la publication des premières *Fleurs du Mal*. La fière révolte a cédé la place à une interrogation angoissée. Charles devine le mystère incommensurable de l'au-delà. Il en perçoit même le frémissement autour de sa personne. Mais il refuse les explications simplistes du catéchisme. Il voudrait croire et sa raison l'en empêche. Son cœur l'entraîne vers la foi et son intelligence le cloue sur place. Il envie les fidèles qui ne se posent pas de questions. Il tend les lèvres, tel un assoiffé, vers une coupe qu'on lui dérobe. Et son livre, avec tous ses blasphèmes, lui paraît aujourd'hui un livre chrétien. Ne sert-il pas Dieu, alors même qu'il invoque Satan ? Seuls des imbéciles comme l'abbé Cardine ne s'en rendent pas compte. Les vrais catholiques savent, eux, que le diable les suit à la trace et que, parfois, il les précède sur le chemin de la Révélation.

Quelques jours encore avant la publication de l'ouvrage, Baudelaire a craint la réaction des autorités. Cependant, après examen par le procureur général impérial de la Cour de Paris, le garde des Sceaux a décidé de ne pas poursuivre cette deuxième édition des *Fleurs du Mal*, une telle procédure risquant de fournir à l'auteur « une fâcheuse publicité ». Et de fait, privée du tintamarre d'une action judiciaire, la nouvelle version n'éveille dans le public aucune curiosité. La presse est évasive ou hostile.

---

1. Lettre du 6 mai 1861.

Si la *Revue anecdotique* affirme : « L'étrange a trouvé désormais son poète », *Le Figaro*, sous la plume d'Alphonse Duchesne, reproche à l'auteur, dont il ne nie pas le talent, de se complaire dans « un impur mélange de païenne corruption et d'austérité catholique outrée ». Eugène Moret, dans *La Causerie*, décrète que « jamais homme plus violent n'a chanté des choses plus nulles dans une langue plus impossible ». Et il ajoute : « Quel malheur que M. Baudelaire ne veuille pas se prendre au sérieux. Il est vrai, entre nous, que la chose n'est pas facile. » Quant à Pontmartin, il conclut son article de *La Revue des Deux Mondes* par cette question ironique : « Que serait une société, que serait une littérature qui accepteraient M. Charles Baudelaire pour leur poète[1] ? » Il y a bien un article élogieux de Leconte de Lisle dans *La Revue européenne* du 1er décembre 1861, mais il s'agit d'un simple échange de bons procédés, Baudelaire ayant consacré, dans l'intervalle, une notice chaleureuse à l'auteur des *Poèmes barbares*. Pas de quoi pavoiser ! Et dire que Mistral, « poète patoisant », a droit, lui, aux félicitations d'un Barbey d'Aurevilly pour sa rustique et sentimentale *Mireille*. « Ce charabiaïsant est l'étoile du moment », s'indigne Baudelaire. Quelques mois plus tard, il aura la satisfaction de lire une chronique enthousiaste de l'écrivain anglais Swinburne sur *Les Fleurs du Mal*, dans *The Spectator*.

Les Paradis artificiels, mis en vente l'année précédente, n'ont pas davantage que *Les Fleurs du Mal* accroché l'attention du lecteur. Cet ouvrage, consacré à l'analyse des effets de certaines drogues sur le cerveau humain, déroute par son ton sentencieux et classique. Dans la pre-

---

[1]. Pour les articles de critique relatifs à la réédition des *Fleurs du Mal*, voir J. Crépet dans les *Œuvres complètes* de Baudelaire publiées chez Conard en 1952.

mière partie, *Le Poème du haschich*, l'auteur explique que l'usage de la « confiture verte » vous entraîne dans une sorte de gaieté débridée, à laquelle succède bientôt une agréable stupeur, puis un bouillonnement d'imagination qui vous aide à vivre plusieurs existences en une heure et vous laisse brisé, pantelant, au milieu d'un brouillard où vous ne savez plus qui vous êtes ni ce que vous désirez. La seconde partie, *Un mangeur d'opium*, célèbre les voluptés de ce stupéfiant, évoquées à travers l'étude des *Confessions* de Thomas De Quincey dont il reprend la formule anglaise *opium-eater*. Il ne s'agit pas d'une adaptation, mais d'une œuvre originale, malgré les nombreuses citations qui s'amalgament à la pensée personnelle de Baudelaire. Le texte, superbe, d'une pureté de cristal, adopte parfois les allures d'un poème en prose. La conclusion de cette visite lucide et ferme au royaume de l'hallucination est que l'écrivain ne doit user de la drogue qu'à l'instant où son inspiration défaille. En relisant son ouvrage, Baudelaire est satisfait de l'avoir écrit. Parlant d'une éventuelle réédition, il dira à Michel Lévy : « Rien à remanier, le livre est très bien comme il est [1]. »

Ce n'est pas l'avis du grand public, qui, décidément, ne mord pas à l'hameçon de l'étrange. Dédaigné par la masse, Baudelaire recueille cependant l'adhésion de nombreux jeunes écrivains. Ils sentent confusément que ce personnage biscornu, maladif, hargneux, au regard insolent et à la voix brève, détient les clefs d'un univers où la poésie de demain va, à coup sûr, s'engouffrer. A leurs yeux, il est l'initiateur d'un art nouveau, fait de rigueur, de rancœur et de noirceur. Ils se nomment Henri Cantel, Albert Glatigny, Albert Mérat, Léon Cladel... Baudelaire les voit de préférence dans les cafés, où il s'installe parfois pour

---

1. Lettre d'août-septembre 1862.

travailler. Du papier et une plume, il n'a besoin de rien d'autre pour traduire ses fantasmes. Comme Félicien Rops s'étonne qu'il ne consulte jamais un dictionnaire, il répond catégoriquement : « Un homme qui cherche un mot dans un dictionnaire ressemble à un conscrit qui chercherait une cartouche dans sa giberne lorsqu'on commande le feu[1] ! » Philibert Audebrand le montre attablé au café Robespierre, à proximité du Théâtre-Italien : « Vieilli, fané, alourdi, bien qu'il fût toujours maigre, l'excentrique, avec des cheveux blancs et une figure toujours rasée, ressemblait moins à un poète des voluptés amères qu'à un prêtre de Saint-Sulpice. N'ayant point perdu l'habitude de jouer au misanthrope, il s'asseyait seul, à un guéridon, se faisait servir un pot de bière, une pipe, qu'il bourrait de tabac, allumait, fumait, le tout sans prononcer un mot de toute la soirée. Mais comme il avait déjà des admirateurs parmi les jeunes gens du passage Choiseul, il arrivait parfois qu'un néophyte vînt le trouver en grande cérémonie, soit pour lui faire la cour, soit pour lui lire ses vers. » Devant ces interlocuteurs déférents, Baudelaire garde une attitude énigmatique et gourmée. L'un d'eux s'étant avisé de lui montrer un numéro du *Figaro* où il est question de lui, il dit entre ses dents : « Eh ! Monsieur, qui vous a demandé ce papier ? Sachez que je ne jette jamais les yeux sur ces cochonneries-là[2]. » Un autre témoin, Charles Yriarte, renchérit : « Il y avait en lui du prêtre et de l'artiste, et un je ne sais quoi d'étrange et d'inexplicable assez en rapport avec son talent et les extravagantes habitudes de sa vie[3]. » Parfois ce consommateur hiératique, aux allures clérica-

---

[1]. Lettre de Félicien Rops à un inconnu, du 25 août 1886 ; cf. Claude Pichois et Jean Ziegler, *op. cit.*
[2]. Philibert Audebrand, *Un café de journalistes sous Napoléon III* ; cf. Claude Pichois et Jean Ziegler, *op. cit.*
[3]. Marquis de Villemer (pseudonyme de Charles Yriarte), *Portraits cosmopolites.*

les, se lève de sa banquette et va faire une partie de billard, « en tenant la queue du bout des doigts comme une plume à écrire et en relevant à chaque instant ses manchettes de mousseline [1] ». Quand il réussit un carambolage difficile, il est aussi heureux que s'il venait de composer un beau vers.

Il se rend aussi, certains soirs, au casino Cadet, temple des chahuts, du cancan et des racolages, le plus souvent en compagnie de Champfleury et de Constantin Guys ; on l'y voit errer, la mine sombre, parmi les filles échauffées et les soupeurs égrillards. La musique est assourdissante, les jupes volent sur les mollets ronds et tout le monde a l'air heureux de vivre, pressé de jouir, sauf ce noir convive qui regarde autour de lui avec des yeux d'assassin et ne sourit jamais. Le rencontrant par hasard dans la cohue, Charles Monselet lui demande : « Qu'est-ce que vous faites là, Baudelaire ? » Il répond, imperturbable : « Mon cher ami, je regarde passer les têtes de mort [2]. »

Cela ne l'empêche pas de « lever », de temps à autre, une fille. Il note soigneusement, dans un calepin, les adresses de ces jeunes personnes aux faveurs intermittentes. C'est une avalanche d'Adèle, d'Adrienne, de Louise, de Fanny, de Clémence, de Marguerite..., toutes élues d'une nuit. Pourtant, sur une page dédiée à Agathe, ces précisions : « Coiffure à l'Enfant, bouclée et répandue sur le dos. Maquillage du visage. Sourcils, paupières, lèvres. Du rouge, du blanc, des mouches. Boucles d'oreilles, colliers, bracelets, bagues. Robe décolletée, les bras nus. Pas de crinoline. Bas de soie très fins, à jour, noirs si la robe est noire ou brune. Roses si la robe est claire. Souliers très

---

1. Gabriel de Gonet dans *Baudelaire devant ses contemporains*, témoignages rassemblés et présentés par W. T. Bandy et Claude Pichois.
2. Rapporté par Jules Claretie, « Le Monument de Baudelaire », dans *Baudelaire devant ses contemporains, op. cit.*

découverts. Jarretières galantes. Un bain. Pieds et mains très soignés. Parfumerie générale. A cause de la coiffure, une sortie de bal, à capuchon, si nous sortons. *Des draps blancs.* » Et ailleurs, s'agissant d'une autre conquête de passage : « Chemise tombante. Gorge basse et lourde. Surtout suggestions morales. Tristesse générale. Épaule de Messaline. Poupées sinistres, macabres. » Ces souvenirs de rencontres galantes voisinent, dans le carnet, avec des notes sur des projets littéraires, des comptes de dépenses, des indications de visites à faire et de lettres à écrire. Dans ce fatras quotidien, un cri d'orgueil : « Être le plus grand homme. Se dire cela à chaque instant. »

Cette pensée, Baudelaire la reprend dans *Mon cœur mis à nu* : « *Avant tout*, être *un grand homme* et *un Saint* pour soi-même. » Plus loin, il insiste, dans une prière adressée à Dieu : « Ne me châtiez pas dans ma mère et ne châtiez pas ma mère à cause de moi. — Je vous recommande les âmes de mon père et de Mariette[1]. — Donnez-moi la force de faire immédiatement mon devoir tous les jours et de devenir ainsi un héros et un Saint. » Il réitère cette profession de foi dans une autre partie de ses *Journaux intimes*, intitulée *Hygiène* : « Je me jure à moi-même de prendre désormais les règles suivantes pour règles éternelles de ma vie : Faire tous les matins ma *prière à Dieu, réservoir de toute force et de toute justice, à mon père, à Mariette et à Poe*, comme intercesseurs ; les prier de me communiquer *la force nécessaire* pour accomplir tous mes devoirs, et d'octroyer à ma mère *une vie assez longue* pour jouir de ma transformation ; travailler toute la journée, ou du moins *tant que mes forces me le permettront* ; me fier à Dieu, c'est-à-dire à la Justice même, pour la réussite de mes projets ; faire tous les soirs une nouvelle prière, pour

---

1. La servante qui s'est occupée de lui dans son enfance.

demander à Dieu la vie et la force pour ma mère et pour moi. »

Mais cet élan mystique, cette discipline quasi monacale s'accommodent fort bien, dans l'esprit de Baudelaire, avec des écarts de conduite que la morale religieuse réprouve. Il veut croire en Dieu tout en restant dans le péché. Selon lui, l'homme vrai, tel que Dieu l'a voulu, ne peut être qu'un mélange de ciel et de boue. « Il y a dans tout homme, à toute heure, deux postulations simultanées : l'une vers Dieu, l'autre vers Satan, écrit-il encore. L'invocation à Dieu, ou spiritualité, est un désir de monter en grade ; celle de Satan, ou animalité, est une joie de descendre. C'est à cette dernière que doivent être rapportés les amours pour les femmes et les conversations intimes avec les animaux, chiens, chats, etc. Les joies qui dérivent de ces deux amours sont adaptées à la nature de ces deux amours [1]. »

La « joie de descendre », Baudelaire l'a éprouvée entre autres auprès d'une certaine Louise Villedieu, « putain à cinq francs », qui, l'ayant accompagné une fois au Louvre, où elle n'était jamais allée, « se mit, dit-il, à rougir, à se couvrir le visage, et, me tirant à chaque instant par la manche, me demandait, devant les statues et les tableaux immortels, comment on pouvait étaler publiquement de telles indécences [2] ». Figurent aussi au palmarès une petite théâtreuse prénommée Berthe, des inconnues furtives ; mais aucune jeune fille n'y a laissé sa trace. De tout temps, Charles n'a eu que mépris pour les oies blanches élevées en vue du mariage et de la procréation. D'ailleurs, eût-il été séduit par une de ces créatures préservées que sa syphilis l'eût détourné du désir normal de fonder un foyer. Il finit même par se dire que cette maladie, prétendument

---

1. *Mon cœur mis à nu.*
2. *Ibid.*

honteuse, le met à l'abri d'une maladie plus honteuse encore : la déchéance d'un homme ligoté par les habitudes conjugales. « La jeune fille, ce qu'elle est en réalité, note-t-il. Une petite sotte et une petite salope ; la plus grande imbécillité unie à la plus grande dépravation. Il y a dans la jeune fille toute l'abjection du voyou et du collégien [1]. » La femme, du reste, ne vaut guère mieux : « La femme ne sait pas séparer l'âme du corps. Elle est simpliste, comme les animaux. — Un satirique dirait que c'est parce qu'elle n'a que le corps. » Les seules personnes du sexe qui, en 1862, échappent à cette condamnation énoncée par Baudelaire sont sa mère et Jeanne, toutes deux exilées, côte à côte, au royaume des mythes.

Cette année-là, Jeanne, bien que malade, pose pour Manet. Le tableau, intitulé depuis *La Maîtresse de Baudelaire*, représente la mulâtresse vêtue d'une robe d'été à larges raies violettes et blanches. Son visage défraîchi est d'une dureté tragique. Elle respire l'intransigeance, la bêtise et la fierté. Le peintre, sachant l'admiration profonde de Baudelaire pour son œuvre, s'est plu à le faire figurer au second plan d'un tableau de groupe : *La Musique aux Tuileries*. Le poète apparaît sur cette toile coiffé d'un haut-de-forme en soie, à large bord, dans un profil aigu. Visiblement, il s'est mis sur son trente et un selon le vœu de l'artiste. Au fond de son cœur, Manet commence à grignoter insensiblement Delacroix. Cependant, il continue à louer le second dans ses articles et salue notamment le *Sardanapale*, dont le tumulte somptueux symbolise à merveille les rêves fous de la jeunesse romantique. Mais Delacroix meurt le 13 août 1863, d'une pneumonie contractée trois semaines auparavant. Prévenu tardivement, Baudelaire accourt rue de Furstenberg, où le peintre s'est

---

1. Ibid.

installé depuis cinq ans. Le corps a déjà été mis en bière. Les visiteurs défilent en silence dans l'atelier ; les derniers tableaux du maître veillent sur son cercueil. La fidèle servante, Jenny, qui durant vingt-huit ans a entouré le peintre de sa sollicitude et défendu sa porte au flot des importuns, ne s'oppose plus à l'hommage de la foule. Baudelaire s'attarde jusqu'au soir à côté de la vieille femme, évoquant avec elle, à voix basse, quelques souvenirs du disparu, priant même peut-être, à sa façon... Les obsèques sont célébrées le lundi 17 août, à midi, en l'église Saint-Germain-des-Prés. Pompe officielle. Délégations. Sur la place, un détachement de la garde nationale, avec tambours, rend les honneurs. Le corbillard, croulant sous les couronnes, prend le chemin du Père-Lachaise. Perdus dans la cohue des badauds, deux hommes, coude à coude, songent à ce que fut ce bourgeois prudent, à la santé fragile et au regard de visionnaire : Manet et Baudelaire.

Ce dernier veut, à tout prix, saluer la disparition de son idole par une série d'articles éclatants. Il parvient à en placer trois, sous le titre *L'Œuvre et la Vie d'Eugène Delacroix*, dans *L'Opinion nationale*. Encore seront-ils relégués à la rubrique « Variétés ». Les deux premiers paraissent les 2 et 14 septembre. Puis des semaines s'écoulent sans que le troisième trouve place dans le journal. Le rédacteur en chef, Adolphe Guéroult, juge que cet abondant panégyrique risque d'ennuyer ses lecteurs. Enfin il se résigne et les derniers chapitres de l'étude sont insérés dans *L'Opinion nationale* le 22 novembre 1863, trois longs mois après la mort de l'artiste[1]. L'hommage ainsi rendu par Baudelaire au génie de Delacroix est d'autant plus méritoire que le poète a souffert, pendant des années, de l'indifférence du peintre à son égard. Pour résumer son

---
1. L'étude sera publiée posthumement dans le volume *L'Art romantique*.

enthousiasme en une seule formule, Baudelaire écrit : « La Flandre a Rubens ; l'Italie a Raphaël et Véronèse ; la France a Lebrun, David et Delacroix. »

Mais lui aussi, à présent, rassemble des admirateurs, lesquels lui crient leur bonheur au visage. Le plus fervent d'entre eux est sans doute le jeune Auguste Villiers de L'Isle-Adam, qui vient de publier, sans succès, un recueil de vers aimables et qui, ayant lu *Les Fleurs du Mal*, écrit à l'auteur au printemps de 1861 : « Quand j'ouvre votre volume, le soir, et que je relis vos magnifiques vers dont tous les mots sont autant de railleries ardentes, plus je les relis, plus je trouve à reconstruire. Comme c'est beau, ce que vous faites ! [...] C'est royal, voyez-vous, tout cela. Il faudra bien que, tôt ou tard, on en reconnaisse l'humanité et la grandeur, absolument. [...] Mais quel éloge que le rire de ceux qui ne savent pas respecter ! » Musicien à ses heures, Villiers de L'Isle-Adam compose une mélodie sur *La Mort des amants*. Il la chante, un soir, devant le poète Émile Blémont, qui témoigne : « Jamais je n'ai rien entendu de plus berceur, de plus morbide, de plus doucement aérien que ce simple et merveilleux sonnet rythmé sur cette simple et merveilleuse musique. » Charmé par le talent de son disciple, Baudelaire songe un moment à écrire avec lui une pièce en un tableau inspirée par *Le Vin de l'assassin*. Mais, très vite, il renonce à ce projet théâtral comme aux précédents.

Une autre préoccupation le hante. Conscient qu'il ne pourra faire mieux que *Les Fleurs du Mal* dans le domaine de la poésie en vers, il veut maintenant prospecter le champ illimité de la poésie en prose. Il espère, comme il le dira dans sa lettre-préface à Arsène Houssaye, directeur de la rubrique littéraire de *La Presse*, inventer une forme nouvelle, « une prose poétique, musicale sans rythme et sans rime, assez souple et assez heurtée pour s'adapter aux mouvements lyriques de l'âme, aux ondulations de la rêverie, aux soubresauts de la conscience ». « C'est surtout, note-t-il encore, de la fréquentation des villes énormes, c'est du croisement de leurs innombrables rapports que naît cet idéal obsédant. » L'éditeur Hetzel est prêt à publier en volume ces « poèmes en prose », sous le titre *Le Spleen de Paris*. Mais Arsène Houssaye, qui pense aux lecteurs timorés de son journal, hésite à se lancer dans l'aventure. Alors, pour le secouer, Hetzel lui écrit : « Il n'y a pas de journal qui puisse faire attendre cet étrange classique des choses qui ne sont pas classiques. »

Ainsi éperonné, Houssaye se décide à insérer dans *La Presse*, les 26 et 27 août et le 24 septembre 1862, vingt petits textes en prose, avec la mention « la suite prochainement ». Mais la suite ne vient pas. Et cela parce que Houssaye a appris, dans l'intervalle, que, sur les vingt pièces prétendument inédites, six ont déjà paru dans *La Revue fantaisiste*, en 1861. Parmi elles, trois ont même déjà figuré, en 1857, au sommaire du *Présent*. Furieux, Houssaye exige des explications et Baudelaire plaide maladroitement sa cause, disant : premièrement, que *La Revue fantaisiste* est une feuille quasiment confidentielle ; deuxièmement, que plusieurs des morceaux ont été retravaillés au point d'être presque nouveaux ; troisièmement, qu'il a voulu ainsi donner au lecteur une idée complète de l'ouvrage. « *J'aurais dû vous consulter vous-même*, reconnaît-il, *et ce n'est qu'à vous seul que je dois des excuses*[1]. » Par malheur, Houssaye a entendu dire que Baudelaire est coutumier de ce genre d'entourloupette. Malgré les justifications du poète, la publication ne reprend pas.

Dépité, Baudelaire se tourne alors vers Hetzel et signe avec lui, le 13 janvier 1863, un contrat par lequel il lui

---

1. Lettre du 8 octobre 1862.

cède pour cinq ans les *Poèmes en prose (Le Spleen de Paris)* et *Les Fleurs du Mal* en troisième édition, moyennant six cents francs par ouvrage. Négligence ou tactique, il ne prévient pas Poulet-Malassis de ce nouveau traité. Encore un procédé peu correct de la part d'un auteur habituellement à cheval sur l'honnêteté en affaires. Le 9 mars 1863, Hetzel réclame le manuscrit pour mettre *Le Spleen de Paris* en fabrication. Mais Baudelaire n'est plus pressé. Il répond que ses textes ne sont pas au point : « La vérité est que je ne suis pas content du livre, que je le remanie et que *je le repétris* [...]. Je crois que, grâce à mes nerfs, je ne serai pas prêt avant le 10 ou le 15 avril. Mais je puis vous garantir un livre *singulier et facile à vendre*[1]. » Finalement, ni Hetzel ni Poulet-Malassis — tombé entre-temps en faillite — ne publieront *Le Spleen de Paris*. Baudelaire le conservera sous son coude, soucieux de le fignoler et de l'enrichir, d'année en année, jusqu'à son dernier souffle.

Telle quelle, l'œuvre est sans doute moins parfaite, dans sa forme, que *Les Fleurs du Mal*. Si, dans des morceaux superbement écrits, la magie opère, dans d'autres la prose prend le pas sur la poésie : on a sous les yeux de quelconques nouvelles et le charme est rompu. Est-ce le manque de concision de certaines de ces pièces ou le tour narratif adopté parfois par l'auteur qui transforme ses incantations en récits banals ? Ni *Une mort héroïque*, ni *Le Joueur généreux*, ni *La Corde*, ni *Mademoiselle Bistouri* ne sont autre chose que de la prose élégante. Les phrases « sans rythme et sans rime » ont perdu leur mystère musical. Et pourtant, tous les thèmes obsessionnels de Baudelaire sont au rendez-vous. Seulement, dans *Les Fleurs du Mal*, ils sont parés d'une grandeur sacramentelle, alors que, dans

---

1. Lettre du 20 mars 1863.

Le Spleen de Paris, descendus de leur piédestal, mêlés aux bruits de la rue, dispersés dans la brume de Paris, ils semblent avoir aliéné leur signification maléfique. La douleur, ici, est plus quotidienne, plus supportable, la fatalité pèse moins lourd sur les épaules des humains, l'Ennui fait place aux ennuis.

Après la rupture avec Houssaye, Baudelaire offre quelques-uns de ses poèmes en prose à des revues qui les publient de mauvaise grâce. Mais, ses humeurs du moment, il se réserve toujours de les exprimer dans *Mon cœur mis à nu*. Ce dernier recueil de notes forme, avec *Fusées, Hygiène* et le *Carnet*, un ensemble de journaux intimes où l'auteur déverse ses haines, ses tristesses, ses indignations, ses croyances, sa hantise de la mort, son espoir en Dieu. L'outrance même de ces confessions, au débit haché, témoigne de la fièvre qui habite Baudelaire lorsqu'il se penche, le soir, sur son manuscrit. Seul dans sa chambre, à la lueur d'une bougie, il crache sur la femme, sur la Légion d'honneur, sur la démocratie, sur Napoléon III, sur George Sand, sur Victor Hugo... Il affirme pêle-mêle : « Plus l'homme cultive les arts, moins il bande. » « Les nations n'ont de grands hommes que malgré elles. » « Ce qu'il y a d'ennuyeux dans l'amour, c'est que c'est un crime où l'on ne peut se passer d'un complice. » « Ne pouvant supprimer l'amour, l'Église a voulu au moins le désinfecter, et elle a fait le mariage. » « Je m'ennuie en France, surtout parce que tout le monde y ressemble à Voltaire. » Baudelaire est tellement absorbé par cet égrènement de pensées insolites qu'il n'est pas loin de voir en *Mon cœur mis à nu* son œuvre maîtresse. Chaque jour, il se répète qu'il devrait se réfugier à Honfleur pour travailler au calme, près de sa mère. Et chaque jour il remet à plus tard ce nécessaire et charitable voyage. Il écrit, dans *Hygiène* : « A Honfleur ! le plus tôt possible, avant de tomber plus bas. Que de pressentiments et de signes envoyés déjà par Dieu qu'il est *grandement temps* d'agir, de considérer la minute présente comme la plus importante des minutes, et de faire ma *perpétuelle volupté* de mon tourment ordinaire, c'est-à-dire du Travail. »

Au nombre des « signes envoyés par Dieu », Baudelaire compte à présent la mort de son demi-frère, survenue le 14 avril 1862. Alphonse a succombé à une hémorragie cérébrale. Charles n'avait envers lui que mépris et rancune. Néanmoins, pour obéir aux usages, il écrit à sa belle-sœur une lettre par laquelle il s'excuse de n'avoir pu assister aux obsèques. En réponse, Félicité l'invite à passer la voir. Il accepte, à regret, de faire le voyage de Fontainebleau avec Ancelle. Celui-ci n'est plus notaire depuis 1851, mais il est devenu maire de Neuilly, ce qui ne l'empêche pas de continuer à exercer les fonctions de conseil judiciaire. Baudelaire, tout en ayant souvent recours à sa bienveillance, estime qu'il est « le parfait fléau », « l'horrible plaie de [sa] vie », « le type du jocrisse, du lambin et de l'hurluberlu », et qu'il « s'y connaît en littérature comme les éléphants à danser le boléro ». La seule vue de cet homme lui donne la nausée. Et le voici enfermé avec lui dans le train — face à face sinistre, rythmé par le bruit monotone des roues. Heureusement, il a pu, grâce à un billet de sa mère, soutirer un peu d'argent à son stupide « conseil ». « J'aurais bien voulu me passer absolument de ces 500 francs, écrit-il à Caroline. J'aurais préféré cela plutôt que de le voir et de l'entendre *bégayer lentement pendant des heures* : "Vous avez une bien bonne mère, n'est-ce pas ? *Aimez-vous bien votre mère ?*" — ou bien : "*Croyez-vous en Dieu*, il y a un Dieu, n'est-ce pas ?" Ou bien : "*Louis-Philippe a été un grand roi*. On lui rendra justice plus tard..." Chacune de ces phrases-là se délaye pendant une demi-heure. Pendant ce temps-là, on m'attend dans plusieurs quartiers de Paris[1]. »

A la vue de Félicité, vêtue de noir et les yeux rougis de larmes, il est repris par la lugubre prescience de la mort qui le guette lui-même. Rentré à Paris, il ne cesse de penser que chaque instant de sa vie pourrait être le dernier. Tantôt il appréhende une fin brutale, qui le faucherait au milieu de ses affections et de ses travaux, et tantôt il la souhaite pour qu'un trait soit tiré, une fois pour toutes, sous l'addition de ses souffrances et de ses colères. Un jour il lui semble avoir encore beaucoup à dire, et le lendemain être à bout de course. Il habite toujours seul à l'hôtel de Dieppe, rue d'Amsterdam. Dès qu'il a mangé, des maux d'estomac le torturent. Sa chambre, sordide et sombre, est à l'image de son âme. « Oui ! ce taudis, ce séjour de l'éternel ennui, est bien le mien, écrit-il dans *Le Spleen de Paris*. Voici les meubles sots, poudreux, écornés ; la cheminée sans flamme et sans braise, souillée de crachats ; les tristes fenêtres où la pluie a tracé des sillons dans la poussière ; les manuscrits, raturés ou incomplets ; l'almanach où le crayon a marqué les dates sinistres ! » Et puis, dans l'air, « une fétide odeur de tabac mêlée à je ne sais quelle nauséabonde moisissure. On respire ici maintenant le ranci de la désolation. Dans ce monde étroit, mais si plein de dégoût, un seul objet connu me sourit : la fiole de laudanum ; une vieille et terrible amie ; comme toutes les amies, hélas ! féconde en caresses et en traîtrise[2] ».

Le 13 décembre 1862, craignant que sa mère, trompée par des racontars consolants, ne cesse de s'alarmer pour lui, il la met au courant de ses états d'âme et de corps — c'est si bon de retourner sur le gril ceux qu'on aime :

---
1. Lettre du 6 juin 1862.
2. *La Chambre double*.

« On t'a dit que j'étais gai. — Jamais. — Est-ce que c'est possible ? — ou bien je le suis de manière à faire peur, et à me débarrasser vite des gens. — On t'a dit que j'étais bien habillé ? — il y a huit jours seulement que j'ai abandonné les haillons. — On t'a dit que je me portais bien ? — aucune de mes infirmités ne m'a quitté, ni les rhumatismes, ni les cauchemars, ni les angoisses, ni cette faculté insupportable d'entendre tous les bruits me frapper dans l'estomac ; — ni la peur surtout ; la peur de mourir subitement ; — la peur de vivre trop longtemps, la peur de te voir mourir, la peur de m'endormir, et l'horreur de me réveiller ; — et cette léthargie prolongée qui me fait renvoyer pendant des mois les choses les plus pressées ; — bizarres infirmités qui, je ne sais comment, renforcent ma haine contre tout le monde. » Plus loin, il s'assagit un peu, parle à sa mère d'une visite qu'il a faite aux jardins du Trianon et l'assure que, pendant cette promenade, il s'est figuré qu'elle était à ses côtés et qu'elle lui disait, avec une petite grimace qui lui est familière : « Tout cela est bien beau, mais vois-tu, mon cher enfant, j'aime encore mieux mon jardin. » Ce récit est destiné, dans son esprit, à amuser Caroline. Aussi, après l'avoir affolée par le tableau de sa déchéance, conclut-il sur ces mots : « Chère mère, je voudrais te faire rire. »

L'essentiel de Baudelaire est dans ce brusque passage du désespoir à la tendresse. Quand il a bien étalé ses plaies et hurlé son désarroi, il redevient un enfant sage qui se préoccupe de la santé de sa maman et jure qu'il ne veut lui causer aucune inquiétude. Une fois encore, il lui promet un prochain voyage à Honfleur. De sa chambre, il entend le sifflement des trains qui manœuvrent dans la gare Saint-Lazare voisine. L'invitation au départ est quotidienne. Mais d'autres appels, plus lancinants encore que ceux des locomotives, le retiennent à Paris.

XIX

LA FIÈVRE ACADÉMIQUE

Si Baudelaire proclame volontiers que certaines de ses décisions lui sont dictées par Dieu et d'autres par le diable, auquel des deux attribue-t-il son idée, aussi soudaine que saugrenue, de se présenter à l'Académie française ? N'est-ce pas pour impressionner sa mère, qui lui refuse toujours son admiration et même son estime, qu'il souhaite passer de l'état de poète maudit à celui de poète reconnu ? Quelle cinglante réplique à tous les imbéciles de Honfleur s'il était élu ! Et quel bonheur pour Caroline, qu'il a si souvent déçue par ses frasques et ses fantasmes ! M. Ancelle, M. Émon, l'abbé Cardine le salueront bien bas et viendront manger dans sa main. D'autre part, il se dit qu'on ne conçoit pas un académicien nanti d'un conseil judiciaire. En entrant sous la Coupole, il obligera sa mère à le débarrasser de cette humiliante tutelle. Dès le 10 juillet 1861, il la met au courant de son projet : « Plusieurs personnes m'engagent à profiter de la vacance actuelle (*Scribe*[1]) ou des vacances prochaines probables pour poser ma candidature à l'Académie. Mais le conseil judiciaire ! Je parierais que même là, dans ce sanctuaire *impartial*, c'est une mauvaise note. »

Certes, il n'ignore pas que, dans les milieux académiques, son existence déréglée risque d'être jugée incompatible avec la dignité traditionnelle de la compagnie. Mais

---
1. Eugène Scribe était mort le 20 février 1861.

il a une trop haute notion de sa valeur pour supposer que des écrivains patentés pourraient lui marchander leurs suffrages sous prétexte qu'il manque d'argent, vit à l'hôtel et s'est vu condamner en justice pour un livre plus désespéré que licencieux. Il se figure que, en les mettant devant leurs responsabilités, il les forcera à le réhabiliter face à l'opinion publique. S'il franchit le seuil de ce club de l'excellence, la suspicion des lecteurs tombera du même coup.

À peine son intention est-elle connue dans les cénacles, dans les cafés, dans les salles de rédaction des petits journaux médisants qu'elle est saluée par des lazzis. On le traite de faux frère qui, du clan de la bohème, rêve de passer à celui de la littérature officielle. Comment ne comprend-il pas que ses *Fleurs du Mal* vont s'étioler dans l'atmosphère confinée des salons du quai de Conti ? Insensible à ces sarcasmes, il écrit à sa mère, le 25 juillet : « Être de l'Académie est, selon moi, le seul honneur qu'un vrai homme de lettres puisse solliciter sans rougir [...]. Il faut se résigner à être refusé deux ou trois fois. Il faut prendre rang. Le nombre de voix que j'obtiendrai à la première fois servira à me montrer si j'ai des chances sérieuses pour l'avenir. »

Alors qu'il hésite encore à envoyer sa lettre de candidature, la presse annonce la mort, survenue le 21 novembre 1861, de Lacordaire. Avec la disparition de Scribe, cela fait deux fauteuils à pourvoir. Une aubaine ! Baudelaire s'électrise et mande à Abel Villemain, secrétaire perpétuel de l'Académie française : « Monsieur, j'ai l'honneur de vous instruire que je désire être inscrit parmi les candidats qui se présentent pour l'un des fauteuils actuellement vacants à l'Académie française, et je vous prie de vouloir faire part à vos collègues de mes intentions à cet égard. Il est possible qu'à des yeux trop indulgents je puisse montrer quelques titres : permettez-moi de vous rappeler *un livre de poésie* qui a fait plus de bruit qu'il ne voulait ; *une traduction* qui a popularisé en France un grand poète inconnu ; *une étude* sévère et minutieuse sur les jouissances et les dangers contenus dans les *Excitants* ; enfin un grand nombre *de brochures et d'articles* sur les principaux artistes et les hommes de lettres de mon temps. Mais à mes propres yeux, Monsieur, c'est là un compte de titres bien insuffisant, surtout si je les compare à tous ceux, plus nombreux et plus singuliers, que j'avais rêvés. Croyez donc, Monsieur, et je vous supplie de le répéter, que ma modestie n'est pas simulée [...]. Pour dire toute la vérité, la principale considération qui me pousse à solliciter déjà vos suffrages est que, si je me déterminais à ne les solliciter que *quand je m'en sentirai digne*, je ne les solliciterais *jamais* [...]. Si mon nom est connu de quelques-uns parmi vous, peut-être mon audace sera-t-elle prise en bonne part, et quelques voix, *miraculeusement* obtenues, seront considérées par moi comme un généreux encouragement et un ordre de mieux faire[1]. »

Lorsque Villemain donne lecture, pendant une séance de l'Académie française, de la lettre par laquelle un nommé Baudelaire pose sa candidature à l'un des deux fauteuils vacants, les membres de la compagnie échangent des regards surpris. Pour les uns, ce personnage est un inconnu ; pour d'autres, il est entouré d'une fâcheuse réputation d'hurluberlu anarchisant et certains même se rappellent que, quatre ans auparavant, il a fait l'objet de poursuites en correctionnelle. Qu'est-ce qui lui a pris, avec ses antécédents, de vouloir siéger parmi eux ? N'est-ce pas, de sa part, une provocation de plus ?

Inconscient de cet ostracisme, Baudelaire entreprend ses visites de candidature, en plein hiver, le cou enveloppé

---

[1]. Lettre du 11 décembre 1861.

d'un épais boa écarlate en chenille. De Villemain, qui l'accueille froidement, il dit à sa mère que c'est « un cuistre et un sot, un singe solennel[1] ». Il lui fera « payer fort cher », ajoute-t-il, la manière dont il a été reçu. Viennet, alors âgé de quatre-vingt-quatre ans, lui apparaît comme une sorte de revenant dérisoire qui s'obstine à répéter : « Il n'y a que cinq genres, Monsieur : la tragédie, la comédie, la poésie épique, la satire, et la poésie fugitive, qui comprend la fable où j'excelle. » Legouvé masque sous des paroles banales l'indifférence que lui inspire le candidat. Ponsard, pour qui Asselineau a pourtant donné un mot d'introduction, demeure inaccessible. Saint-Marc Girardin ne répond pas à la demande d'audience. Mérimée, que Baudelaire admire tant, lui refuse sa porte. D'autres encore se dérobent avec plus ou moins de courtoisie.

Dès le 20 décembre 1861, Baudelaire écrivait à Arsène Houssaye : « Le bruit m'est revenu que ma candidature étant un *outrage* à l'Académie, plusieurs de ces messieurs ont décidé qu'ils ne seraient pas visibles pour moi. Mais c'est trop fantastique pour être possible. » Or, dans sa situation et à cette époque, c'est plus que « possible », c'est inévitable. Pris de fièvre devant les obstacles qui s'accumulent sur sa route, il fait appel à Flaubert, qui est au mieux avec Jules Sandeau. Flaubert s'exécute : « Le candidat m'engage à vous dire "ce que je pense de lui". Vous devez connaître ses œuvres. Quant à moi, certainement, si j'étais de l'honorable assemblée, j'aimerais à le voir assis entre Villemain et Nisard ! Quel tableau ! Faites cela ! Nommez-le ! Ce sera beau[2]. » Et, le même jour, il avertit Baudelaire que sa commission a été faite : « Le premier devoir d'un ami est d'obliger son ami. Donc, sans rien comprendre à votre lettre, je viens d'écrire à Sandeau

---

1. Lettre du 25 décembre 1861.
2. Lettre du 26 janvier 1862.

en le priant de voter pour vous. Mais sa voix doit être promise ? J'ai tant de questions à vous faire et mon ébahissement a été si profond qu'un volume ne me suffirait pas. » Et il ajoute en post-scriptum : « Malheureux ! vous voulez donc que la coupole de l'Institut s'écroule. » À quoi Baudelaire répond avec fierté : « J'ai fait un coup de tête, dont je ne me repens pas. Quand même je n'obtiendrais pas une seule voix, je ne m'en repentirais pas [...]. Comment n'avez-vous pas deviné que Baudelaire, ça voulait dire : Auguste Barbier, Th. Gautier, Banville, Flaubert, Leconte de Lisle, c'est-à-dire la *littérature pure* ? Ç'a été bien compris tout de suite par quelques amis et ça m'a valu quelques sympathies[1]. »

Comme le fauteuil de Scribe a attiré un grand nombre de candidats, Baudelaire décide de briguer celui, moins convoité, de Lacordaire. Pas une seconde il ne songe que, pour un homme qui a été condamné au nom de la morale religieuse, il peut paraître malséant de vouloir succéder à un dominicain. Selon sa théorie, l'art excuse tout. Et, du reste, n'est-il pas, dans le fond de son cœur, aussi chrétien que quiconque ? Simplement, ses rapports avec Dieu sont d'une nature particulière. Il tente de l'expliquer au couple Sandeau, qui, sur la recommandation de l'auteur de *Madame Bovary*, le reçoit avec une extrême gentillesse ; mais on ne lui laisse pas grand espoir pour son élection. « Cependant, il [Jules Sandeau] parlera pour moi à quelques-uns de ses amis de l'Académie, écrit Baudelaire à Flaubert, et *peut-être, peut-être* pourrai-je, dit-il, arracher quelques voix de protestants dans le vote pour le fauteuil de Lacordaire. C'est tout ce que je désire[2]. » En ce qui le concerne personnellement, Jules Sandeau se déclare dans l'impossibilité de rien promettre. Il a été pris « à

---

1. Lettre du 31 janvier 1862.
2. Lettre du 3 février 1862.

l'improviste ». Baudelaire aurait dû le voir plus tôt. À présent, les jeux sont faits...

Loin de se décourager, le poète poursuit ses visites. Il les fait à pied, par tous les temps, « en guenilles » (dit-il à sa mère), sans même avoir à sa disposition quelques exemplaires de ses œuvres pour les remettre à ces messieurs, dont la plupart ne l'ont pas lu. D'ailleurs, il a brocardé certains d'entre eux (Ponsard, Augier, Laprade, Saint-Marc Girardin...) dans ses articles. Pourquoi lui feraient-ils l'honneur de voter pour lui ? Ses chances, il le sait, sont minces. Mais, moins il croit à la possibilité d'un succès, plus il s'obstine. Ce qui l'intéresse maintenant, c'est le nombre de voix qu'il récoltera au terme de sa démarche.

Cependant, il a parfois d'heureuses surprises dans ses rencontres. Lamartine le reçoit avec une chaleur confraternelle, mais n'approuve pas son projet et lui dit même qu'à son âge on ne devrait pas s'exposer « à recevoir un soufflet ». En rapportant ce propos à sa mère, Charles ajoute : « Lamartine m'a fait un compliment si monstrueux, si colossal, que je n'ose le répéter ; mais je crois qu'il ne faut pas se fier à ses belles paroles. Il est un peu *catin*, un peu prostitué (il m'a demandé de tes nouvelles. C'est une politesse dont je lui sais gré. Après tout, c'est un homme du monde)[1]. » Sans doute, au cours de la conversation, a-t-il aussi été question du général Aupick, dont Lamartine a jadis patronné la carrière d'ambassadeur. Cette allusion aux mérites de son beau-père ne gêne nullement le candidat. Il est prêt à faire feu de tout bois pour s'assurer quelques amitiés à l'Académie.

Au vrai, il est plus à l'aise devant Alfred de Vigny, qui s'enferme avec lui pour n'être pas dérangé et le garde

---

1. Lettre du 25 décembre 1861, déjà citée.

« pendant trois heures ». « Comme Lamartine, écrit Charles à sa mère, il a d'abord voulu me dissuader, mais quand je lui ai dit que, d'après le conseil de Sainte-Beuve, j'avais commencé par déclarer officiellement ma candidature au Secrétariat, il m'a dit que puisque le mal était fait, il fallait absolument persévérer. » Et il constate : « De Vigny, que je n'avais jamais vu, a été admirable. Décidément, la naissance donne des vertus et je crois qu'un grand talent implique une grande bonté[1]. » De son côté, Vigny est séduit par cet homme à l'aspect souffreteux et au regard de fièvre, qui lui parle avec enthousiasme de ses *Poèmes antiques et modernes* et de l'œuvre d'Edgar Poe. « Il est très érudit, sait bien l'anglais, a habité et bien vu les grandes Indes à 17 ans [encore un petit mensonge de Charles], note-t-il après le départ du visiteur. Connaît, résume, développe bien Edgar Poe. Semble n'exister littérairement que comme traducteur de ce romancier philosophique[2]. » Pas un mot des *Fleurs du Mal*. En le raccompagnant à la porte, Vigny a invité Baudelaire à revenir le voir. Celui-ci, à plusieurs reprises, quêtera son conseil par lettre sur la stratégie à suivre dans la bataille électorale.

Il sollicite également l'appui de Caroline pour mettre dans sa manche l'académicien Pierre Lebrun, qui a été le camarade d'Aupick au Prytanée et son collègue au Sénat. Elle y consent et propose même d'intervenir auprès d'un autre académicien : Guizot père. Mais Charles l'en dissuade. Il craint tellement qu'elle ne commette une maladresse ! D'ailleurs, en multipliant les courbettes, il médite de se venger par un « livre bouffon » sur les avanies qu'il a subies de la part des « immortels ». Puis il renonce à son dessein, dont le risque est évident. « Tu devines le résultat, écrit-il à sa mère. L'Académie barrée

---
1. *Ibid.*
2. Texte communiqué à Claude Pichois et Jean Ziegler par André Jarry.

à jamais, d'abord, et puis accusation de déloyauté. On m'aurait accusé de m'être introduit chez les gens dans le but préconçu de les faire poser pour moi dans une attitude comique. Alfred de Vigny, à qui j'ai eu l'effronterie de faire part de ce beau projet, m'a dit que je n'étais pas le premier inventeur de l'idée ; que Victor Hugo autrefois avait eu la même tentation, mais que son élection ayant enfin réussi, il n'avait pas publié son livre[1]. »

Toutefois, celui en qui Baudelaire a le plus confiance pour le guider dans sa délicate mission académique, c'est encore le fluctuant Sainte-Beuve. Le 20 janvier 1862, ce dernier publie dans *Le Constitutionnel* un article : « Des prochaines élections à l'Académie », où il raille certains candidats, parmi lesquels le prince Albert de Broglie, concurrent de Baudelaire au fauteuil de Lacordaire. Baudelaire lui-même a droit de sa part à quelques sarcasmes : « On s'est demandé d'abord si M. Baudelaire, en se présentant, voulait faire une niche à l'Académie, et une épigramme ; s'il ne prétendait point l'avertir par là qu'il était bien temps qu'elle songeât à s'adjoindre ce poète et cet écrivain si distingué et si habile dans tous les genres de diction, Théophile Gautier, son maître. On a eu à apprendre à épeler le nom de M. Baudelaire à plus d'un membre de l'Académie, qui ignorait totalement son existence. Il n'est pas si aisé qu'on le croirait de prouver à des académiciens politiques et hommes d'État comme quoi il y a, dans *Les Fleurs du Mal*, des pièces très remarquables vraiment pour le talent et pour l'art ; de leur expliquer que, dans les petits poèmes en prose de l'auteur, *Le Vieux Saltimbanque* et *Les Veuves* sont deux bijoux, et qu'en somme M. Baudelaire a trouvé moyen de se bâtir, à l'extrémité d'une langue de terre réputée inhabitable et

---

1. Lettre du 25 décembre 1861, déjà citée.

par-delà les confins du romantisme connu, un kiosque bizarre, fort orné, fort tourmenté, mais coquet et mystérieux, où on lit de l'Edgar Poe, où l'on récite des sonnets exquis, où l'on s'enivre avec le haschich pour en raisonner après, où l'on prend de l'opium et mille drogues abominables dans des tasses d'une porcelaine achevée. Ce singulier kiosque, fait en marqueterie d'une originalité concertée et composite, qui, depuis quelque temps, attire les regards à la pointe extrême du Kamtschatka romantique, j'appelle cela *la folie Baudelaire*. L'auteur est content d'avoir fait quelque chose d'impossible là où on ne croyait pas que personne pût aller [...]. Ce qui est certain, c'est que M. Baudelaire gagne à être vu, que là où on s'attendait à voir entrer un homme étrange, excentrique, on se trouve en présence d'un candidat poli, respectueux, exemplaire, d'un gentil garçon, fin de langage et tout à fait classique dans les formes. »

Baudelaire aurait pu être agacé par cette bienveillance narquoise. Mais il est tellement content d'être cité dans un article du grand Sainte-Beuve qu'il le remercie avec transport : « Quelques mots, mon cher ami, pour vous peindre le genre particulier de plaisir que vous m'avez procuré. — J'étais très blessé (mais je n'en disais rien) de m'entendre, depuis plusieurs années, traiter de loup-garou, d'homme impossible et rébarbatif. Une fois, dans un journal méchant, j'avais lu quelques lignes sur ma répulsive laideur, bien faite pour éloigner toute sympathie (c'était dur pour un homme qui a tant aimé le parfum de la femme). Un jour une femme me dit : "C'est singulier, vous êtes fort convenable ; je croyais que vous étiez toujours ivre et que vous sentiez mauvais." Elle parlait d'après la légende. Enfin, mon cher ami, vous avez mis bon ordre à tout cela, et je vous en sais bien gré, — moi qui ai toujours dit qu'il ne suffisait pas d'être savant, mais qu'il fallait surtout être aimable. Quant à ce que vous appelez *mon*

Kamtschatka, si je recevais souvent des encouragements aussi vigoureux que celui-ci, je crois que j'aurais la force d'en faire une immense *Sibérie*, mais une chaude et peuplée [1]. »

Quelque peu ragaillardi, Baudelaire attend avec philosophie le résultat de l'élection, fixée au 20 février 1862. Pour mettre toutes les chances de son côté, il prévient Alfred de Vigny qu'il a l'intention d'écrire une lettre à M. Villemain, destinée à être lue en séance et dans laquelle il révélera aux académiciens ses affinités avec le père Lacordaire. Il compte leur expliquer qu'il admire le prêtre défunt « non seulement par la valeur des choses qu'il a dites, mais aussi par la beauté dont il les a revêtues [2] ». Se méprenant sur le sens de cette communication, Vigny suppose que Baudelaire n'a pas encore envoyé sa lettre de candidature, qu'il s'agit dans sa tête d'un simple projet et qu'il se prépare seulement à le concrétiser. Aussi n'hésite-t-il pas à lui crier casse-cou : « Je vous conseille franchement de ne pas faire un pas de plus dans ces détours qui me sont connus et de ne pas écrire un mot qui ait pour but de vous faire inscrire comme candidat à aucun des fauteuils vacants [...]. Ne jetez pas ainsi au hasard votre nom, votre vrai et rare talent, vos actions, vos lettres et vos propos [3]. » Et il invite Baudelaire à passer le voir. Celui-ci se précipite. Les observations de Vigny contribuent à le convaincre. Dans les lettres qu'il lui adresse, fin janvier et début février, pour le remercier de son accueil, il n'est plus question d'Académie. En revanche, il lui indique plusieurs boutiques où l'on peut se procurer de la bonne *ale*, la bière anglaise dont tous deux raffolent, et un pâtissier anglais qui fait « des gelées de viande combinées avec un vin très

---

1. Lettre du 24 janvier 1862.
2. Lettre du 27 janvier 1862.
3. Lettre de la fin janvier 1862.

chaud, madère ou xérès sans doute, que les estomacs *les plus désolés* digèrent *facilement* et *avec plaisir* ».

Alors que Baudelaire se raccroche encore à l'espoir d'arracher deux ou trois voix, Sainte-Beuve lui assène, par un billet du 9 février 1862, le coup de grâce : « Je vous ai dit raisonnablement qu'il n'y avait rien à faire selon moi [...]. Laissez l'Académie pour ce qu'elle est, plus surprise que choquée, et ne la choquez pas en revenant à la charge au sujet d'un mort comme Lacordaire. Vous êtes un homme de mesure, et vous devez sentir cela. » Après Vigny, Sainte-Beuve ! Définitivement dégrisé, Baudelaire envoie à Villemain, le 10 février, une lettre de renoncement : « Monsieur, je vous prie de rayer mon nom de la liste des candidats aspirant au fauteuil du R. P. Lacordaire, et de vouloir bien instruire MM. vos collègues de mon désistement. Permettez-moi, Monsieur, d'emprunter en même temps votre voix pour remercier ceux de ces messieurs que j'ai eu le plaisir de voir, pour la manière toute gracieuse et cordiale dont ils ont bien voulu m'accueillir. Qu'ils soient bien convaincus que j'en garderai le précieux souvenir. » La lettre de désistement est lue en séance. Et Sainte-Beuve s'empresse d'informer Baudelaire de l'effet qu'elle a eu sur ses confrères : « Quand on a lu votre dernière phrase de remerciement, conçue en termes si modestes et si polis, on a dit tout haut : *Très bien !* Ainsi vous avez laissé de vous une bonne impression, n'est-ce donc rien[1] ? »

Amère consolation, songe Baudelaire. Au terme de ce galop d'essai, il est épuisé, mortifié et plein de hargne pour tous ces faux jetons installés dans la gloire. Pourtant, il n'a pas renoncé à siéger un jour sous la coupole. En avisant sa mère qu'il vient de retirer sa candidature, il a ajouté :

---
1. Lettre du 15 février 1862.

« Je t'assure que j'agis sagement ; *je sais maintenant* que je serai nommé, mais quand ? Je ne le sais pas [1]. » Le 20 février, le fauteuil de Lacordaire reçoit un successeur en la personne du prince Albert de Broglie, collaborateur de *La Revue des Deux Mondes* et du *Correspondant*. Quant au fauteuil de Scribe, le nombre des candidats ayant provoqué une élection blanche, une nouvelle élection est prévue pour le 3 avril 1862. Cette fois, Octave Feuillet sort vainqueur du scrutin. Baudelaire ricane. Rien que des mazettes !

Dans le même temps qu'il fait sa cour aux académiciens, Baudelaire sollicite une subvention auprès des Beaux-Arts. À cinq reprises, il renouvelle sa demande, en termes tantôt suppliants, tantôt agressifs. En vain. Il espère aussi être envoyé en mission à l'Exposition universelle de Londres, avec un appointement de mille à mille deux cents francs par mois. Il suffirait pour cela qu'il fût élu membre de la commission impériale des Beaux-Arts. Or, la commission est désignée sans que personne ait songé à prononcer son nom. Encore une bulle de savon qui se gonfle, brille et crève. Alors, il rêve de décrocher la direction d'un théâtre subventionné. Dans ce cas, il pourrait non seulement jouir d'un traitement confortable, mais s'arranger pour faire jouer quelques pièces de sa composition. La Légion d'honneur, l'Académie française sont dépassées. Un nouvel hippogriffe l'emporte. « Il y a à Paris, écrit-il à sa mère, un théâtre, *le seul où on ne puisse pas faire faillite*, et où l'on peut faire en quatre ans un bénéfice de 400 000 francs. Je veux ce théâtre. Si M. Fould, dans le train-train politique, revient au ministère d'État, comme c'est probable, j'aurai ce théâtre, grâce à mes amis, grâce à Pelletier, à Sainte-Beuve et à Mérimée. Avant de quitter

---

[1]. Lettre du 10 février 1862.

Paris, j'aurai une note exacte des dépenses, des recettes et de l'époque où expire le privilège du directeur actuel. Je veux cela et je l'aurai. Les années s'écoulent et je veux être *riche*. Ce serait si peu de chose ce que j'appelle *richesse* ! Tu devines que dans ce cas, malgré tous mes projets d'économies, il faudrait que je fisse meubler une maisonnette à Paris et que tu passasses quelques mois de l'année auprès de moi. Il y a d'ailleurs, dans ce théâtre, trois mois de vacances [...]. Voilà un bien énorme rêve ; je le suivrai avec soin, j'en ferai peut-être un fait, et j'ai même la prétention, au milieu de tous les tracas d'une administration, de ne pas abandonner le culte de mon propre esprit[1]. »

Le théâtre en question n'est autre que le théâtre impérial de l'Odéon, dont Charles de La Rounat, directeur depuis 1856, a vu son contrat quinquennal renouvelé jusqu'en 1866. Où diable Baudelaire a-t-il pris que cet homme intègre et compétent est sur le point d'être évincé ou d'abandonner son poste avant terme ? Et comment a-t-il pu imaginer que lui, qui est incapable de gérer les quelques sous de sa mensualité, pourrait dominer la complexité financière d'une si vaste entreprise et tolérer le contrôle tatillon de l'Administration sur ses comptes ? Ce ne serait plus le débonnaire M. Ancelle qu'il aurait sur le dos, mais toute une clique de fonctionnaires autrement méticuleux et féroces. Heureusement pour l'Odéon et pour Baudelaire, ce projet ne franchira pas les murs de la chambre où il échafaude son avenir avec une naïveté d'enfant. Personne ne songe à lui confier la direction d'un théâtre, ni à l'envoyer en mission officielle à Londres, ni à l'appeler pour siéger au sein de l'Académie, ni à lui offrir une subvention en récompense des services qu'il a rendus et rend encore aux

---

[1]. Lettre du 3 juin 1863.

lettres françaises. Montré du doigt par les uns, enguirlandé de roses par les autres, il se console comme il peut en pensant que la postérité le placera à son vrai rang : le premier.

Mais voici enfin du sérieux : depuis quelques années, Eugène Crépet, un républicain sincère, qui a une gentille fortune, des loisirs et le goût de la littérature, s'est pris de passion pour le projet d'une anthologie des poètes français. La préface en est dévolue à Sainte-Beuve et une fine équipe, où figurent Philoxène Boyer, Charles Asselineau, Babou, Baudelaire, se partage la rédaction des notices qui doivent précéder les poèmes choisis. Pour les siècles passés, pas de difficulté : le temps a fait son tri. Mais, avec les écrivains modernes, c'est la bouteille à l'encre. Dès l'annonce de la publication, le petit monde des poètes entre en ébullition. Qui sera admis dans la cohorte des élus, qui sera écarté ? Des noms volent de bouche en bouche, les exclus s'indignent, les reçus pavoisent, dans les cafés s'organisent des manœuvres machiavéliques pour faire entrer celui-ci et éliminer celui-là. Baudelaire, qui a accepté de collaborer au tome IV, y sera célébré par Théophile Gautier. Lui-même verra sept de ses notices imprimées dans le recueil : Victor Hugo, Marceline Desbordes-Valmore, Théophile Gautier (donnant, donnant), Théodore de Banville, Pierre Dupont, Leconte de Lisle, Gustave Le Vavasseur. Trois autres notices qu'il a écrites lui seront refusées : celles sur Auguste Barbier, sur Hégésippe Moreau et sur Pétrus Borel. Baudelaire n'admet pas que Crépet critique son travail : « J'ai déjà, pour lui complaire, *abîmé* trois notices, écrit-il à Philoxène Boyer. Il paraît que *toutes* sont à refaire. Or, je les ai déjà retouchées *trois fois* [...]. Je trouverai le moyen de recracher, à la face de cet imbécile, l'argent d'où il croit tirer son droit[1]. » De dis-

---

1. Lettre du 15 mai 1860.

pute en dispute, il signe néanmoins avec Crépet, le 18 mai 1861, un contrat stipulant que ses notices lui seront payées « à raison de deux cents francs la feuille de seize pages in-8°, de quarante lignes chaque ».

Malgré les conditions tout à fait correctes de ce traité, Baudelaire continue à considérer Crépet comme un ennemi personnel qui prend plaisir à le persécuter. « Je ne veux plus voir Crépet, écrit-il à Poulet-Malassis. Sans même respecter l'usage qui veut qu'on soit plus poli chez soi qu'ailleurs, il m'a traité de haut en bas [...]. Je suis las des souffrances de toute sorte qui me sont imposées par cet imbécile [...]. Vous ne pouvez pas vous faire une idée des attitudes audacieuses qu'a prises cet homme mou[1]. » Or, la plupart des gens qui ont rencontré Crépet l'ont trouvé aimable, cultivé, désintéressé, prêt à se dévouer pour ses amis. Sans doute a-t-il été, plus d'une fois, agacé par le ton de supériorité hargneuse de Baudelaire, refusant toute critique, s'indignant de tout conseil. « Vous me tourmentez horriblement et inutilement, lui a mandé le poète au début de sa collaboration à l'anthologie. *Ce que j'écris est bon et irréfutable*[2]. » Cette affirmation péremptoire coupe court à toute possibilité d'entente entre les deux hommes. Quoi que fasse Crépet, Baudelaire s'obstine à ne voir en lui qu'un bourgeois pourri par l'argent et chipotant les travaux des intellectuels, alors qu'il n'en est pas un. Dans son carnet intime, il le range sous la rubrique : « Vilaines canailles. »

Après une préparation difficile, le tome IV des *Poètes français* paraît au mois d'août 1862 chez Hachette. N'ayant pas reçu le volume, Baudelaire le réclame à Crépet. Celui-ci réplique rudement, le 7 septembre : « J'attendrai pour vous l'envoyer que vous ayez remis à mon concierge

---
1. Lettre du 20 mai 1861.
2. Lettre du 10 avril 1860.

les Poésies de V. Hugo que vous m'avez empruntées il y a environ deux ans et que vous mettez si peu d'empressement à me rendre. » Vexé, Baudelaire répond, le 9 septembre, que les *Poésies* de Hugo se trouvent chez sa mère, à Honfleur, qu'il va se les faire expédier incessamment et qu'il vient d'acheter, de ses deniers, le tome IV de l'anthologie puisque Crépet refuse de le lui offrir, bien qu'il y ait droit comme collaborateur. Le 14 septembre, riposte de Crépet : « J'ai [...] l'impudente naïveté de croire qu'en fait de bons procédés, sur ce point comme sur d'autres, vous êtes et resterez mon débiteur. » Et il lui précise que cette lettre est destinée à lui faire sentir « combien l'accent presque toujours dédaigneux, impératif et quasi dictatorial de [sa] correspondance [l']a blessé ». Baudelaire ne juge pas utile de continuer la polémique. D'ailleurs, il a la satisfaction de constater que *Les Poètes français* sont bien accueillis par le public et la critique. Le tome IV est même réimprimé en 1863.

Dans chacune des courtes études de ce livre, Baudelaire va droit à l'essentiel. Pour Théodore de Banville, il note que sa poésie « représente les belles heures de la vie, c'est-à-dire les heures où l'on se sent heureux de penser et de vivre » ; Pierre Dupont est « une âme tendre portée à l'utopie et en cela vraiment bucolique » ; Théophile Gautier s'impose comme « un des maîtres les plus sûrs et les plus rares en matière de langue et de style » ; Marceline Desbordes-Valmore « rend à toutes choses prostrées, souffrantes et découragées, la fraîcheur et la solidité d'une nouvelle jeunesse » ; l'inspiration de Leconte de Lisle témoigne d'un admirable « sentiment d'aristocratie intellectuelle » ; Gustave Le Vavasseur montre dans ses productions « un esprit précieux, rappelant les ruses compliquées de l'escrime ». Mais c'est Victor Hugo qui, dans cette distribution des prix, reçoit, comme de juste, la plus abondante et la plus lourde couronne de laurier. Baudelaire aborde avec ferveur le portrait de ce géant qui, de son asile seigneurial de Guernesey, continue à éclairer la France. Et, de fait, il y a deux pouvoirs dans le pays : Napoléon III aux Tuileries et Victor Hugo à Hauteville House, au-delà des flots. Lequel des deux est le plus légitime ? Selon Baudelaire, le superbe exilé, contempteur de l'Empire, est « l'homme le mieux doué, le plus visiblement élu pour exprimer par la poésie ce que j'appellerai le *mystère de la vie*. [...] Aucun artiste n'est plus universel que lui, plus apte à se mettre en contact avec les forces de la vie universelle, plus disposé à prendre sans cesse un bain de nature. [...] le lexique français, en sortant de sa bouche, est devenu un monde, un univers coloré, mélodieux et mouvant. [...] c'est un génie sans frontières. [...] L'excessif, l'immense sont le domaine naturel de Victor Hugo ; il s'y meut comme dans son atmosphère natale. [...] il est un de ces mortels si rares, plus rares encore dans l'ordre littéraire que dans tout autre, qui tirent une nouvelle force des années et qui vont, par un miracle incessamment répété, se rajeunissant et se renforçant jusqu'au tombeau ».

Si Baudelaire admire sincèrement la poésie de Victor Hugo, il est plus sévère pour sa prose. *Les Misérables*, publiés au printemps de 1862, le déçoivent. Tout en louant le roman dans *Le Boulevard* du 20 avril, il ose dire que, parmi les personnages de ce « livre de charité », celui de l'« abominable Javert » paraît quelque peu artificiel, car on n'entre pas dans la police « *par enthousiasme* ». Conclusion : « Victor Hugo est pour l'Homme et cependant il n'est pas contre Dieu. Il a confiance en Dieu et cependant il n'est pas contre l'Homme. » Satisfait de la pommade, Victor Hugo remercie, avec emphase, le 24 avril : « Écrire une grande page, cela vous est naturel ; les choses élevées et fortes sortent de votre esprit comme des étincelles jaillissent du foyer, et *Les Misérables* ont été pour vous l'occasion d'une étude profonde et haute

[...]. J'ai déjà plus d'une fois constaté avec bonheur les affinités de votre pensée et de la mienne ; tous nous gravitons autour de ce grand soleil : *l'Idéal*. [...] C'est l'honneur des poètes de servir aux hommes de la lumière et de la vie dans la coupe sacrée de l'art. Vous le faites et je l'essaie. Nous nous dévouons, vous et moi, au progrès par la Vérité. »

Lorsqu'il trace ces lignes, Victor Hugo ne se doute certes pas des contorsions hypocrites que Baudelaire s'est imposées pour célébrer les vertus littéraires et morales des *Misérables*. Son véritable sentiment, Charles l'exprime sans ambages à sa mère : « Ce livre est immonde et inepte. J'ai montré, à ce sujet, que je possédais l'art de mentir. Il m'a écrit pour me remercier une lettre absolument ridicule. Cela prouve qu'un grand homme peut être un sot[1]. » Asselineau se souvient de l'avoir entendu vitupérer le roman avec un visage convulsé de colère : « Qu'est-ce que c'est que ces criminels sentimentals [*sic*], qui ont des remords pour des pièces de quarante sous, qui discutent avec leur conscience pendant des heures, et fondent des prix de vertu ? Est-ce que ces gens-là raisonnent comme les autres hommes ? J'en ferai, moi, un roman où je mettrai en scène un scélérat, mais un vrai scélérat, assassin, voleur, incendiaire et corsaire, et qui finira par cette phrase : "Et sous ces ombrages que j'ai plantés, entouré d'une famille qui me vénère, d'enfants qui me chérissent et d'une femme qui m'adore, je jouis en paix du fruit de mes crimes." » Et Asselineau observe : « Le livre [*Les Misérables*], avec ses énormités morales, ses paradoxes de plomb, l'agaçait profondément. Il avait horreur de la fausse sensibilité, des criminels vertueux et des filles publiques angéliques[2]. » Non content de critiquer Victor Hugo en public, Baudelaire

---

1. Lettre du 10 août 1862.
2. Charles Asselineau, *op. cit.*

note dans ses carnets : « Hugo pense souvent à Prométhée. Il s'applique un vautour imaginaire sur une poitrine qui n'est lancinée que par les moxas de la vanité. [...] Hugo-Sacerdoce a toujours le front penché ; — trop penché pour rien voir, excepté son nombril[1]. »

En vérité, Baudelaire ne peut supporter que les livres d'Hugo soulèvent l'enthousiasme des foules, que l'auteur, sur son rocher, pose au prophète et au martyr, qu'il se proclame le défenseur des humbles alors qu'il est cousu d'or. Cette malveillance, sous le masque de l'admiration, Victor Hugo la devine enfin grâce aux rapports de ses amis qui sont restés dans la capitale. Tandis que Baudelaire croit avoir droit à l'estime et à la gratitude du maître, celui-ci se demande si le poète des *Fleurs du Mal* n'est pas un faux frère.

Dans la même lettre où Baudelaire dénonce, pour l'édification de sa mère, les défauts des *Misérables*, il se plaint de la dégradation des cercles littéraires parisiens : « Ce n'est plus ce monde charmant et aimable que j'ai connu autrefois : les artistes ne savent rien, les littérateurs ne savent rien, pas même l'orthographe. Tout ce monde est devenu abject, inférieur peut-être aux gens du monde. *Je suis un vieillard*, une momie, et on m'en veut parce que je suis moins ignorant que le reste des hommes. Quelle décadence ! Excepté d'Aurevilly, Flaubert, Sainte-Beuve, je ne peux m'entendre avec personne. Th. Gautier seul peut me comprendre quand je parle peinture. *J'ai horreur de la vie*. Je le répète : je vais fuir la face humaine, mais surtout la face française[2]. »

Au milieu du désert de ses affections, il sera fortement secoué par la mort d'Alfred de Vigny[3]. Un cancer de

---

1. *Fusées.*
2. Lettre du 10 août 1862.
3. Le 17 septembre 1863.

l'estomac a transformé les derniers mois de la vie de cet homme de soixante-six ans en un long supplice. Il n'en a eu que plus de mérite à s'intéresser à la petite danse de son cadet autour du fauteuil de Lacordaire. Dans son article nécrologique sur Delacroix [1], Baudelaire parlera du sentiment de « solitude croissante » qu'il a éprouvé à la disparition de Chateaubriand, de Balzac et « tout récemment » d'Alfred de Vigny : « Il y a dans un grand deuil national un affaissement de vitalité générale, un obscurcissement de l'intellect qui ressemble à une éclipse solaire, imitation momentanée de la fin du monde. » Et il remarque amèrement : « Je crois cependant que cette impression affecte surtout ces hautains solitaires qui ne peuvent se faire une famille que par les relations intellectuelles. »

Un autre événement qui l'a frappé douloureusement, c'est la faillite et l'incarcération pour dettes, en novembre 1862, de son ami Auguste Poulet-Malassis. Il lui rend visite dans sa cellule, à la prison de Clichy, et tous deux pestent contre la dureté des temps et l'aveuglement de la Justice. En décembre, Poulet-Malassis, que Baudelaire a surnommé Coco-Mal-perché, est transféré aux Madelonettes, dans le quartier du Temple. Le procès a lieu le 22 avril 1863, après plus de cinq mois de détention préventive. Condamné à un mois de prison pour négligence dans la tenue de ses livres de comptes, l'éditeur obtient de ses créanciers un concordat honorable et, à peine libéré, file en Belgique.

Cette fuite hors de France plonge Baudelaire dans les plus graves méditations. Ne devrait-il pas, à l'exemple de Poulet-Malassis, mettre une frontière entre lui et ses créanciers ? Changer d'atmosphère, ne plus voir ces têtes

---

1. Mort le 13 août 1863.

sinistres de plumitifs parisiens, raviver son inspiration au contact d'une terre nouvelle ? A sa mère qui voudrait le dissuader d'évoquer son passé malchanceux dans *Mon cœur mis à nu*, il répond avec brusquerie : « Eh bien ! oui, ce livre tant rêvé sera un livre de rancunes. A coup sûr ma mère et même mon beau-père y seront respectés. Mais tout en racontant mon éducation, la manière dont se sont façonnés mes idées et mes sentiments, je veux faire sentir sans cesse que je me sens comme étranger au monde et à ses cultes. Je tournerai contre la *France entière* mon réel talent d'impertinence. J'ai un besoin de vengeance comme un homme fatigué a besoin d'un bain [...]. Je ne publierai, certes, *Mon cœur mis à nu* que quand j'aurai une fortune assez convenable pour me mettre à l'abri, hors de France, s'il est nécessaire[1]. »

En attendant cette « fortune convenable » qui lui permettra de s'expatrier définitivement, il a l'intention de se rendre en Belgique pour quelques mois, afin d'y visiter « les riches galeries particulières », d'y donner des conférences, de vendre des articles à *L'Indépendance belge*, le grand quotidien de Bruxelles, et de négocier sur place la publication de ses œuvres critiques par Lacroix et Verbœckhoven, éditeurs de Victor Hugo. Mais il n'a pas de quoi payer le voyage. Sûr de son fait, il écrit au maréchal Vaillant, ministre de la Maison de l'empereur et des Beaux-Arts, pour lui exposer sa situation : « Depuis longtemps déjà, malgré mon rang et ma valeur, je souffre matériellement de mon impopularité [...]. Je suis l'auteur des *Fleurs du Mal*, des *Paradis artificiels*, etc., etc., et le traducteur des œuvres d'*Edgar Poe*. Je suis le petit-neveu du voyageur Levaillant et le beau-fils du général Aupick, qui a eu, si ma mémoire ne me trompe, l'honneur de vous con-

---

1. Lettre du 5 juin 1863.

naître. Je suis au moment de quitter la France pour quelque temps, et c'est de votre bienveillance que j'attends les moyens de m'en aller[1]. » Même demande au ministre de l'Instruction publique, Victor Duruy : « Je suis sans argent, et j'ai espéré que Votre Excellence [...] me fournirait les moyens de partir et de voyager. Je suppose que, même dans le cas où je ne saurais pas gagner quelque argent en Belgique, une somme de 600 à 700 francs me suffira[2]. » Refus sur toute la ligne.

Alors Baudelaire se tourne vers le Cercle artistique et littéraire de Bruxelles, qui organise régulièrement des conférences, ou « lectures », d'écrivains français. Par l'intermédiaire d'Arthur Stevens, marchand de tableaux modernes et imprésario de ses deux frères, les peintres Joseph et Alfred Stevens, il entre en contact avec le président du Cercle, D.J.L. Vervoort, également président de la Chambre des députés, et avec De Mot, secrétaire du Cercle. Mais les pourparlers traînent en longueur. *L'Indépendance belge*, elle aussi, se fait prier pour publier les textes que Baudelaire lui propose. Quant aux éditeurs Lacroix et Verboeckhoven, auxquels il voudrait vendre une partie de ses œuvres en prose, ils ont la réputation d'être durs à la détente : « Tout le monde dit que ce sont des gens sans intelligence et très avares[3]. » Pour les convaincre, Baudelaire ne trouve rien de mieux que d'appeler Victor Hugo à la rescousse. L'illustre proscrit n'est-il pas l'auteur chéri de ces messieurs ? « Malgré que j'hésite toujours à demander quoi que ce soit aux personnes pour lesquelles j'ai le plus d'affection et d'estime, je viens aujourd'hui vous demander un *gros* service, un *énorme* service, écrit-il au maître. J'apprends que M. Lacroix va vous faire une visite.

---

1. Lettre du 3 août 1863.
2. Lettre du 7 août 1863.
3. Lettre à Mme Aupick du 25 novembre 1863.

Le gros service serait de lui dire ce que vous pouvez penser d'agréable de mes livres et de moi et de lui faire part de mon intention relativement aux lectures [conférences] [...]. Je demande fréquemment des nouvelles de vous ; on me dit que vous vous portez admirablement bien. Le génie servi par la santé ! Que vous êtes heureux, Monsieur [1] ! »

Pour une fois, ces compliments doucereux tombent mal. « J'avais voulu prendre Hugo pour complice de mon entreprise, annonce Baudelaire, le 31 décembre, à sa mère. Je savais que M. Lacroix serait à Guernesey tel jour. J'avais prié Hugo d'intervenir. Je viens de recevoir une lettre d'Hugo. Les tempêtes de la Manche ont dérangé ma combinaison, et ma lettre est arrivée *quatre jours après le départ de l'éditeur.* Hugo dit qu'il réparera cela par une lettre, mais rien ne vaut la *parole*. » La réponse de Victor Hugo à la requête de Baudelaire fut communiquée à son factotum, Paul Meurice, accompagnée de ces quelques lignes révélatrices : « On dit qu'il [Baudelaire] m'est à peu près ennemi. Cependant je lui rendrai le service qu'il me demande. Je pense que vous serez de mon avis. Voici d'ailleurs ma réponse. Lisez-la et soyez assez bon pour la cacheter et la transmettre à M. Baudelaire. »

Baudelaire ne saura jamais si Victor Hugo a réellement plaidé sa cause auprès des éditeurs belges. Toujours est-il que Lacroix ne fait pas mine d'appeler l'auteur des *Fleurs du Mal* à rejoindre son écurie. Décidément, le voyage à Bruxelles s'annonce, pour lui, sous les pires auspices. Cette perspective à la fois alléchante et inquiétante l'empêche de travailler. Il cherche en vain de l'argent, à droite, à gauche. Le 13 janvier 1863, il a cédé *Les Fleurs du Mal* et *Le Spleen de Paris* à Hetzel. Le 1er novembre, c'est à Michel Lévy frères qu'il vend, moyennant deux mille francs, la

---
1. Lettre du 17 décembre 1863.

propriété pleine et entière des cinq volumes de traductions des œuvres d'Edgar Poe, pour l'étranger et pour la France, y compris les notices et préfaces qui accompagnent ces textes. Michel Lévy s'est engagé à dédommager quelques créanciers de l'auteur sur les deux mille francs prévus au contrat, et cela dès remise du bon à tirer. Si Baudelaire a accepté ce traité qui le ligote, c'est qu'il est aux abois. Par cette navrante transaction, il renonce à toucher quoi que ce soit, à l'avenir, sur un ensemble d'ouvrages auxquels il tient comme à sa peau. Avant même d'avoir signé, il se plaint à sa mère : « L'affaire Lévy est vidée. J'abandonne demain tous mes droits à venir pour une somme de 2 000 francs payables dans une dizaine de jours. Ce n'est même pas la moitié de ce qu'il me faut. Il faut donc que la Belgique paie le reste. Je vais donc écrire en Belgique pour obtenir un *traité* (car je me méfie des Belges), un traité disant le prix de chaque leçon [conférence], combien de leçons en tout, et combien de leçons par semaine. Le Poe donnait (à moi) un revenu de 500 [francs] par an. Michel [Lévy] a donc traité la question comme on traiterait de la vente d'un fonds d'épicerie. Il paie simplement quatre années du produit[1]. » Et, un mois plus tard, comme sa mère déplore cet arrangement léonin, il lui répond : « Non : tu n'as pas de reproches à me faire relativement aux 2 000 francs de M. Lévy. Je n'en toucherai pas même 20 francs. Lévy s'est engagé à partager cet argent entre quelques-uns de mes créanciers quand il aurait la dernière page de son cinquième volume et je suis en train de le finir[2]. »

Jusqu'à la fin de l'année, il se débat pour réunir l'argent du voyage auprès de quelques journaux et de quelques amis. De nouveau, les billets à ordre se chevauchent. Il emprunte à l'un pour rembourser l'autre. Le 31 décembre

---

1. Lettre du 28 octobre 1863.
2. Lettre du 25 novembre 1863.

1863, en souhaitant une bonne année à sa mère, il avoue : « Pourvu que le dégoût de l'expédition belge ne me prenne pas aussitôt que je serai à Bruxelles ! [...] J'ai le frisson en pensant à ma vie, là-bas. Les *leçons*, des *épreuves à corriger venant de Paris*, épreuves de *journaux*, et épreuves de *Michel Lévy*, et enfin, à travers tout cela, finir les *Poèmes en prose*. J'ai cependant l'idée vague que la nouveauté du séjour me fera du bien et me donnera quelque activité. » Ce n'est pourtant que vers la fin du mois d'avril 1864 qu'il se décide à boucler ses valises.

Alors qu'il doit prendre le train pour un court voyage, il s'imagine qu'il va changer de continent. Sans doute pense-t-il à ce périple du temps de son adolescence, où, sous prétexte qu'il n'a pas « réussi » à Paris, ses parents l'ont embarqué pour les Indes. Pourra-t-il se contenter de Bruxelles, lui qui, jadis, a refusé Calcutta ? A quarante-trois ans, il se sent aussi vulnérable, aussi ballotté, aussi incompris et aussi malchanceux qu'à vingt ans. En vieillissant, il n'a appris qu'une chose : le dégoût de ses semblables. Mais n'est-ce pas suffisant pour construire une œuvre d'éternité ?

XX

PAUVRE BELGIQUE !

À certains êtres le dépaysement apporte une nouvelle jeunesse, à d'autres l'impression d'avoir soudain perdu leurs racines et de flotter dans un univers hostile où personne, jamais, ne leur tendra la main. En débarquant, le 24 avril 1864, à Bruxelles, sur le quai de la gare du Midi,

Baudelaire ne sait au juste s'il est heureux ou malheureux d'être parti. Pour se réconforter, il se dit que son séjour sera bref : le temps de participer à quelques « lectures » et de mettre dans sa poche un ou deux éditeurs belges. Descendu à l'hôtel du Grand Miroir, 28, rue de la Montagne, il trouve que sa chambre, dont les fenêtres donnent sur la cour, est sinistre et misérablement meublée. Mais il doit s'en contenter, par économie. Quand il aura gagné assez d'argent, il se paiera un logement de nabab.

Pour commencer, il fait un tour dans la ville, charmé par les ruelles tortueuses, les brasseries, les églises et les chapelles avec leur entourage de maisons silencieuses, les beaux quartiers à l'aspect propre, secret et austère. Il est impatient d'affronter, du haut d'une estrade, les gens qui vivent derrière ces murs. On les dit, dans l'ensemble, frottés de religion, bardés de préjugés et fermés aux choses de l'esprit. Saura-t-il les émouvoir ? Pour sujet de sa première conférence, il a choisi Eugène Delacroix. Elle est fixée au 2 mai 1864. Le jour dit, son cornac, Stevens, le conduit sur les lieux de l'épreuve, la Maison du Roi, palais gothique qui fait face à l'Hôtel de Ville. L'avant-veille, Baudelaire a envoyé une invitation à l'éditeur Lacroix et une autre au jeune Gustave Frédérix, critique à *L'Indépendance belge*. Lacroix ne juge pas utile de se déranger, mais Frédérix est là, parmi une assistance clairsemée.

C'est la première fois que Baudelaire parle en public. Il est nerveux, sa voix écorche les mots, son débit saccadé et monotone engourdit l'auditoire. Afin de gagner la sympathie des Belges, il a pris soin de vanter, dans son exorde, la « santé intellectuelle » de leur pays, « cette espèce de béatitude, nourrie par une atmosphère de bonhomie à laquelle, nous autres Français, nous sommes peu accoutumés, ceux-là surtout, tels que moi, que la France n'a jamais traités en enfants gâtés ». Somme toute, il demande à la Belgique de l'adopter, puisque la France, cette marâtre, lui refuse le sein. Ayant ainsi préparé le terrain, il évoque la mort du peintre et enchaîne en lisant purement et simplement son étude, *L'Œuvre et la vie d'Eugène Delacroix*. Les applaudissements qui saluent sa péroraison le rassurent. Le compte rendu de Frédérix, dans *L'Indépendance belge*, est favorable. Prompt à s'emballer, Baudelaire se découvre une nouvelle vocation : orateur.

Pour se reposer de ses émotions, il va passer deux jours à Stalle-sous-Uccle, dans la propriété du riche industriel Léopold Collart, ami de Stevens. Hélas ! si Mme Collart, passionnée de culture française, peint de façon fort agréable et aime la nature, elle a le tort, selon Baudelaire, d'admirer George Sand et de croire au Progrès...

Malgré un accueil chaleureux, il est de méchante humeur en regagnant sa chambre à l'hôtel du Grand Miroir. A sa mère, dont il vient de recevoir une lettre, il écrit, le 6 mai 1864, en lui envoyant l'article de Frédérix : « Voici une note qui a paru sur ma première conférence. On dit ici que c'est un succès énorme. Mais, entre nous, tout va fort mal. Je suis arrivé trop tard. Il y a ici une grande avarice, une lenteur infinie en toutes choses, une masse immense de cervelles vides ; pour tout dire, tous ces gens sont plus bêtes que les Français. Pas de crédit ; aucun crédit ; ce qui est peut-être très heureux pour moi. » Il compte donner une nouvelle conférence à Bruxelles (qui, dit-il, ne lui sera payée que cinquante francs et non deux cents comme il l'espérait) et organiser une tournée en province : « Mes buts sont : tirer de l'argent (le plus possible) par les lectures et traiter pour trois volumes avec la maison Lacroix. Et puis, avant tout, finir les ouvrages commencés, *Le Spleen de Paris, Les Contemporains*. »

Pour la deuxième conférence, le 11 mai, il lance des invitations à Frédérix, à Lacroix, à Verboeckhoven, à Mme Collart... Il doit lire, ce soir-là, le texte de sa plaquette sur Théophile Gautier. Quand il prend la parole, dans la grande salle du Cercle artistique, une vingtaine de personnes à peine occupent les premières banquettes. Encore quelques-unes s'éclipsent-elles pendant la séance. Face à ce vaisseau obscur et presque vide, Baudelaire, en habit et cravate blanche, semble déclamer pour les murs. Une lampe carcel éclaire son visage glabre et livide. « J'apercevais se mouvoir ses yeux comme des soleils noirs, notera un des rares témoins, l'écrivain naturaliste belge Camille Lemonnier. Sa bouche avait une vie distincte dans la vie et l'expression du visage ; elle était mince et frissonnante, d'une vibratilité fine sous l'archet des mots. Et toute la tête dominait de la hauteur d'une tour l'attention effarée des assistants. » A la fin, deux ou trois maigres claquements de mains remercient le conférencier, qui s'incline à trois reprises « comme devant une assemblée véritable ». Incontestablement, c'est un échec.

Trois autres conférences, les 18, 21 et 23 mai, comportant la lecture de longs extraits des *Paradis artificiels*, se déroulent, elles aussi, dans une salle à peu près déserte. Devant ce four rédhibitoire, la commission du Cercle artistique décide d'arrêter les frais et ces messieurs font porter à Baudelaire, par un huissier, cent francs au lieu des cinq cents prévus. Or, il tablait sur cette dernière somme pour payer son hôtel. « Ainsi, écrira-t-il à sa mère le 11 juin 1864, voilà des gens du monde, des avocats, des artistes, des magistrats, des gens en apparence bien élevés, qui commettent un vol positif sur un étranger qui s'est livré à eux. » Et cela est d'autant plus outrageant que, prétend-il, les conférences « ont eu un si grand succès qu'on ne se souvient pas d'en avoir vu de pareils ». A présent, il veut « jouer son va-tout » en organisant une lecture chez un agent de change qui lui prête son salon pour l'occasion. De nouveau, il expédie des invitations aux quatre coins de la ville, dont une au ministre de la Maison du roi et une (c'est la sixième) à l'éditeur Lacroix, toujours empêché de venir. « Je veux du beau monde », précise-t-il à sa mère. Cela d'autant plus qu'une calomnie court en Belgique sur son compte. « Tout d'un coup, le bruit s'est répandu que *j'appartenais à la police française* ! ! ! ! ! ! Ce bruit infâme vient de Paris. Il a été lancé par quelqu'un de la bande de V. Hugo, connaissant très bien la bêtise et la crédulité belges. »

L'agent de change qui a mis, pour un soir, sa maison à la disposition du poète est Prosper Crabbe, gestionnaire avisé des fonds de Stevens et de Collart. Il habite 52 *bis*, rue Neuve, et sa demeure est un véritable musée, dont les murs s'ornent d'une cinquantaine de tableaux prestigieux. En pénétrant, le 13 juin, dans ce palais du goût et de la fortune, Baudelaire se demande s'il n'a pas visé trop haut. Puis, en découvrant les quelques invités qui déambulent sous les lambris, il est pris d'une brusque envie de rire. Mais de quoi rirait-il : de la sottise infatuée de ces gens ou de la naïveté qu'il a eue de les réunir pour l'entendre ? « Te figures-tu *trois énormes salons*, raconte-t-il à sa mère, illuminés de *lustres*, de *candélabres*, décorés de superbes tableaux, une profusion *absurde* de gâteaux et de vin ; tout cela pour dix ou douze personnes *très tristes* ? Un journaliste, penché à côté de moi, me dit : *"Il y a dans vos œuvres quelque chose de chrétien qu'on n'a pas assez remarqué."* A l'autre bout du salon, sur le canapé des agents de change, j'entends un murmure. Ces messieurs disaient : *"Il dit que nous sommes des crétins !"* Voilà l'intelligence et les mœurs belges. Voyant que j'ennuyais tout le monde, j'ai interrompu ma lecture, et je me suis mis à boire et à manger, mes cinq amis étaient honteux et consternés, moi seul je riais [1]. » Une hilarité de vaincu, qui fait mal plus qu'elle ne soulage. Baudelaire est à cran. Il raille pour ne pas gifler.

---
1. Lettre du 17 juin 1864.

Une fois de plus, Lacroix ne s'est pas déplacé. Mais un des actionnaires de la maison d'édition a pris la peine de venir et a ménagé une entrevue entre le poète et Verboeckhoven. Baudelaire renaît à l'espoir. Or, le rendez-vous tourne court. Verboeckhoven est intraitable. Les essais critiques ne l'intéressent pas. Tout au plus serait-il tenté par un roman. « Quelle hypocrisie ! commente Baudelaire. Il sait que je n'en ai pas[1]. » L'affaire Lacroix-Verboeckhoven ayant raté, il s'adresse à *L'Indépendance belge*. Malheureusement, le directeur du journal a des correspondants à Paris et redoute la verve de ce Français qui n'aime ni la France ni la Belgique. Là aussi, Baudelaire inquiète et rebute.

Alors, sa colère contre la Belgique se transforme en une aversion maladive. Le dépit qu'il éprouve devant ses insuccès consécutifs est aggravé par les progrès de la syphilis qui détraque ses nerfs. Pour se calmer, il absorbe de l'opium et quantité d'alcools divers qui achèvent de brouiller son esprit. Ne pouvant s'en prendre à des hommes nommément désignés, il s'en prend à une entité nationale. Jour après jour, il rédige des lettres d'une malveillance hystérique qu'il destine d'abord au *Figaro*. Puis il songe à un livre, *Pauvre Belgique !* qu'il agrémenterait de poésies vengeresses. Or, de la Belgique, malgré quelques incursions en province, il ne connaît que Bruxelles, et encore ! Pour donner plus de poids à son attaque, il faut absolument qu'il visite d'autres villes. Mais les voyages en train coûtent cher. Et il a beau rogner sur ses dépenses, il ne parvient pas à surnager. La sagesse voudrait, dit-il, qu'il retournât à Paris pour remplir ses poches, puis qu'il revînt en Belgique et complétât sur place sa documentation. De semaine en semaine, il remet cette évasion hors

---

[1]. Lettre à sa mère du 31 juillet 1864.

du bourbier bruxellois. Tous les prétextes lui sont bons pour rester immobile et se désoler d'y être contraint. Le 13 novembre 1864, il annonce à Ancelle qu'il est pressé de prendre la poudre d'escampette et que son pamphlet contre la Belgique est pratiquement terminé — ce qui est faux. « Ce livre sur la Belgique est, comme je vous l'ai dit, un essayage de mes griffes. Je m'en servirai plus tard contre la France. J'exprimerai patiemment toutes les raisons de mon dégoût du genre humain. » Le 18 novembre, il précise au même correspondant qu'il prendra le train dans deux jours. Mais le 18 décembre il est toujours à Bruxelles et explique ainsi ses perpétuels atermoiements : « Au dernier moment, au moment de partir — malgré tout le désir que j'éprouve de revoir ma mère, malgré le profond ennui où je vis, ennui plus grand que celui que me causait la bêtise française et dont je *souffrais* tant depuis plusieurs années — *une terreur m'a pris,* — *une peur de chien*, l'horreur de revoir mon enfer, — de traverser Paris sans être certain d'y faire une large distribution d'argent, qui m'assurât un véritable repos à Honfleur. »

Entre-temps, Baudelaire a visité Anvers, Malines, Namur, où il a été l'hôte de Félicien Rops, un garçon un peu fou, mais qui a un réel talent de peintre et de graveur. S'il a admiré les monuments, les paysages, les carillons des églises, il n'a pas varié dans son opinion sur les habitants, qui sont tous, à ses yeux, des êtres inférieurs. Le 1er janvier 1865, c'est encore de Bruxelles qu'il envoie à sa mère ses vœux pour la nouvelle année. Il lui avoue sa crainte de disparaître avant d'avoir mené à bien tous ses projets et réparé tous ses torts envers elle. Mais il a une excuse : « J'ai tant souffert déjà et j'ai été si puni que je crois que beaucoup de choses peuvent m'être pardonnées. » Cela fait huit mois qu'il croupit en Belgique, alors qu'il ne devait y rester que quelques jours. La raison en est toute simple : « Je ne veux revenir en France que *glo-*

rieusement. Mon exil m'a appris à me passer de toutes les distractions possibles. Il me manque l'énergie nécessaire pour le travail non interrompu. Quand je l'aurai, je serai fier et plus tranquille. »

Cette hantise du retour au bercail la tête haute domine à présent toutes ses pensées, alimente ses doutes et son inaction. D'après ses calculs, en mangeant peu et en buvant un minimum de vin pour se sustenter, il peut vivre avec sept francs par jour. A l'hôtel, sa note est payée, mais la direction devine qu'il n'ira plus très loin, d'où les regards en dessous de la patronne. « On me fait la mine, je le vois bien. Et enfin il y a une foule de petites dépenses, en dehors de l'hôtel, auxquelles je ne peux pas satisfaire depuis deux mois sans des ruses ridicules : — tabac, papier, timbres-poste, raccommodage, etc. Par exemple, le rêve de posséder du vin de quinquina est devenu dans mon cerveau aussi obsédant que l'idée d'une baignoire pleine d'eau dans l'imagination d'un galeux. Et puis je voudrais des purgations violentes. Je ne puis rien me procurer de tout cela [...]. Je souffre et je m'ennuie. Et cependant, j'aurais beaucoup d'argent que *je ne partirais pas. Je suis en pénitence et j'y resterai* jusqu'à ce que les causes de la pénitence disparaissent. Il s'agit non seulement d'argent, mais de livres à finir, et de livres à vendre, qui m'assurent en France une tranquillité de quelques mois[1]. » Il a recours, plusieurs fois, au Mont-de-Piété pour se renflouer. Sa montre, à laquelle il tient sentimentalement, est déjà au clou.

Quand il a eu trop de soucis dans la journée, il se tourne vers le manuscrit de *Pauvre Belgique !* et passe ses nerfs sur les Belges. Tout en eux lui semble détestable. L'odeur de savon noir qui se dégage des trottoirs et des maisons

---

[1]. Lettre à Ancelle du 8 février 1865.

de Bruxelles lui soulève le cœur ; les hommes sont grossiers et bornés ; il n'y a pas de femmes dans ce pays, seulement des femelles. D'ailleurs, elles sentent mauvais et ne savent pas sourire : « Les muscles de leur visage ne sont pas assez souples pour se prêter à ce mouvement doux. » Elles sont des « Rubens en suif ». « Elles marchent les pieds en dedans. » La plupart des messieurs importants portent « le lorgnon avec cordon suspendu au nez ». Beaucoup de bossus dans les rues. Cuisine ignoble. Breuvages atroces. En général, « il est difficile d'assigner une place au Belge dans l'échelle des êtres. Cependant on peut affirmer qu'il doit être classé entre le singe et le mollusque ». Sur des pages et des pages, Baudelaire accumule ainsi les sarcasmes et les ragots contre une nation qu'il rend responsable de son dénuement, de ses échecs et de ses malaises.

Inquiète de ses hésitations à revenir en France, Mme Paul Meurice l'interroge amicalement : « Voyons, que faites-vous à Bruxelles ? rien. Vous y mourez d'ennui et ici on vous attend impatiemment. Quel fil vous tient donc par l'aile attaché à cette stupide cage belge ? Dites-le-nous simplement [1]. » Dans un éclair de lucidité, Baudelaire répond : « Que je sois à Paris, à Bruxelles, ou dans une ville inconnue, je suis sûr d'être malade et inguérissable. Il y a une misanthropie qui vient non pas d'un mauvais caractère, mais d'une sensibilité trop vive et d'un goût trop facile à se scandaliser. — Pourquoi je reste à Bruxelles, — que je hais pourtant ? — D'abord *parce que j'y suis*, et que, dans mon état actuel, je serais mal partout, — ensuite, parce que je me suis mis en pénitence ; je me suis mis en pénitence, jusqu'à ce que je sois guéri de mes vices (cela va bien lentement), et aussi jusqu'à ce qu'une

---

1. Lettre du 5 janvier 1865.

certaine personne, que j'ai chargée de mes affaires littéraires à Paris, ait résolu certaines questions. » Il poursuit en réitérant ses invectives contre la cuisine, les vins et les femmes belges : « La vue d'une femme belge me donne une vague envie de m'évanouir. Le dieu Éros lui-même, s'il voulait glacer immédiatement tous ses feux, n'aurait qu'à contempler le visage d'une Belge[1]. »

Pour se divertir au milieu de cet univers de gens compassés et pesants, il s'ingénie à les provoquer. Comme on chuchote qu'il ne reste en Belgique qu'afin d'espionner, pour le compte du gouvernement français, les républicains en exil, il répand le bruit qu'il est pédéraste, qu'il est venu exprès de Paris pour corriger les épreuves « d'ouvrages infâmes », qu'il a d'ailleurs tué son père et que, si on lui a permis d'échapper à la justice, c'est à cause des services qu'il rend, en tant que mouchard, à la police de son pays. « Et on m'a cru ! a-t-il écrit triomphalement à Mme Paul Meurice. *Je nage dans le déshonneur comme un poisson dans l'eau*[2]. »

Néanmoins, il continue à fréquenter le Cercle artistique et les salons des Collart et des Stevens. Il aime à y étonner ses interlocuteurs par des propos outranciers : « Il parlait beaucoup, racontera un témoin, l'écrivain Émile Leclercq, disant des riens avec emphase ou faisant un cours de quelque chose, d'une voix vibrante et un peu amère, qui déjà produisait un effet désagréable sur les nerfs. Tout son succès de littérateur et de causeur — d'artiste, pour mieux dire, car il n'était que cela — était contenu dans un seul mot : contradiction. [...] Il posait pour l'homme religieux, et sa vie, qu'il racontait sans vergogne, protestait tout entière contre le mysticisme dont il faisait étalage [...]. Là encore il fait les plus grands efforts pour arriver à n'être

---

1. Lettre du 3 février 1865.
2. Lettre du 3 janvier 1865.

point banal, sans s'apercevoir qu'il ne parvient qu'à la boursouflure[1]. » Quant aux émigrés français de Bruxelles, il ne les côtoie guère. Républicains convaincus, ils ont fui l'Empire et continuent, ici, à remâcher leur désillusion politique. Baudelaire n'a de commun avec eux que le regret d'être séparé de la France. Mais eux ne *peuvent* y retourner, alors que lui ne le *veut* pas.

Dans son esprit, son pamphlet contre la Belgique doit être à la fois une raclée magistrale dont le pays ne se relèvera pas et une œuvre d'art qui portera le nom de l'auteur au zénith. Victor Hugo a déversé sa bile contre l'Empire dans *Les Châtiments*, lui déversera la sienne contre les sujets de Léopold dans *Pauvre Belgique !* Qu'on lui laisse seulement le temps de parfaire sa documentation ! Jour après jour, les notations hostiles s'abattent comme une nuée de sauterelles sur les pages blanches ; par exemple : « La Belgique est ce que serait peut-être devenue la France, si elle était restée sous la main de la Bourgeoisie. [...] Qui donc voudrait toucher au *bâton merdeux* ? » Ah ! si le choléra, dont on craint l'apparition à Bruxelles, pouvait exterminer les habitants de cette ville : « Comme je jouirai enfin en contemplant la grimace d'agonie de ce hideux peuple [...]. Je jouirai, dis-je, des terreurs et des tortures de la race aux cheveux jaunes, nankin, et au teint lilas ! » Quel que soit son ressentiment à l'égard des Belges, comment peut-il, lui, le génial auteur des *Fleurs du Mal*, songer à concocter un livre avec ce chapelet d'insultes, qui ne valent pas mieux que de vulgaires graffitis de pissotières ? Il semble à ses proches qu'il a perdu tout sens critique et peut-être même que sa raison chancelle. Mais il s'acharne dans sa besogne de démolition de ce

---

[1]. Article paru, après la mort de Baudelaire, dans *Le Libre Examen* du 10 septembre 1867 ; cité par G. Charlier dans *Passages*.

pays et de lui-même. *Pauvre Belgique* ou pauvre Baudelaire ?

Son réconfort, à Bruxelles, il le goûte auprès de quelques « originaux » comme lui. En premier lieu, Poulet-Malassis, venu, après sa faillite, s'installer en Belgique pour y faire commerce, en toute impunité, de livres licencieux. La jovialité, l'entrain, l'audace, le cynisme de cet homme sont contagieux. La brouille qui l'avait naguère séparé de Charles est oubliée. D'emblée, ils retrouvent le ton de leurs bavardages d'autrefois. Ils se donnent rendez-vous dans les cafés, dénigrent les écrivains qui font leur beurre en France et se moquent, à voix basse, des Belges qui les entourent. « Nous ne broyons pas tant d'ennui que vous croyez, Malassis et moi, écrit Baudelaire à Sainte-Beuve. Nous avons appris à *nous passer de tout* dans un pays *où il n'y a rien*, et nous avons compris que certains plaisirs (ceux de la conversation par exemple) augmentent à mesure que certains besoins diminuent. A propos de Malassis, je vous dirai que je suis émerveillé de son courage, de son activité et de son incorrigible gaîté. Il est arrivé à une érudition fort étonnante en fait de livres et de gravures. Tout l'amuse et tout l'instruit. — Un de nos grands amusements, c'est quand il s'applique à faire l'athée, et quand je m'ingénie à faire le jésuite. Vous savez que je peux devenir dévot par contradiction (*surtout ici*), de même que, pour me rendre impie, il suffirait de me mettre en contact avec un curé *souillon* (souillon de corps et d'âme)[1]. » Cependant, « Coco-Malperché » habite loin de l'hôtel du Grand Miroir, qui est au centre de la ville. Il est allé se réfugier dans une maisonnette, 35 *bis*, rue Mercelis, au faubourg d'Ixelles, et y mène une vie retirée en compagnie d'une Alsacienne, Françoise Daum, dont le princi-

---

1. Lettre du 30 mars 1865.

pal mérite est d'être une excellente cuisinière. Chaque fois que Baudelaire lui rend visite, il revient en se pourléchant et en déplorant que son ami se soit installé au diable Vauvert. « Je crois vraiment que je lui paierais une pension pour manger chez lui[1] », a-t-il écrit à sa mère.

Un autre farfelu de taille, qui tranche sur la sage population de Bruxelles, est Félix Nadar. Il est venu donner aux Belges le spectacle d'une ascension en ballon à l'occasion des fêtes anniversaires de l'Indépendance. Convié à monter dans la nacelle, Baudelaire se déclare ravi à la perspective de cette aventure aéronautique ; puis, prudent, il renonce à tenter l'expérience et se borne à applaudir, de loin, le départ de la montgolfière, baptisée *Le Géant*. Plus tard, il se rendra avec Nadar sur le site de Waterloo. Mais la bruyante cordialité du journaliste-photographe ne tarde pas à le fatiguer. Il a hâte de retrouver sa solitude de l'hôtel du Grand Miroir, même si sa logeuse le considère d'un œil méfiant quand il passe devant la vitre du bureau de réception.

Malgré son aversion pour le clan Hugo, il se croit également obligé d'accepter quelques invitations à dîner de l'épouse du poète, laquelle habite maintenant, avec sa famille, 4, place des Barricades à Bruxelles, alors que le maître est encore à Guernesey. Invariablement, Baudelaire rapporte de ces soirées une impression pénible : « J'ai été *contraint* de dîner hier chez Mme Hugo, avec ses fils. (Il a fallu emprunter une chemise), écrit-il à sa mère. Mon Dieu ! qu'une ancienne belle femme est donc ridicule quand elle laisse voir son regret de ne plus être adulée. Et ces petits messieurs, que j'ai connus tout petits, et qui veulent diriger le monde ! Aussi bêtes que leur mère, et tous les trois, mère et fils, aussi bêtes, aussi sots que le père !

---
1. Lettre du 14 août 1864.

« — Ils m'ont beaucoup tourmenté, m'ont beaucoup tracassé, et je me suis laissé faire comme un joyeux bonhomme. — Si j'étais un homme célèbre, et si j'étais affligé d'un fils qui singeât mes défauts, je le tuerais par horreur de moi-même. Mais comme tu ne connais pas les ridicules de tout ce monde-là, tu ne peux comprendre ni mes rires ni mes colères[1]. » Décidément, ce dîner chez les Hugo lui est resté sur l'estomac. Il y revient dans une lettre à Mme Paul Meurice : « J'ai été *contraint*, il y a quelque temps, de dîner chez Mme Hugo ; ses deux fils m'ont vigoureusement sermonné, mais j'ai fait le bon enfant, moi, républicain avant eux, et je pensais en moi-même à une méchante gravure représentant Henri IV à quatre pattes, portant ses enfants sur son dos. — Mme Hugo m'a développé un plan majestueux d'*éducation internationale* (je crois que c'est une nouvelle toquade de ce grand parti qui a accepté l'entreprise du bonheur du genre humain). Ne sachant pas parler facilement, à toute heure, surtout après dîner, surtout quand j'ai envie de rêver, j'ai eu toutes les peines du monde à lui expliquer qu'il y avait eu de grands hommes *avant l'éducation internationale* ; et que, les enfants n'ayant pas d'autre but que de manger des gâteaux, de boire des liqueurs en cachette et d'aller voir les filles, il n'y aurait pas plus de grands hommes *après*. — Heureusement pour moi, je passe pour fou et on me doit de l'indulgence[2]. »

Ce que Baudelaire ne peut supporter, c'est l'emphase systématique, la naïveté énorme, le miel des bons sentiments qui, du père, ruissellent sur toute la tribu Hugo. Il bénit le ciel que l'encombrant Victor n'ait pas encore rejoint sa famille. Ayant appris que le grand homme allait sans doute acheter une maison à Bruxelles, dans le quartier

---

1. Lettre du 8 mai 1865.
2. Lettre du 24 mai 1865.

Léopold[1], pour s'y transporter, il grogne : « Il paraît que lui et l'Océan se sont brouillés. Ou il n'a pas eu la force de supporter l'Océan, ou l'Océan *lui-même* s'est ennuyé de lui. C'était bien la peine d'arranger soigneusement un palais sur un rocher ! Quant à moi, seul, oublié de tout le monde, je ne vendrai la maisonnette de ma mère qu'à la dernière extrémité. Mais j'ai encore plus d'orgueil que Victor Hugo, et je sens, je sais que je ne serai jamais si bête que lui. — On est bien partout (pourvu qu'on se porte bien et qu'on ait des livres et des gravures), *même en face de l'Océan*[2]. » Et plus haut il affirmait : « On peut en même temps posséder un *génie spécial* et être un *sot*. Victor Hugo nous l'a bien prouvé. »

Enfin, au début de juillet 1865, Hugo arrive à Bruxelles pour un bref séjour, au cours duquel il est convenu de vendre à Lacroix et Verboeckhoven les *Chansons des rues et des bois* et *Les Travailleurs de la mer*, pour la somme fabuleuse de cent vingt mille francs. Baudelaire éprouve l'impression d'une injustice devant la disproportion entre les gains du maître et les siens. Il déteste Hugo pour sa réussite commerciale, pour sa renommée internationale et pour son inaltérable santé. Comment se fait-il que cet homme, qui n'a pas besoin d'argent, ponde livre sur livre, alors que lui, qui sombre dans la misère, ait tant de mal à tracer trois lignes ? Après un voyage triomphal à travers la Belgique et l'Allemagne, l'auteur des *Misérables* retourne à Bruxelles, invite Baudelaire à dîner et lui suggère, avec une condescendance paternelle, de venir le voir sans façon, un de ces jours, dans son île. Chaque fois que Baudelaire le rencontre, il souffre d'avoir à faire l'aimable devant ce demi-dieu barbu, trônant parmi les siens, alors

---

1. Cette information se révélera inexacte.
2. Lettre à Ancelle du 12 février 1865.

qu'il le hait pour son attitude pontifiante et ses propos faussement généreux.

Victor Hugo repart le 24 octobre pour Guernesey et, un peu plus tard, Charles écrit à sa mère : « Je n'accepterais ni sa gloire ni sa fortune, s'il me fallait en même temps *posséder* ses énormes ridicules. Mme Hugo est à moitié idiote, et ses deux fils sont de grands sots. — Si tu avais envie de lire son dernier volume *(Chansons des rues et des bois), je te l'enverrais tout de suite.* Comme d'habitude, énorme succès comme vente. — Désappointement de tous les gens d'esprit après qu'ils l'ont lu. — Il a voulu, cette fois, être joyeux et léger, et amoureux et se refaire jeune. C'est horriblement lourd. Je ne vois dans ces choses-là, comme en beaucoup d'autres, qu'une nouvelle occasion de remercier Dieu, qui ne m'a pas donné tant de bêtise [1]. » Il goûte si médiocrement son dernier recueil de poèmes qu'il oublie de l'en féliciter, ce dont Hugo se vexe à distance. D'ailleurs, toute réussite littéraire exaspère Charles comme une critique adressée à sa propre inactivité. Il s'en ouvre franchement à sa mère : « Je vois tous les jours, aux vitres des librairies de Bruxelles, toutes les polissonneries et toutes les inutilités journalières qu'on imprime à Paris, et j'entre en rage quand je pense à mes six volumes, fruit de plusieurs années de travail, et qui, réimprimés seulement une fois par an, me donneraient une jolie rente. Ah ! je peux dire que je n'ai jamais été gâté par le destin [2]. »

Bien qu'il ait promis à Mme Hugo, au cours d'un déjeuner, d'écrire un article sur *Les Travailleurs de la mer*, il renonce à le faire, peut-être par paresse, peut-être parce que le livre lui a déplu à force d'outrance mélodramatique. Son attitude envers Adèle a du reste évolué en quelques semaines. Mis au courant de sa liaison passée avec Sainte-

---

1. Lettre du 3 novembre 1865.
2. Lettre du 13 novembre 1865.

Beuve, laquelle a été cause jadis de la rupture entre les deux écrivains, il attire parfois l'épouse coupable dans un coin du salon pour lui parler longuement de son ancien amoureux. C'est avec un plaisir pervers qu'il souffle ainsi sur des cendres encore chaudes. Rien ne l'amuserait plus que de desservir Hugo auprès de sa femme en réveillant les sentiments de la malheureuse envers Sainte-Beuve. Il en avertit ce dernier, qui le remercie naïvement de ses bons offices : « Vous êtes bien aimable de causer quelquefois de moi à Mme Hugo : c'est la seule amie constante que j'ai eue dans ce monde-là[1]. » Après tout, songe Charles, cette Adèle n'est peut-être pas si stupide que ça puisque Sainte-Beuve et Hugo l'ont tous deux aimée. Un jour, ayant appris que Baudelaire était souffrant, elle lui envoie son médecin. Du coup, il révise son jugement et en fait part à sa mère : « Mme Victor Hugo, qui ne m'était apparue que sous un jour ridicule, est décidément une bonne femme[2]. »

Cependant, ses amis de Paris s'inquiètent toujours à son sujet. En se tenant si longtemps éloigné de la France, il risque de tomber dans l'oubli. Or, de nombreux jeunes le choisiraient volontiers comme chef d'une nouvelle école poétique. En faisant acte de présence dans la capitale, lui affirme Sainte-Beuve, il deviendrait pour eux une « autorité », un « consultant », un « oracle ». Ces auteurs en herbe se réunissent d'habitude chez l'éditeur Lemerre, passage Choiseul. Le 1er février 1865, un poète de vingt-trois ans publie dans *L'Artiste*, sous le titre *Symphonie littéraire*, trois essais en forme de poèmes en prose, à la louange de Théophile Gautier, de Charles Baudelaire et de Théodore de Banville. « L'hiver, quand ma torpeur me lasse, je me plonge avec délices dans les chères pages des

---

1. Lettre du 5 janvier 1866.
2. Lettre du 16 février 1866.

Fleurs du Mal. Mon Baudelaire à peine ouvert, je suis attiré par un paysage surprenant qui vit au regard avec l'intensité de ceux que crée le profond opium. » Le signataire de l'article a un nom bizarre : Stéphane Mallarmé. Cet hommage d'un inconnu laisse Baudelaire indifférent. En revanche, il se montre très intéressé lorsque Sainte-Beuve lui signale, à la fin de l'année, que la revue *L'Art* vient de faire paraître, dans trois fascicules, une longue étude sur le poète des *Fleurs du Mal*. L'auteur — vingt et un ans — est un quelconque Verlaine. Il proclame que Baudelaire incarne « l'homme moderne », « avec ses sens aiguisés et vibrants, son esprit douloureusement subtil, son cerveau saturé de tabac, son sang brûlé d'alcool », et que le but de la poésie, « c'est le Beau, le Beau seul, le Beau pur, sans alliage d'Utile, de Vrai et de Juste ».

Secrètement flatté, Charles envoie ces « bagatelles » à sa mère pour lui montrer le cas que l'on fait de lui dans certains milieux. Mais il les accompagne d'un commentaire désabusé : « Il y a du talent chez ces jeunes gens ; mais que de folies ! quelles exagérations et quelle infatuation de jeunesse ! Depuis quelques années je surprenais, çà et là, des imitations et des tendances qui m'alarmaient. Je ne connais rien de plus compromettant que les imitateurs et je n'aime rien tant que d'être seul. Mais ce n'est pas possible ; et il paraît que *l'école Baudelaire* existe[1]. » De même, ayant appris qu'Émile Deschanel, son ancien condisciple de Louis-le-Grand, a prononcé sur lui une conférence, fort élogieuse, mais au cours de laquelle il a présenté *Les Fleurs du Mal* à son public avec des airs de « bourgeois effarouché », il pique une crise d'indignation et écrit à Ancelle, coupable de s'être rendu à cette réunion grotesque : « Et vous avez été assez *enfant* pour oublier

---

1. Lettre du 5 mars 1866.

que *la France a horreur* de la poésie, de la *vraie* poésie ; qu'elle n'aime que les saligauds, comme Béranger et de Musset ; [...] enfin, qu'une poésie profonde, mais compliquée, amère, froidement diabolique (en apparence), était moins faite que toute autre pour la frivolité éternelle[1] ! »

Malgré son refus de toute compromission avec les jeunes qui le portent aux nues, Baudelaire autorise Catulle Mendès à publier, dans *Le Parnasse contemporain*, quelques poésies de lui disponibles, y compris celles qu'il a l'intention de faire paraître dans une plaquette séparée : *Les Épaves*. Catulle Mendès versera cent francs à l'auteur, qui en a besoin, dit-il, pour s'acheter des médicaments.

Mais ce ne sont là que broutilles. Ce qui le préoccupe pour l'instant, c'est la recherche d'un éditeur solide. Il regrette amèrement d'avoir conclu avec Hetzel, juste avant de quitter Paris, un contrat valable pour cinq ans, qui porte sur une réédition des *Fleurs du Mal* et l'impression d'un ouvrage inédit : *Le Spleen de Paris* (les *Petits Poèmes en prose*). Aujourd'hui, Hetzel, à bout de patience, le somme de lui livrer le manuscrit du *Spleen*, mais Baudelaire se sent incapable de le terminer et refuse de le laisser paraître tel quel. Ce qu'il souhaite, c'est s'aboucher avec une maison d'édition qui accepte de publier non seulement deux de ses livres (*Les Fleurs* et *Le Spleen*), mais ses œuvres complètes. Il a chargé de ses intérêts le commandant Le Josne, puis Julien Lemer, critique reconverti, qui tient une librairie boulevard des Italiens. Ce dernier entreprend de séduire les frères Garnier, éditeurs, qui hésitent. Là-dessus, se greffe l'imbroglio Malassis. Après son rabibochage avec Baudelaire, voici que « Coco-Malperché » voudrait céder la créance de deux mille francs qu'il détient sur son ancien auteur à une tierce personne. Il y est contraint, dit-

---

1. Lettre du 18 février 1866.

il, parce que ses propres créanciers ne lui laissent pas de répit.

Cette fois, Charles reconnaît que sa mère et ses amis ont raison de l'appeler à regagner la France. Incontestablement, c'est en se présentant lui-même à Paris qu'il pourra arranger ses affaires d'argent et négocier la vente de ses œuvres. Oui, oui, il faut partir. Mais quand ? D'une semaine à l'autre, il remet une décision si difficile et si urgente. Un jour, s'étant rendu à la gare pour prendre son billet, il recule, épouvanté à l'idée de changer d'« enfer » et de sombrer, corps et âme, dans le tumulte de Paris, sans avoir au préalable désintéressé ses créanciers. Et il retourne, tête basse, dans sa chambre du Grand Miroir.

Vers la fin de juin cependant, ses terreurs s'apaisent. Il s'impose un effort surhumain pour boucler ses valises. En montant dans le train, il croit monter à l'échafaud. Le 4 juillet 1865, il est à Paris, hôtel du Chemin de Fer du Nord, place du Nord. Il écoute, à travers les murs, la rumeur nerveuse de la grande ville, que dominent le grincement des roues et le piétinement des chevaux. Le 5 juillet, il écrit à Hetzel pour lui exposer son cas (deux mille francs à « pêcher » coûte que coûte) et l'assurer qu'il passera prochainement à son bureau : « Il me faut beaucoup de bravoure pour aller vous voir, quelque aimable que vous soyez. » Le 6, il a un rendez-vous avec Ancelle, qui, entre-temps, est remonté dans son estime et dont il écoute les sages conseils avec la contrition d'un enfant pris en faute. Le 7, il est à Honfleur. Quel havre de paix que la « maison-joujou », perchée sur sa falaise ! Comment a-t-il pu vivre si longtemps loin de ce jardin fleuri, loin de cette chambre dont les fenêtres ouvrent sur la brume bleu-gris de la Manche, loin de cette mère vieillie qui pleure de joie tandis qu'il la serre dans ses bras et lui couvre les joues de baisers ? Après les premières effusions, il ose lui avouer les inquiétudes que lui cause sa dette envers Poulet-Malassis. Il explique que son ancien éditeur, lui-même à bout de ressources, est dans l'obligation de céder sa créance à quelque spéculateur qui, sans doute, sera moins accommodant. Assise à côté de son fils retrouvé, Mme Aupick se lamente : elle est très gênée dans son budget et Charles est un panier percé. Mais elle ne supporte pas de le voir souffrir. Elle va demander à Ancelle de lui prêter l'argent nécessaire. Aussitôt, soulagé d'un grand poids, Baudelaire respire. Dès le lendemain, 8 juillet, il écrit à Poulet-Malassis : « Ainsi, en deux minutes, a été résolue une affaire qui me donnait le frisson chaque fois que j'y pensais. » Selon sa promesse, Mme Aupick communique ses instructions à Ancelle et celui-ci, docile, accorde les deux mille francs réclamés.

Ayant obtenu ce qu'il voulait, Charles ne juge pas utile de s'attarder à Honfleur. Le 9 au soir, laissant sa mère tout étourdie par la brièveté de cette visite intéressée, il est de nouveau à Paris. A partir de ce moment, il ne songe plus qu'à regagner Bruxelles. Par une étrange contradiction, il peut d'autant moins se passer de cette ville, de ce pays qu'il les déteste. Tel un amant masochiste qui jouit d'être flagellé, piétiné, il a besoin de souffrir parmi des gens qu'il méprise pour savourer pleinement sa singularité. Lors d'une courte entrevue avec Asselineau, il lui démontre, non sans aplomb, qu'il n'a pas le droit de prolonger son séjour à Paris, parce que des dossiers importants et des travaux en cours exigent sa présence en Belgique. Asselineau sourit de ces mauvais prétextes et note dans ses *Souvenirs* : « Je lui rapportai, pour le piquer de vitesse, ces mots que m'avait dits un jour Théophile Gautier : "Ce Baudelaire est étonnant ! Conçoit-on cette manie de s'éterniser dans un pays où l'on souffre ? Moi, quand je suis allé en Espagne, à Venise, à Constantinople, je savais que je m'y plairais et qu'au retour je ferais un beau livre. Lui, Baudelaire, il reste à Bruxelles, où il s'ennuie, pour les plaisirs de dire qu'il s'y est ennuyé !" Il rit, et me dit adieu, m'assurant que son retour ne pouvait pas tarder de plus de deux mois. »

Piaffant d'impatience, Baudelaire a encore une entrevue avec Hippolyte Garnier, une avec Hetzel, une autre avec Julien Lemer ; il prend un bock, rue Royale, avec Jules Troubat, le secrétaire de Sainte-Beuve ; échange quelques mots avec Banville... Dès le 11 juillet 1865, il avertit Sainte-Beuve : « Je repars pour l'enfer. » Mais il ne bouge toujours pas. Le soir du 14 juillet, en rentrant d'une visite à la campagne, Catulle Mendès se trouve, à la gare du Nord, nez à nez avec Baudelaire qui vient de manquer son train. Il remarque les vêtements corrects, mais usés, du poète, son air fatigué, inquiet et maussade, au milieu du va-et-vient des voyageurs. Comme Charles lui avoue qu'il a libéré sa chambre d'hôtel et qu'il va en chercher une autre pour la nuit, car il compte partir le lendemain à la première heure, Catulle Mendès lui offre de coucher dans le petit appartement dont il dispose, non loin de la gare, rue de Douai. Baudelaire accepte, mais, une fois installé, il ne peut dormir et fait à haute voix, pour son hôte éberlué, le bilan de tout l'argent qu'il a récolté au cours de son existence. C'est une vertigineuse énumération chiffrée : poèmes en vers et en prose, traductions, articles, éditions, rééditions... Il conclut, avec un aigre ricanement de défaite : « Total des bénéfices de toute ma vie : quinze mille huit cent quatre-vingt-douze francs soixante centimes. » « Ma tristesse faite d'une respectueuse pitié s'aggravait, s'encolérait, note Catulle Mendès. Je songeais aux romanciers fameux, aux mélodramaturges féconds, et je considérais — avec une envie, ah ! si puérile, de sauter au cou de la société, et de serrer très fort — ce grand poète, ce penseur terrible et délicat, cet artiste parfait qui, durant vingt-six années de laborieuse existence, avait gagné environ un franc soixante-dix centimes par jour [1]. » Devant l'air consterné de son jeune confrère, Baudelaire éclate d'un rire hargneux, éteint la lampe et décrète : « Maintenant, dormons ! » Mais il ne peut s'assoupir. Toute la nuit, il se retourne dans son lit, en proie à un cauchemar d'additions et de grimaces. Le lendemain, quand Catulle Mendès se réveille, Baudelaire est déjà parti.

Le 15 juillet 1865, Charles est de retour à Bruxelles, dans sa chambre de l'hôtel du Grand Miroir. Il y retrouve à la fois ses papiers, son angoisse et comme une odeur de tanière où il fait bon se réfugier, loin de tous, pour souffrir en silence. Des semaines de soucis mercantiles, de grisaille et de paresse s'écoulent encore. A Paris, Garnier a finalement repoussé ses offres. Déçu par ses intermédiaires habituels, Baudelaire s'est tourné vers Ancelle pour le supplier, malgré les malentendus qui les ont séparés et les sarcasmes dont il l'a accablé naguère, de lui servir d'imprésario dans ses démêlés avec les éditeurs. Le brave homme est ému par cette marque de confiance intempestive. Tout en déplorant que son pupille ait une telle horreur des gloires officielles, de la poésie lyrique, de la vertu et du progrès, il est prêt à multiplier les démarches pour le satisfaire.

A Bruxelles cependant, Baudelaire et Poulet-Malassis s'occupent de la prochaine publication des *Épaves*, recueil de vingt-trois poésies, dont l'éditeur précise dans un avertissement que la plupart ont été condamnées ou sont inédites. L'impression de cet ouvrage confidentiel se fait à Amsterdam, à l'enseigne du Coq. Tirage prévu : deux cent soixante exemplaires. Un frontispice a été demandé à Félicien Rops. Baudelaire se réjouit à l'idée de tenir bientôt dans ses mains cette précieuse plaquette. Il dresse la liste

---

1. *Le Figaro*, 2 novembre 1902 ; article reproduit dans *Baudelaire devant ses contemporains, op. cit.*

des amis à qui il l'enverra. Mais ses douleurs au cerveau le reprennent, accompagnées de vomissements. Après une de ses crises, il avoue à Ancelle qu'il a « un peu de vague dans la tête, du brouillard et de la distraction ». Selon lui, ces étranges malaises sont dus « à l'usage de l'opium, de la digitale, de la belladone et de la quinine ». Les médecins lui conseillent de doubler les doses. Cela le soulage et lui permet d'écrire encore quelques phrases venimeuses contre la Belgique, contre Léopold Ier, « cette triste canaille », qui vient de mourir, et contre le nouveau roi, Léopold II, qui a fait dans Bruxelles une entrée triomphale, « sur un air des *Bouffes-Parisiens* ». Si Baudelaire veut guérir, malgré sa répugnance envers tous les peuples de la terre — qu'ils soient belge, français ou chinois —, c'est pour assurer la survie de son œuvre. Qui s'en occupera s'il ne pousse pas l'épée dans les reins des éditeurs, avares et ignares ? « Et mon nom qui se laisse oublier ! gémit-il dans la même lettre à Ancelle. Et ces *Fleurs du Mal* qui sont une valeur dormante, et qui dans une main habile auraient pu, depuis *neuf ans*, avoir *deux* éditions par an ! Et les autres livres ! Quelle maudite situation[1] ! »

Bien qu'il soit à court d'argent, il expédie à sa « bonne et chère petite mère », pour le Nouvel An, des burettes à huile et à vinaigre, en vieux rouen ; il lui demande de faire faire sa photographie au Havre et de la lui envoyer ; il s'étonne de constater que, plus il vieillit, plus il pense à elle : « Je te vois dans ta chambre ou ton salon, travaillant, allant, agissant, maugréant, et me faisant des reproches de loin. Et puis je revois toute mon enfance passée près de toi, et la rue Hautefeuille, et la rue Saint-André-des-Arts ; mais je me réveille de temps en temps de mes rêveries, et je me dis avec une sorte de terreur : "L'important est de

---

1. Lettre du 21 décembre 1865.

prendre l'habitude du travail, et de faire de ce désagréable compagnon mon unique jouissance. Car il viendra un temps où je n'en aurai plus d'autre." » Cela ne l'empêche pas d'accuser sa mère, *dans la même lettre*, de l'avoir mal compris et mal soutenu dans les combats qu'il a livrés toute sa vie durant contre le « guignon » : « Dans trois mois et demi, j'aurai quarante-cinq ans. Il est trop tard pour que je puisse me faire même une petite fortune, surtout avec mon talent désagréable et impopulaire. Il est peut-être trop tard pour que je puisse même payer mes dettes et sauvegarder de quoi entretenir une vieillesse libre et honorable ? Mais si jamais je peux rattraper la verdeur et l'énergie dont j'ai joui quelquefois, je soulagerai ma colère par des livres épouvantables. Je voudrais mettre la race humaine tout entière contre moi. Je vois là une jouissance qui me consolerait de tout. En attendant, mes livres *dorment*, valeurs perdues pour le moment. Et puis, on m'oublie [1]. »

Ainsi, dans la tête de Charles, les élans d'amour filial alternent avec des explosions de haine contre l'humanité ; à l'envoi de burettes en vieux rouen succède le poing brandi vers le ciel. Serait-il différent si ses livres avaient connu la faveur du public, comme ceux d'un Hugo ? Il se le demande parfois avec angoisse. Sous une pluie d'or et d'éloges, peut-être eût-il perdu la verve démoniaque qui lui a permis d'écrire *Les Fleurs du Mal* ? Peut-être, loin de se plaindre, doit-il se féliciter d'avoir été contraint, par une cascade de malheurs, à cette révolte permanente ? Peut-être, s'il avait réussi sa vie, aurait-il raté son œuvre ? Peut-être ce qu'il appelle son *guignon* est-il sa vraie chance au regard de la postérité ?

---

1. Lettre des 22-23 décembre 1865.

XXI

CRÉNOM !

Les névralgies et les vomissements sont devenus quotidiens. Pour pouvoir écrire, Baudelaire est obligé de s'envelopper la tête dans un bourrelet de linges imbibés d'eau sédative. Dès que les douleurs s'annoncent, il avale des pilules à base d'opium, de valériane, de digitale et de belladone. Au docteur Léon Marcq, qui vient l'examiner au début de l'année 1866, il dépeint le processus de ses malaises : flottement des idées ; étouffements ; vifs élancements dans le crâne ; vertiges ; impression qu'il va tomber ; puis, sueurs froides, vomissements glaireux, apathie insurmontable. Pourtant il ne parle pas au médecin de son passé syphilitique. Et, dans l'état des connaissances scientifiques à l'époque, le docteur Marcq est incapable de déceler la nature du mal. Il se borne à interdire au patient la bière, le thé, le café et le vin. Dure privation pour Baudelaire. Il prend des bains, boit de l'eau de Vichy et se désole. C'est surtout la soudaineté des crises qui l'inquiète. « Je me porte parfaitement bien, je suis à jeun, et tout à coup, sans préparation ni cause apparente, je sens du vague, de la distraction, de la stupeur, écrit-il le 5 février 1866 à Asselineau ; et puis une douleur atroce à la tête. Il faut absolument que je tombe, à moins que je ne sois en ce moment-là couché sur le dos. Ensuite, sueur froide, vomissements, longue stupeur [...]. Le mal persiste. Et le médecin a prononcé le grand mot : hystérie. En bon français ; je jette ma langue aux chiens. Il veut que je me promène beaucoup, beaucoup. C'est absurde. Outre que je suis devenu d'une timidité et d'une maladresse qui me rendent la rue insupportable, il n'y a pas moyen de se promener ici, à cause de l'état des rues et des routes, surtout par ce temps. »

Alarmé par ces détails, Asselineau montre la lettre, à Paris, au docteur Piogey, un ami de longue date, qui juge les symptômes assez graves, mais refuse de porter un diagnostic sans avoir examiné le malade. De son côté, Mme Aupick veut consulter son médecin personnel de Honfleur, le docteur Lacroix. À sa demande, Charles lui indique dans une note datée du 6 février, le déroulement de ses crises, les remèdes qui lui ont été prescrits et la conclusion insensée du praticien qui le soigne : hystérie. Puis, craignant d'avoir affolé sa mère, il se reprend : « Pour te rassurer, sache que depuis trois jours je n'ai eu ni vertiges, ni vomissements. Il est vrai que je ne suis pas solide. Mais le médecin dit : "Hystérie ! hystérie ! Il faut vous vaincre vous-même ; il faut vous contraindre à marcher." Marcher, par ce temps, dans ces affreuses rues et ces routes défoncées ! La flânerie est impossible à Bruxelles. Chose vraiment *ridicule*, un homme qui marche derrière moi, un enfant ou un chien qui passe me donnent envie de m'évanouir [...]. Tu vois que tout cela est purement nerveux. La belle saison chassera tout cela. La seule chose raisonnable (à mon sens) que le médecin m'ait dite, c'est : *Prenez des bains froids et nagez*. Mais, dans ce sacré Bruxelles, il n'y a pas de fleuve. On a inventé, il est vrai, des piscines, ou bassins artificiels, où l'eau est un peu attiédie par une mécanique voisine. Cela fait horreur à mon imagination. Je ne veux pas me baigner dans un lac artificiel souillé par tous ces saligauds. Le conseil est aussi difficile à suivre que celui de la promenade. Je vais me mettre en quête de douches froides [...]. Je dois te dire que voilà la cinquième fois que je me crois guéri. Si de quelques jours je n'éprouve plus de rechute, je prierai le médecin de me dicter une *hygiène perpétuelle*. Comme, de moi-même, j'avais supprimé *vin, thé et café*, il m'a dit : C'est trop sévère. D'ailleurs la nourriture n'y fera rien. Buvez un peu de thé, et même un peu de vin. Il revient toujours à son mot : *accidents nerveux*, et à ses drogues antispasmodiques, et puis : "Marchez toujours, malgré votre timidité" [...]. Je ne veux pas garder le lit ; mais j'ai peur de travailler[1]. »

Les jours suivants, il reprend espoir, mange de meilleur appétit les viandes rôties et les légumes cuits à l'eau que son estomac supporte, boit du thé léger et regrette le coup de fouet de l'alcool. Le seul inconvénient de ce régime, c'est que « cette petite ivresse du thé » provoque chez lui « un peu de congestion », « comme celle qu'on éprouve quelquefois à la tête quand on mange une glace ». Il craint qu'une attaque d'apoplexie ne l'empêche de mettre de l'ordre dans ses affaires et accuse le climat belge d'avoir ruiné sa santé : « Crois-tu donc, écrit-il à sa mère, que j'éprouve du plaisir à vivre dans un lieu peuplé de sots et d'ennemis, où j'ai vu plusieurs Français malades comme moi et où je crois que l'esprit s'altère comme le corps, *sans compter que je me fais oublier* et que *je dénoue*, sans le vouloir, *toutes mes relations en France*[2] ? » À son hôtel, il doit maintenant plusieurs centaines de francs. Sa logeuse est devenue pour lui le « Monstre du Grand Miroir ». Elle surveille son courrier dans l'attente d'un pli chargé. Exaspéré par cet espionnage, il recommande à Ancelle de lui adresser ses lettres à la poste restante. Il s'y traîne pour les retirer, le crâne coiffé d'un turban imbibé d'eau sédative et de térébenthine.

Et puis voici qu'un matin, vers la mi-mars 1866, il se réveille la tête libre, le corps léger. Est-ce la guérison ? Justement, il a été invité par le beau-père de son ami Féli-

---

1. Lettre du 10 février 1866.
2. Lettre du 5 mars 1866.

cien Rops à passer quelques jours chez lui, à Namur. Pour rien au monde il ne manquerait ce rendez-vous. Avec soin, il fait sa toilette, brosse ses ongles, peigne ses longs cheveux gris rejetés en arrière, s'accorde un dernier regard dans la glace et se rend à la gare avec le sentiment de prendre enfin des vacances. Sa première visite est pour l'église Saint-Loup. Il y va en compagnie de Félicien Rops et de Poulet-Malassis, lequel est venu les rejoindre. Subitement, alors qu'il admire les confessionnaux aux riches sculptures, il est saisi d'un étourdissement, chancelle et s'effondre sur les dalles. Ses amis le relèvent. Il les rassure, disant que son pied a glissé. On feint de le croire. Mais, le lendemain matin, il donne des signes de confusion mentale. On le fait monter en hâte dans le train de Bruxelles. Il exige qu'on ouvre la portière. Or, elle est grande ouverte. Ses compagnons échangent un regard navré. D'une voix chevrotante, il les remercie. Sa parole s'embarrasse. Il a un visage inerte et comme démoli.

De retour à l'hôtel du Grand Miroir, il peut encore, cependant, se déplacer à petits pas hésitants dans sa chambre et griffonner de courts billets. Le 20 mars, il mande à sa mère : « Je ne suis ni bien ni mal. Je travaille et j'écris difficilement. Je t'expliquerai pourquoi. » Trois jours plus tard, nouvelle lettre à Caroline. Mais elle n'est plus de sa main : il l'a dictée. Sans doute a-t-il subi, entre-temps, une deuxième attaque. Ataxie du côté droit, bras et jambe. Il affecte de ne pas s'en alarmer : « Le médecin qui a la *bonté* d'écrire sous ma dictée *t'engage à ne pas te monter la tête* et me dit que dans quelques jours je serai prêt à reprendre mon travail. » Par ailleurs, il réitère ses demandes de subsides. La logeuse redouble d'exigences. Il faut lui jeter un os à ronger. Que Caroline s'en occupe : « Écris, si tu peux, à M. Ancelle d'envoyer *tout de suite* à Mme Lepage, maîtresse de mon hôtel, de l'argent — ce qu'il voudra ou ce qu'il pourra. » Il dicte aussi de brefs messages à l'intention de ses amis et, le 29 mars, dispose d'une lucidité suffisante pour signaler à Catulle Mendès des erreurs typographiques dans la composition des *Nouvelles Fleurs du Mal*, à paraître dans *Le Parnasse contemporain*. Le 30 mars, il dicte encore deux lettres, l'une pour Ancelle en lui demandant, comme le lui a suggéré Mme Aupick, d'envoyer mille francs à « cette fichue bête », la patronne de l'hôtel ; l'autre pour sa mère en lui expliquant qu'il est inutile qu'Ancelle vienne à Bruxelles : « 1° parce que je ne suis pas en état de bouger ; 2° parce que j'ai des dettes ; 3° parce que j'ai six villes à visiter, mettons quinze jours. Je ne veux pas perdre le fruit d'un long travail. »

Cependant, le docteur Marcq prend sur lui d'écrire à Mme Aupick pour l'informer que l'état de Charles ne doit pas l'inquiéter outre mesure, mais que le malade a besoin d'être soumis « à un régime sévère et à une surveillance de famille qui, l'un comme l'autre, lui font complètement défaut à Bruxelles ». Il conseille de le transporter à Honfleur. Le voyage pourrait avoir lieu sans inconvénient, dit-il, dans huit à dix jours. Or, Caroline est trop souffrante elle-même pour aller chercher son fils. Asselineau, qui s'en chargerait volontiers, craint que Baudelaire ne soit pas en mesure de supporter la fatigue d'un trajet en train. Le 31 mars, le docteur Marcq avertit Poulet-Malassis que la santé du malade empire d'heure en heure. On redoute une hémiplégie. Aussitôt, Poulet-Malassis télégraphie à Ancelle afin de le prier de hâter son départ pour Bruxelles. Et, le lendemain, il écrit à Asselineau : « Je ne veux pas vous laisser ignorer que Baudelaire est au plus mal. On croyait, il y a huit jours, seulement à une affection nerveuse compliquée et d'un traitement long. Hier, la paralysie s'est déclarée du côté droit, et le ramollissement du cerveau s'est manifesté [...]. Il n'y a pour ainsi dire pas d'espoir de sauver notre ami. Je sors de chez lui. C'est à peine s'il m'a reconnu. J'attends ce soir M. Ancelle, homme d'affaires de Mme Aupick avec qui je suis en correspondance depuis huit jours, et à qui j'ai télégraphié hier la situation. Dans les explications que j'aurai nécessairement avec lui, je tiens à vous faire savoir que j'insisterai déterminément pour que la publication des œuvres de Baudelaire ait lieu par vos soins, si la fin de la maladie est aussi funeste qu'on peut le craindre. »

A peine arrivé à Bruxelles, Ancelle se met en rapport avec Poulet-Malassis et le docteur Marcq pour faire transporter Baudelaire à la clinique Saint-Jean-et-Sainte-Élisabeth, située 7, rue des Cendres et tenue par des sœurs hospitalières augustines. Le malade y est admis le 3 avril. L'œil fixe, la bouche déviée, il peut à peine assembler deux idées, articuler trois mots. On le place dans la salle commune. Le docteur Lequime, médecin-chef de l'établissement, confirme l'hémiplégie du côté droit avec aphasie motrice. Cependant, Baudelaire a encore assez de présence d'esprit et de caractère pour dire non à tout ce qu'on lui suggère. Non à un retour à Paris. Non à un séjour de repos à Honfleur, auprès de sa mère. Non à la nourriture qu'on prétend lui imposer. Non aux simples gestes de piété que les sœurs qui le soignent voudraient lui voir accomplir. La mère supérieure en est si profondément affectée qu'elle se plaint à Mme Aupick ; et celle-ci, désespérée, écrit à Poulet-Malassis : « J'ai reçu une lettre de la Supérieure [...]. Elle me dit, après m'avoir parlé de l'état de santé de mon pauvre fils, *qu'il n'a pas de religion et que c'est bien dur pour elle d'avoir dans sa maison un homme sans religion et elle me demande de lui venir en aide.* Voici qui me donne lieu de craindre qu'elle ne veuille pas le garder chez elle. Que ferai-je en ce cas, où le mettre ? Et une autre crainte, non moins grande, c'est que les religieuses, animées par de bonnes intentions sans doute, ne le tourmentent ; et en lui parlant trop tôt des choses de Dieu ne lui fassent du mal. Qu'elles le laissent donc marcher doucement dans la voie d'amélioration où il paraissait être entré ! Puisqu'il n'est pas en danger, à ce que me dit la Supérieure, pourquoi le torturer à l'avance ? Je serais certes bien malheureuse que mon fils mourût sans les secours de la religion ; mais nous n'en sommes pas là. » Malgré ses douleurs aux jambes, elle envisage de partir à son tour pour Bruxelles, en compagnie d'Aimée, sa femme de chambre. Elle voudrait trouver un petit appartement à louer pas trop loin de la maison de santé ou, à la rigueur, une chambre dans un hôtel convenable. Une fois les dispositions arrêtées, elle prend le train, le 12 avril. Première étape : Paris. Le temps de souffler un peu et elle se remet en route. Le 13, Ancelle télégraphie à Poulet-Malassis : « Aupick et bonne arriveront demain 13 heures. Chercher gare. Conduire hôtel près fils[1]. »

Le 14 avril, jour de l'arrivée de Mme Aupick, Poulet-Malassis informe Asselineau de la santé de leur ami commun : « Il a eu depuis huit jours deux fois le ramollissement du cerveau à l'état aigu [...]. Il paraît qu'il peut être enlevé d'aujourd'hui à demain, par un cas du même genre, mais que son état peut se prolonger durant des mois, des années. Ce que je ne souhaite pas. Depuis trois jours, Baudelaire ne dit plus un mot, ne peut exprimer une idée, si simple qu'elle soit. A quel degré comprend-il ce qu'on lui dit ? Mystère. Je passe auprès de lui deux heures par jour à le regarder, à tâcher de me démêler dans son état mental et vraiment je n'oserais me prononcer sur la question de savoir s'il pense encore *à quelque degré que ce soit* [...]. La figure est encore intelligente et il me semble que des idées le traversent *à l'état d'éclair*. Je crois qu'il n'entend pas prononcer le nom d'un ami *sans plaisir*. Sa

---
1. Catalogue de la vente d'autographes de Jean Davray, les 6 et 7 décembre 1961.

mère arrive aujourd'hui à Bruxelles. Elle aurait bien dû rester chez elle, car le spectacle est navrant. »

Mme Aupick et sa servante descendent à l'hôtel du Grand Miroir. Caroline a hâte de revoir son fils et, en même temps, elle redoute pour lui le choc émotionnel de la rencontre. Les médecins lui disent, avec ménagement, que Baudelaire a une tête « qui a trop travaillé », qu'il est « fatigué avant l'âge ». Quand elle découvre, dans la salle commune de la clinique, ce cadavre vivant, à l'œil hébété, elle fond en larmes. Où est passé son Charles, le *dandy* insolent et fringant ? Qui lui montre-t-on à la place ? Poulet-Malassis, présent à l'entrevue, pleure avec elle. Puis elle se reprend, essaie d'intéresser le malade en lui parlant de sa jeunesse. De temps à autre, il voudrait répondre. Mais, malgré ses efforts, ce sont des cris de bête qui s'échappent de ses lèvres tordues. Pour le distraire, on l'habille, on lui fait faire quelques pas au soleil, dans le jardin de l'établissement. Il s'appuie sur une canne et marche en traînant les pieds, sans dire un mot. Poulet-Malassis le soutient. « Quel excellent jeune homme que ce Malassis, écrira Mme Aupick à Ancelle. Comme il est bon ! Ce jeune homme doit avoir une belle âme ! » Et soudain elle se décide. Plus que jamais, Charles a besoin d'elle : « Je ne m'en irai pas, je le conserverai comme un tout petit enfant. » Dans cette épave vivante, elle retrouve le nourrisson qu'elle a chéri jadis. Parce qu'il n'est plus homme, elle redevient mère. Elle ne songe qu'à consoler, à bercer, à soigner. Le lit d'hôpital est un berceau. Mais ces bonnes sœurs sont odieuses. Elles tarabustent Charles pour qu'il fasse le signe de la croix avant d'avaler sa nourriture. En insistant, elles vont aggraver son mal. Cinq jours plus tard, à la demande de Mme Aupick, Poulet-Malassis et Arthur Stevens viennent le chercher pour le conduire de la maison de santé à l'hôtel du Grand Miroir. À peine est-il parti que les sœurs se jettent à genoux, aspergent d'eau bénite l'emplacement occupé par ce malade voué au diable et convoquent un prêtre afin d'exorciser les lieux.

La voiture qui emmène Baudelaire et ses deux amis roule lentement, tirée par un cheval débonnaire. Assis sur la banquette, Charles hoche la tête, lorgne la rue et se borne à répéter « non », sans qu'on sache au juste ce qu'il refuse. La chambre d'hôtel qui lui est réservée, au rez-de-chaussée, est claire, spacieuse. Il en paraît satisfait, tout en continuant à jurer et à grogner « non ». Caroline est soulagée d'avoir soustrait son fils à la surveillance de ces religieuses trop entreprenantes. Enfin, elle va l'avoir tout à elle !

À Paris cependant, les journalistes épiloguent sur l'état de Baudelaire. Le 12 avril, Georges Maillard a révélé dans *L'Événement* que l'auteur des *Fleurs du Mal* était gravement malade : « On craint qu'il ne perde la raison, sinon la vie. » Banville dément cette assertion dans le même journal. Quelques jours plus tard, Henry de La Madelène se prépare à insérer, dans *Le Nain jaune*, un article nécrologique : « Le poète des *Fleurs du Mal* vient de mourir tristement à Bruxelles dans une obscure chambre d'auberge et sa mort foudroyante a été, cette semaine, l'émotion littéraire de Paris. » Ayant appris que la nouvelle était fausse, il se dépêche de faire précéder son texte par ce chapeau rectificatif : « Au moment où nous mettons sous presse, les journaux belges démentent le bruit de la mort de Charles Baudelaire. Dieu veuille que cette bonne nouvelle se confirme et que de longs jours lui soient réservés ! Comme je n'ai rien écrit sur Baudelaire mort que Baudelaire vivant ne puisse lire, je ne change pas une ligne à cette étude. » D'autres commentaires, suscités par la décrépitude du poète, fleurissent dans la presse, les uns vantant ses qualités, les autres insistant sur ses bizarreries. Dans le *Journal de Bruxelles*, Victor Fournel écrit : « Le besoin de se distinguer et l'horreur du banal le poussèrent jusqu'à une sorte de monomanie littéraire ; il dépensa un art opiniâtre à écrire des poésies souvent révoltantes. »

Les amis de Baudelaire sont ulcérés par le bruit fait autour de sa disgrâce physique. Son état reste stationnaire. Sa mère bêtifie devant lui, comme si elle était revenue au temps où, jeune femme, elle le promenait en landau. Poulet-Malassis la trouve « aimable », « bonne », mais « trop frétillante pour son âge de soixante-douze ans ». Son fils est avec elle d'une brusquerie parfois blessante. Quoi qu'elle fasse, il le lui reproche par des gestes violents et des cris inarticulés. Ainsi, après la visite d'un coiffeur, il exige que sa mère lui présente une brosse à cheveux. Elle lui en tend une et il la jette dans un coin en roulant des yeux féroces et en grinçant des dents. La brosse ne lui convient pas. « Cinq minutes après, écrit Poulet-Malassis à Asselineau, autre colère à propos de brosse encore. On lui donne une brosse de chiendent, une grosse brosse à paletot pour son chapeau. » Là encore, il n'est pas content, il proteste par des borborygmes et des rictus haineux. Puis il se calme. Poulet-Malassis doit l'emmener en voiture à la campagne. Avec un dévouement constant, il s'ingénie à le distraire, dans l'espoir de réveiller en lui une lueur de conscience, de tendresse, de mémoire. Mais Charles oppose à toutes les prévenances un visage indifférent ou irrité. « Enfin nous partons, poursuit Poulet-Malassis. Nous faisons un tour dans la verdure, nous déjeunons dans un petit cabaret, je lui tiens la conversation la plus égayante que je peux et le ramène sans qu'il ait témoigné du plaisir de vivre et du contentement, levant seulement de temps à autre les yeux au ciel avec une expression résignée, après un vain effort de parler. »

De toute façon, Baudelaire ne peut rester à Bruxelles. Mais où aller ? A Honfleur ? Dès qu'on en parle devant lui, Charles se hérisse. Il refuse de partager la vie de sa mère au milieu des cancans provinciaux. Et elle, de son côté, confesse qu'elle souffrirait dans son amour-propre si elle devait revenir à Honfleur flanquée d'un fils aussi cruellement diminué. Elle sait trop que ses amis de là-bas, proches autrefois du général Aupick, sont tous hostiles à Charles et la délaisseront si elle l'héberge. Alors on songe à le placer à Paris, dans la clinique du docteur Blanche, qui serait prêt à le recevoir. Mais Asselineau proteste : « Ce que je vois de plus net en tout ceci, c'est d'abord que Baudelaire n'est nullement fou et que, dès lors, il n'y a pas à penser à la maison Blanche, ni à rien de pareil[1]. »

Finalement, Mme Aupick, conseillée par Poulet-Malassis, décide de ramener son fils à Paris et de choisir sur place une maison de santé adéquate. Le départ a lieu le 29 juin. Caroline et sa femme de chambre, Aimée, soutiennent Charles. Poulet-Malassis, ayant été condamné en correctionnelle l'année précédente, ne peut prendre le risque de rentrer en France. Mais Arthur Stevens est du voyage. On a retenu un compartiment à prix réduit. Asselineau est présent à la gare du Nord pour accueillir le poète ; il l'aperçoit de loin dans la foule, s'appuyant du bras gauche sur Arthur Stevens, le bras droit pendant, inerte, le long du corps, sa canne accrochée au bouton de son habit. Baudelaire, quand il reconnaît son ami, pousse un éclat de rire sonore, prolongé, aigu, qui glace le sang dans les veines de chacun.

Après quelques jours passés dans un hôtel proche de la gare du Nord, où les docteurs Piogey, Lasègue et Blanche viennent lui rendre visite, le malade est transféré à la maison de santé du docteur Émile Duval, 1, rue du Dôme, non loin de l'Arc de Triomphe, au coin de la rue Lauriston. On l'y installe le 4 juillet 1866, dans une chambre assez grande et bien aérée, au rez-de-chaussée d'un pavillon

---

1. Lettre de Mme Aupick à Poulet-Malassis, le 30 juin 1866.

dont les fenêtres ouvrent sur le jardin. Afin de soulager les finances de Mme Aupick, Asselineau prend l'initiative d'adresser au ministre de l'Instruction publique, Victor Duruy, une pétition pour qu'il accorde à Baudelaire « une pension en rapport avec les soins que son état réclame ». « Cette faveur serait d'ailleurs bien justifiée, précise le document, par les travaux d'un écrivain qui a révélé à la France le plus beau génie littéraire du Nouveau Monde et qui, depuis vingt ans, concourt à la rédaction des revues et des journaux les plus importants. » C'est volontairement que *Les Fleurs du Mal* ne sont pas mentionnées dans la supplique officielle. Le seul rappel de ce titre pourrait indisposer les hommes au pouvoir. Pour appuyer cette demande, Asselineau réunit les signatures de Champfleury, de Banville, de Leconte de Lisle et de trois académiciens : Sainte-Beuve, Jules Sandeau, Mérimée.

Le 4 octobre, Victor Duruy signe un arrêté octroyant à Baudelaire « une indemnité de 500 francs à titre éventuel ». Dérisoire aumône de l'État à un des plus grands poètes français. Ses amis s'indignent de l'avarice gouvernementale. Mme Aupick fait ses comptes et soupire. Elle s'est logée dans une maison meublée, 8, rue Duphot. Chaque jour, elle vient voir son fils. Mais elle se montre avec lui si débordante d'affection qu'il ne peut plus supporter son babillage et son dorlotage séniles. On dirait qu'elle prend sa revanche sur toutes ces années de séparation en le crampionnant, le coiffant, le nourrissant et se nourrissant de lui. Des scènes violentes éclatent entre eux pour des vétilles. Quand elle lui propose d'acheter d'autres pantoufles ou de faire ressemeler les vieilles qui sont percées, il s'étrangle dans une série de « crénom ! » — le seul mot qu'il arrive encore à prononcer — et elle a toutes les peines du monde à apaiser sa fureur. Une autre fois, il s'emporte contre elle parce qu'elle ne comprend pas ce qu'il veut dire en lui fourrant sous le nez la plaquette des

Épaves. Devant sa mère terrorisée, il hurle, trépigne et enfin, épuisé, se jette sur son canapé en agitant bras et jambes comme sous l'effet d'une décharge électrique. Quand elle rapporte cette dernière altercation au docteur Duval, il lui répond : « Évitez cela ; il y a de quoi lui donner une congestion cérébrale. Depuis longtemps je veux vous dire de cesser vos visites, parce qu'il n'est excité de colère qu'avec vous [1]. »

Troublée, Mme Aupick finit par regagner Honfleur. Elle reviendra à Paris de temps à autre, pour de brefs séjours. En son absence, les amis de Charles parlent d'un éventuel voyage à Nice, dont le climat conviendrait au malade. Elle s'inquiète. Devra-t-elle y aller aussi ? Son instinct maternel le lui commanderait. « Mais dans l'état de faiblesse où sont mes jambes et mes reins, est-ce bien sage ? » Heureusement, le projet est abandonné. De même que celui d'un transport à Honfleur. Baudelaire reste cloué dans la clinique du docteur Duval, l'esprit perdu et se contentant d'éructer, par intervalles : « Non, crénom, non ! » Il reçoit des amis, à qui il sourit vaguement comme à des fantômes. Asselineau, qui a relayé Poulet-Malassis, se fait une obligation morale de le visiter presque chaque jour. Tour à tour, Sainte-Beuve, La Madelène, Banville, Hetzel, Leconte de Lisle, Maxime Du Camp, Nadar, Champfleury, Troubat, Mme Paul Meurice, Manet et son épouse viennent en pèlerinage dans cette chambre où ce qui reste de Baudelaire lutte contre la mort. Une fois, à la demande de Champfleury, Mme Paul Meurice se propose pour jouer du piano, dans la maison de santé, à l'intention du malade. Elle apporte la partition de *Tannhäuser*. Il l'écoute atten-

---

[1]. Lettre de Mme Aupick à Poulet-Malassis. Toutes les circonstances citées au sujet de la maladie de Baudelaire figurent dans le recueil constitué par Jean Richer et Marcel A. Ruff, *Les Derniers Mois de Charles Baudelaire*.

tivement et, semble-t-il, avec plaisir. Mais, aussitôt après, il retombe dans une hébétude opaque.

Cependant, au plus profond de sa confusion, il continue de rêver à son œuvre. Asselineau lui ayant amené Michel Lévy, il explique par gestes à l'éditeur qu'il voudrait attendre d'être guéri pour surveiller la réimpression des *Fleurs du Mal*. Il indique même une date possible en pointant son doigt sur la page d'un almanach : le 31 mars 1867. Une autre fois, s'étant rendu chez Michel Lévy, il aperçoit Ernest Feydeau en conversation avec Asselineau, s'approche d'eux et, au lieu de tendre la main à son confrère, le prend par la barbe. Tirant sur la touffe de poils qu'il serre entre ses doigts, il répète : « Hum ! hum ! » Après quoi, il repasse la porte. « Quand il fut parti, raconte Asselineau, Feydeau dit : "Je préférerais cent fois la mort plutôt que d'en être réduit là." »

Pendant quelque temps, ses amis se félicitent de l'entendre prononcer, avec un effort désespéré, des mots comme « bonjour », « très bien », « bonsoir », « adieu », mêlés aux habituels « crénom ». Ils communiquent à Mme Aupick ces menues victoires sur l'aphasie. Caroline y décèle les premiers signes de la guérison. Sa joie est celle d'une mère constatant que son bambin enrichit de jour en jour son vocabulaire. Mais, très vite, ces symptômes encourageants disparaissent. Baudelaire sombre dans une absence totale, ne participant à la conversation que par des bredouillements, des moues et des battements de paupières. Il ne quitte plus son lit. La position constamment couchée provoque des escarres aux fesses et aux reins. Il gémit lorsqu'on le déplace. Pour le reste, la machine tourne rond. Ainsi, lui qui, tout au long de son œuvre, s'est révolté contre la matière au nom de l'esprit se voit la victime d'une horrible revanche de la chair sur l'intelligence. Alors que celle-ci vacille et s'éteint, les fonctions naturelles du corps continuent. Il n'y a plus de Baudelaire dans le monde de la pensée, mais l'enveloppe résiste, comme si le plus important, ici-bas, ce n'était pas l'étincelle du génie, mais les mouvements réguliers du cœur, la circulation honnête du sang, le travail obscur de la digestion et de la défécation.

Enfin, le samedi 31 août 1867 au matin, Baudelaire entre en agonie. Un prêtre accourt. Demandé par qui ? Le moribond ne peut prononcer un mot. Même le sempiternel « crénom » ne franchit plus ses lèvres. Peu importe : il est administré avant de rendre le dernier soupir. L'éternel protestataire s'endort doucement, sans souffrance, et offre aux regards des personnes présentes le visage pacifié d'un homme qui a réussi sa vie et qui part content.

Mme Aupick est revenue à Paris dans le courant du mois de juillet. En apprenant la mort de Charles, elle est frappée d'une douleur solennelle. Il lui semble soudain que son fils est plus grand qu'elle ne l'a jamais cru. Ancelle se rend à la mairie pour déclarer le décès. Il est bouleversé comme s'il venait de perdre son propre enfant. Seul dans le fiacre, il pleure. Bien entendu, c'est lui qui s'occupera des démarches relatives aux obsèques. On est en plein été. La chaleur est écrasante. Le cadavre en souffre déjà. Le poème *Une charogne* est dans toutes les mémoires. Il faut faire vite. L'enterrement est prévu pour le lundi 2 septembre. La brièveté du délai est telle qu'Asselineau et l'éditeur Edmond Albert ont beaucoup de mal à prévenir les amis par des messages personnels.

Après un service funèbre célébré en l'église Saint-Honoré-d'Eylau devant une centaine de personnes, le cortège prend le chemin du cimetière du Montparnasse. Ancelle conduit le deuil. Quelques rares fidèles piétinent derrière le corbillard : Paul Verlaine, Fantin-Latour, Manet, Arthur Stevens, Nadar, Champfleury... Une touffeur orageuse écrase la ville. Sainte-Beuve n'est pas venu. Théophile Gautier est retenu à Genève. La Société des gens de lettres n'a délégué aucun des membres de son comité. Personne non plus pour représenter le ministre de l'Instruction publique. Baudelaire doit être inhumé dans le caveau de famille où repose déjà le général Aupick. Dérisoires retrouvailles de deux ennemis dans les ténèbres d'un même tombeau. Banville prononce quelques mots émus pour saluer le poète qui, en véritable *novateur*, n'a pas cherché à idéaliser l'homme moderne, mais l'a accepté et célébré « avec ses défaillances, avec sa grâce maladive, avec ses aspirations impuissantes, avec ses triomphes mêlés de tant de découragements et de tant de pleurs ». Asselineau ensuite, brisé de chagrin et indigné que si peu de gens se soient dérangés pour accompagner Baudelaire à sa dernière demeure, rend hommage à son ami qui, dit-il, ne s'est jamais révolté que contre la médiocrité et la sottise et a été, toute sa vie durant, « un grand cœur » et « un bon cœur ». Un roulement de tonnerre couvre sa péroraison. La pluie menace. Le vent arrache les feuilles des arbres et en parsème le cercueil. Craignant d'être surpris par l'averse, les assistants s'éloignent sans se retourner. Comme s'ils avaient participé à un mauvais coup.

Aussitôt après les obsèques, la presse s'empare du défunt et brode des calembredaines autour de sa personnalité insolite. Dans le *Journal de Paris* du 3 septembre, Victor Noir affirme, entre autres insanités, que Baudelaire a vécu cinq ans aux Indes, qu'il s'y est lié avec une indigène, connue plus tard, à Paris, sous le nom de « Monstre noir », qu'il a été applaudi à tout rompre par le public lors du procès des *Fleurs du Mal* et que les Américains préfèrent ses traductions d'Edgar Poe au texte original de leur compatriote. Quant à Jules Vallès, il dresse, dans le numéro du 7 septembre de *La Situation*, un réquisitoire impitoyable : « Il y avait en lui, écrit-il, du prêtre, de la vieille femme et du cabotin [...]. Satan, c'était ce diablotin démodé, fini, qu'il s'était imposé la tâche de chanter, d'adorer et de bénir ! [...] C'est que, voyez-vous, ce fanfaron d'immoralité, il était au fond un religiosâtre, point un sceptique ; il n'était pas un démolisseur, mais un croyant ; il n'était que le niam-niam d'un mysticisme bêtasse et triste, où les anges avaient des ailes de chauves-souris avec des faces de catin. » Emporté par sa haine contre ce prétendu « novateur », qui n'appartenait même pas à la généreuse classe populaire des travailleurs et attaquait la bourgeoisie tout en soignant sa mise et en baisant la main des dames, Jules Vallès doute de surcroît que l'auteur des *Fleurs du Mal* ait tâté du haschich et de l'opium et qu'il se soit montré vicieux en amour. Pour lui, Baudelaire n'a été, toute sa vie, qu'un mauvais histrion. Révolté par cet article, Nadar proteste dans *Le Figaro* du 10 septembre : « Il n'est permis ni possible de se taire devant certaines attaques contre l'homme qui ne peut plus répondre, et c'est pourquoi j'apporte ici mon témoignage à celui dont on parle tant et qui fut si peu connu. » Et il dresse un portrait de Baudelaire, ce « gentleman » d'apparence froide, mais dont le scepticisme cachait de grandes réserves d'enthousiasme et le souci du travail bien fait. La veille, c'est Théophile Gautier qui a, dans *Le Moniteur*, décerné à son confrère disparu les éloges que mérite son génie. Les autres articles sont du tout-venant nécrologique. Le naufrage de Baudelaire n'a guère ému les milieux littéraires de l'époque.

Après l'enterrement, Mme Aupick est rentrée à Honfleur. Les propos qu'elle a entendus au lendemain de la mort de Charles ont corrigé l'image qu'elle se faisait de lui. Mais elle l'a trop aimé pour croire qu'elle ne l'a pas compris. Une lettre touchante de Sainte-Beuve sur le poète défunt achève de la persuader qu'elle a donné le jour à un être d'exception. Désormais, elle veut vouer un culte non seulement à son souvenir, mais aussi à l'œuvre qu'il a laissée.

Baudelaire n'ayant pas rédigé de testament, sa mère est déclarée seule héritière. À sa demande, c'est Asselineau qui se charge de la publication des « œuvres complètes » de son ami. Les négociations avec Michel Lévy se révèlent longues et difficiles. D'autant plus qu'elles mettent en cause les contrats déjà signés par l'auteur avec Hetzel et Poulet-Malassis. Quant aux pièces condamnées par le tribunal correctionnel en 1857, il ne peut être question de les réimprimer[1]. Alors que l'ouvrage est en préparation, Mme Aupick, prise de scrupules, demande à Asselineau de supprimer *Le Reniement de saint Pierre*. « Comme chrétienne je ne puis pas, je ne dois pas laisser réimprimer cela, lui écrit-elle en novembre 1867. Si mon fils vivait, certes il n'écrirait pas cela maintenant, ayant eu, depuis quelques années, des sympathies religieuses. Si, de là-haut, il nous voit, s'il assiste à vos efforts, mes amis, à mon désir de perpétuer sa renommée, il ne pourra pas être mécontent de cette suppression, puisqu'il savait combien je l'avais blâmé, dans le temps. Je suis trop malheureuse, j'ai devant moi en perspective une trop cruelle vie pour ne pas chercher à échapper à un remords, et j'en aurais un, nécessairement, si je laissais imprimer cette pièce. Dans mon malheur, il me faut du moins le contentement de moi-même. »

Estomaqué par cette prétention, Asselineau répond avec raideur que, si elle insiste, ni lui ni aucun des amis de son fils ne s'occupera plus de la publication. Sèchement rabrouée, Caroline capitule : « Vous m'avez écrit une lettre bien dure, puisque j'y trouve le mot de *démission*. Cette menace foudroyante aurait été faite sans doute pour m'ébranler, si ces mots magiques : *Charles n'est pas là pour se défendre*, n'avaient pas produit instantanément un revirement dans mes idées, et c'est instantanément aussi

---

[1]. Elles ne pourront être rééditées officiellement qu'après que la Cour de cassation aura annulé, en 1949, le jugement rendu en 1857.

qu'avec des larmes j'ai fait, devant son image, le sacrifice de mes scrupules et la promesse que sa pensée resterait intacte et serait reproduite telle qu'il l'a exprimée. Et c'est encore sous cette impression solennelle que je viens vous prier de conserver la pièce. »

Le premier tome des *Œuvres complètes* de Charles Baudelaire paraît en décembre 1868 chez Michel Lévy frères, dans la collection « Bibliothèque contemporaine ». Le volume s'ouvre sur une longue et chaleureuse notice de Théophile Gautier, que Mme Aupick lit avec gratitude. Elle s'étonne que son fils, malgré son mauvais caractère, ait eu tant de bons amis. Sans doute est-ce là le privilège du génie ? Elle invite Asselineau et Banville à Honfleur, correspond avec Mme de Banville mère. Tout ce qui lui rappelle Charles est sacré à ses yeux. Elle languit de vivre encore alors que, lui mort, elle ne sert plus à rien.

Caroline s'éteint le 16 août 1871, à l'âge de soixante-dix-huit ans, des suites d'une attaque d'apoplexie, dans la « maison-joujou » perchée sur la falaise : la même maladie que son fils ! Ce sont Félicité Baudelaire, la veuve d'Alphonse, et Aimée, la servante, qui recueillent son dernier souffle. Le corps est transporté à Paris et inhumé au cimetière du Montparnasse, dans le caveau où reposent déjà le général Aupick et Charles. Les biens de la défunte, y compris ce qui reste de l'héritage de son fils, sont partagés entre Ancelle, Émon et Félicité. Cette dernière reçoit notamment les lettres de Charles à sa famille. Craignant de salir le nom qu'elle porte par son mariage, cette mijaurée refuse de communiquer les documents intimes qu'elle détient aux amis du poète. Moins on parlera de lui, plus elle sera tranquille. Il a donné tellement de soucis à son pauvre Alphonse ! Elle ne mourra qu'en 1902, et alors seulement la mémoire de Baudelaire sera délivrée de tous les interdits.

Une autre ombre, qui a longtemps accompagné Charles, disparaît à l'horizon : Jeanne Duval, la mulâtresse qu'il a tant aimée, tant détestée et dont il ne s'est séparé qu'à regret. Elle est devenue presque aveugle et à moitié folle. Nadar prétend l'avoir aperçue vers 1870. Elle se traînait le long du boulevard, appuyée sur des béquilles.

La publication des sept volumes des *Œuvres complètes* de Baudelaire et d'une courte biographie due à Asselineau relance, dès 1870, l'intérêt du public pour un écrivain qui, de son vivant, n'intéressait que les amateurs de sensations étranges. Edmond de Goncourt n'a même pas jugé utile de signaler, dans son *Journal*, la mort de l'auteur des *Fleurs du Mal*. Le 12 janvier 1869, agacé par le mouvement d'admiration qui se dessine autour du défunt, il note : « La folie de l'écrivain, de l'artiste — voyez Méryon, Baudelaire, — les surfait, une fois morts ; elle fait monter leurs œuvres comme la guillotine fait monter l'écriture des guillotinés dans les catalogues d'autographes. » Encore quatorze ans, et il parle du *baudelairisme* ambiant qui est, selon lui, une marque de mauvais goût. Le 27 janvier 1895, nouveau sursaut d'indignation contre la littérature malpropre : « Quels sont en ce moment les trois dieux de la jeunesse ? Ce sont Baudelaire, Villiers de L'Isle Adam, Verlaine : certes trois hommes de talent, mais un bohème sadique, un alcoolique, un pédéraste assassin. »

Dans son combat posthume pour la conquête de la France, le « bohème sadique » ne dispose que d'une seule arme : *Les Fleurs du Mal*. En effet, *Le Spleen de Paris, Les Paradis artificiels*, les traductions de Poe, les essais critiques passent au second plan. Le nom de Baudelaire, à présent, recouvre surtout cent cinquante-deux poèmes, dont la violence d'inspiration et la perfection d'écriture stupéfient la jeunesse. Les derniers Parnassiens et les auteurs qui, comme Verlaine et Mallarmé, sont issus de ce mouvement communient en Baudelaire avec les symbolistes. Dès 1892, sur l'initiative de Léon Deschamps, directeur de la revue symboliste *La Plume*, un comité s'institue en vue de l'érection d'un monument sur la tombe de Baudelaire. Mais les caisses sont vides. On attendra. Le 15 janvier 1895, paraît dans *La Plume* le *Sonnet à Baudelaire* de Mallarmé. Bientôt, la même revue consacrera à l'iconographie de Baudelaire un numéro spécial[1]. De plus en plus nombreux sont les écrivains de tout bord qui lui rendent hommage. Le 26 octobre 1902, le projet de 1892 ayant été repris par un nouveau comité, un monument, dû au ciseau de José de Charmoy, est dressé au cimetière du Montparnasse, non loin de la tombe où repose Baudelaire. Une sorte de démon, surgissant à mi-corps d'une stèle, se penche au-dessus d'un gisant enveloppé de bandelettes comme une momie. Cette bizarre figure est très critiquée par les disciples du poète. On se demande quelles en sont la signification et la nécessité. Cependant, les étudiants viennent en foule à la cérémonie de l'inauguration. Alors que les milieux officiels se tiennent ostensiblement à l'écart de ce culte, la jeunesse est comme ensorcelée. On lit Baudelaire en cachette dans les lycées, on essaie d'imiter, en des vers maladroits, son satanisme et son mépris du monde.

En 1917, cinquante ans après la mort du poète, son œuvre tombe, conformément à la loi, dans le domaine public. Bien qu'on soit en pleine guerre, quelques éditeurs courageux relancent *Les Fleurs du Mal* dans des présentations nouvelles. Leur entreprise se révèle fructueuse. La paix une fois signée, la grande masse découvre avec délices cet auteur interdit et maudit. Les éditions de luxe et les éditions illustrées inondent le marché. Il n'y en a

---

1. Voir la note 2 de la page 240.

jamais trop. Elles rejoignent les livres de Victor Hugo dans les bibliothèques des honnêtes gens.

Ainsi, de génération en génération, la gloire de Baudelaire ne cesse de resplendir. Elle passe les frontières et suscite des commentaires dans toutes les langues. Mais, plus on glose sur lui, plus le personnage paraît mystérieux. Qui cherchait-il à effrayer en invoquant le diable : le lecteur ou lui-même ? Jusqu'à quel point était-il sincère en criant son horreur de l'humanité ? Quelles étaient, dans sa poésie, la part de l'artifice et celle de l'expérience intime ? Était-il le comédien consommé de sa vie ou la victime impuissante de ses passions ? Tout compte fait, il est bon que ces questions demeurent sans réponse. C'est quand les intentions d'un écrivain ne se laissent pas deviner que son œuvre a les meilleures chances de survivre.

BIBLIOGRAPHIE

PRINCIPAUX OUVRAGES CONSULTÉS

ASSELINEAU (Charles) : *Charles Baudelaire, sa vie et son œuvre*, Lemerre, 1869.

BARBEY D'AUREVILLY (Jules) : *Les Œuvres et les hommes : les Poètes*, Lemerre, 1889.

BAUDELAIRE (Charles) : *Œuvres complètes* (présentées et annotées par Claude Pichois), Gallimard, « Bibliothèque de la Pléiade », 1975-1976 (2 vol.) ; rééd. 1990.
— *Correspondance* (présentée et annotée par Claude Pichois et Jean Ziegler), Gallimard, « Bibliothèque de la Pléiade », 1973 (2 vol.).
— *Lettres inédites aux siens* (édition établie par Philippe Ausserve), Grasset, 1966.
— *Les Fleurs du Mal* (édition critique établie par Jacques Crépet et Georges Blin), José Corti, 1942.

BERSANI (Leo) : *Baudelaire et Freud*, Le Seuil, 1981.

CELLIER (Léon) : *Baudelaire et Hugo*, José Corti, 1970.

CHARPENTIER (John) : *Baudelaire*, Tallandier, 1937.

CRÉPET (Eugène) : *Charles Baudelaire* (biographie mise à jour par Jacques Crépet), Messein, 1906.

DECAUNES (Luc) : *Charles Baudelaire*, Seghers, « Poètes d'aujourd'hui », 1952.

Du Camp (Maxime) : *Souvenirs littéraires*, Hachette, 1892 (2 vol.).

Dufay (Pierre) : *Autour de Baudelaire*, Le Cabinet du Livre, 1931.

Emmanuel (Pierre) : *Baudelaire*, Desclée de Brouwer, 1967.

Flottes (Pierre) : *Baudelaire, l'homme et le poète*, Perrin, 1922.

Gautier (Théophile) : *Baudelaire*, Klincksieck, 1986.

Goncourt (Edmond et Jules de) : *Journal*, Fasquelle-Flammarion, 1956 (4 vol.).

Lemonnier (Léon) : *Enquêtes sur Baudelaire*, Crès et Cie, 1929.

Mauriac (François) : *De quelques cœurs inquiets*, Société littéraire de France, 1919.

Moss (Armand) : *Baudelaire et Madame Sabatier*, Nizet, 1978.

— *Baudelaire et Delacroix*, Nizet, 1973.

Nadar (Félix) : *Charles Baudelaire intime*, Blaizot, 1911.

Pia (Pascal) : *Baudelaire*, Le Seuil, « Écrivains de toujours », 1989.

Pichois (Claude) : *Le Vrai Visage du général Aupick*, Mercure de France, 1955.

— *Baudelaire, études et témoignages*, Neuchâtel, La Baconnière, 1968.

— *Lettres à Baudelaire*, Neuchâtel, La Baconnière, 1973.

— et Ziegler (Jean) : *Baudelaire*, Julliard, 1987.

— et Bandy (W.T.) : *Baudelaire devant ses contemporains*, Monaco, Éditions du Rocher, 1957.

— et Ruchon (François) : *Baudelaire, documents iconographiques*, Genève, P. Cailler, 1960.

— et Avice (Jean-Paul) : *Baudelaire-Paris*, Paris-Musées, 1993.

PORCHÉ (François) : *La Vie douloureuse de Charles Baudelaire*, Plon, 1926.
— *Baudelaire, histoire d'une âme*, Flammarion, 1945.
— *Baudelaire et la Présidente*, Gallimard, 1959.
PRAROND (Ernest) : *De quelques écrivains nouveaux*, Michel Lévy, 1852.
RAYNAUD (Ernest) : *Charles Baudelaire*, Garnier Frères, 1922.
REYNOLD (Gonzague de) : *Charles Baudelaire*, Crès et Cie, 1920.
RICHER (Jean) et RUFF (Marcel A.) : *Les Derniers Mois de Charles Baudelaire*, Nizet, « Documents », 1976.
ROBB (Graham) : *La Poésie de Baudelaire et la poésie française, 1838-1852*, Aubier, « Critiques », 1993.
SARTRE (Jean-Paul) : *Baudelaire*, Gallimard, 1947.
SOUPAULT (Philippe) : *Baudelaire*, Rieder, 1931.
VALÉRY (Paul) : *Situation de Baudelaire*, Imprimerie de Monaco, 1924 ; texte d'une conférence, repris dans les *Œuvres complètes* de Paul Valéry, Gallimard, « Bibliothèque de la Pléiade », tome I, 1957.

INDEX

A

ABBATUCCI (Jacques-Pierre-Charles) 191
AFFRE (Mgr) 134
AIMÉE 318, 322, 330
ALBERT (Edmond) 326
ALLAIS (Alphonse) 223
ALLAIS (M.) 223
ANCELLE (maître Narcisse-Désiré) 82 à 84, 90-91, 102, 105 à 107, 110, 115, 120 à 124, 130, 133, 137, 139, 142-143, 147, 156, 165, 174, 179, 187, 214 à 217, 234-235, 260, 263, 275, 293-294, 301, 304, 306-307, 309-310, 314 à 319, 326, 330
ARONDEL (Antoine) 84, 102, 130
ASSELINEAU (Charles) 94-95, 100, 103, 120, 127, 151, 183, 191, 198, 229, 240, 266, 276, 280, 307-308, 312-313, 316, 318, 321 à 327, 329 à 331
AUDEBRAND (Philibert) 250
AUGIER (Émile) 146, 268
AUPICK (général Jacques) 15 à 20, 22-23, 25, 27, 29-30, 32-33, 35-36, 39, 41, 43, 46-47, 49, 52-53, 60, 63 à 65, 67 à 71, 74, 77, 79, 81 à 83, 85, 87, 89, 96, 102, 108, 115, 118, 122, 126-127, 130-131, 133, 140 à 143, 147, 157-158, 162-163, 185-186, 189, 191, 204, 210, 221, 243, 268-269, 283, 322, 327, 330
AUPICK (Mme), voir BAUDELAIRE (Caroline)
AUTARD DE BRAGARD (M. et Mme Adolphe) 72-73, 76
AYMARD (général) 25

B

BABOU (Hippolyte) 182, 229, 240, 276
BAILLY (pension) 58, 60
BALZAC (Honoré de) 92, 111, 116, 140, 146, 197, 214, 282
BANVILLE (Mme de) 330
BANVILLE (Théodore de) 92, 107, 114, 151, 172, 177, 209, 224, 230, 240, 267, 276, 278, 303, 308, 320, 323-324, 327, 330
BARBÈS (Armand) 49
BARBEY d'Aurevilly (Jules) 167, 185, 191, 248, 281
BARBIER (Auguste) 267, 276
BARTHET (Armand) 127

339

BAUDELAIRE (Alphonse) 8 à 10, 13, 16, 18, 20 à 26, 28, 30-31, 33, 37, 41, 44-45, 49, 53-54, 56, 61 à 66, 68-69, 79-80, 83, 87, 89, 107, 112, 160-161, 205-206, 260, 330

BAUDELAIRE (Caroline, née Archimbaut-Dufaÿs, Mme Aupick) 9 à 21, 23, 27-28, 30, 32, 35 à 43, 46, 49 à 53, 55, 63, 66 à 68, 70, 78 à 81, 83 à 91, 96, 98, 101-102, 105, 107-108, 110, 115-116, 121 à 126, 131, 133, 137 à 142, 144-145, 147, 150, 154-155, 157 à 159, 161 à 165, 172 à 174, 179 à 181, 185 à 187, 189, 191-192, 203 à 205, 213 à 216, 218, 220 à 222, 228, 234 à 239, 243 à 245, 247, 252, 254, 259 à 264, 269, 273, 280, 283, 285 à 287, 289 à 291, 293, 299, 302, 304, 306-307, 310-311, 313 à 326, 328 à 330

BAUDELAIRE (Edmond) 160

BAUDELAIRE (Félicité, née Ducessois) 16, 18, 21, 61-62, 112-113, 160-161, 260-261, 330

BAUDELAIRE (Joseph-François) 7 à 11, 13, 16, 43, 205-206, 252

BAUDELAIRE (Rosalie, née Janin) 7 à 9

BEAUSÉJOUR (capitaine Jude de) 76-77

BELLEYME (Louis-Marie de) 196-197

BÉRANGER (Pierre-Jean de) 193-194, 197, 305

BILLAULT (Adolphe-Augustin-Marie) 191

BLANC (Edmond) 65

BLANCHE (docteur) 322

BLANQUI (Louis-Auguste) 49, 132, 134

BLÉMONT (Émile) 256

BOISSARD (Fernand) 111, 167

BOREL (Pétrus) 276

BOULANGER (Louis) 104

BOURDIN (Gustave) 189

BOURDON (pension) 19

BOYER (Philoxène) 151, 170 à 172, 229, 276

BRACQUEMOND (Félix) 242-243

BROGLIE (prince Albert de) 270, 274

BROISE (Eugène de) 140, 184, 197, 239

BUISSON (Jules) 58, 129-130

BYRON (lord) 188, 214

C

CALONNE (Alphonse de) 217, 221, 226 à 228

CALONNE (Mme Alphonse de) 225 à 227

CANTEL (Henri) 249

CARDINE (abbé Jean-Baptiste) 244-245, 247, 263

CARRÈRE (Achille) 44

CASTILLE (Hippolyte) 119

CAVAIGNAC (général) 134

CHAIX D'EST-ANGE (maître Gustave) 192, 197
CHAMPFLEURY 105, 128, 131, 151, 232, 240, 251, 323-324, 326
CHARDIN (Achille) 34-35
CHARMOY (José de) 332
CHARPENTIER (éditeur) 114
CHATEAUBRIAND (François-René de) 57, 214, 282
CHENNEVIÈRES (Philippe de) 58, 92, 134
CHOISEUL-PRASLIN (duc et duchesse Antoine de) 7
CLADEL (Léon) 249
CLARETIE (Jules) 251
CLÉSINGER (Jean-Baptiste, dit Auguste) 166-167
COCO-MALPERCHÉ, voir POULET-MALASSIS
COLET (Louise) 99
COLLART (Léopold) 289, 291, 296
COLLART (Mme Léopold) 289
CORMENIN (Louis de) 141
COROT (Jean-Baptiste) 103
CORRÈGE (le) 102
COURBET (Gustave) 120, 132
CRABBE (Prosper) 291
CRÉPET (Eugène) 59, 94, 121, 130, 230, 276 à 278
CROLY (révérend) 114

D

DANTE 191
DAUBRUN (Marie) 172 à 179, 183, 224
DAUM (Françoise) 298
DAVID (Jacques-Louis) 111, 256
DECAMPS (Alexandre-Gabriel) 103
DELACROIX (Eugène) 39, 103-104, 111, 114-115, 117, 229 à 231, 254 à 256, 282, 288-289
DELAVIGNE (Casimir) 59
DELESVAUX (juge) 196
DELORME (pension) 23
DE MOT 284
DENECOURT (C.-F.) 152-153
DENNEVAL (M.) 214
DE QUINCEY (Thomas) 14, 222, 249
DERODE (Carlos) 227
DEROY (Émile) 93, 95, 102-103, 115
DESBORDES-VALMORE (Marceline) 276, 278
DESCHAMPS (Léon) 332
DESCHANEL (Émile) 44, 304
DESNOYERS (Fernand) 152
DIDEROT (Denis) 105
DOZON (Auguste) 58, 92
DU CAMP (Maxime) 140-141, 149, 151-152, 167, 222, 324
DUCHESNE (Alphonse) 248
DUFOUR (lieutenant-colonel) 68
DUPATY (président) 196
DUPONT (Pierre) 119, 134, 146, 276, 278
DURRIEU (général) 41
DURUY (Victor) 284, 323, 327

DUVAL (docteur Émile) 322, 324
DUVAL (Jeanne, *alias* Jeanne Lemer ou Jeanne Prosper) 84, 95-96, 101, 106 à 108, 110, 112-113, 138, 140, 154 à 156, 165-166, 173, 179 à 181, 200, 203, 222 à 225, 234 à 239, 254, 331
DUVAL (mère de Jeanne) 84, 159-160

E

ÉMON (Louis) 38, 189, 204-205, 210, 223, 245, 263, 330
EUGÉNIE (impératrice) 196, 198

F

FANTIN-LATOUR (Henri) 326
FEUILLET (Octave) 274
FEYDEAU (Ernest) 219, 325
FLAUBERT (Gustave) 140-141, 167, 190, 192, 194, 196, 207, 266-267, 281
FLOTTE (Paul de) 134
FOULD (Achille) 191 à 193, 274
FOURNEL (Victor) 320
FRÉDÉRIX (Gustave) 288-289

G

GARNIER (Hippolyte) 305, 308-309
GAUTIER (Judith) 166-167
GAUTIER (Théophile) 111, 141, 166-167, 169, 184-185, 188, 190, 193, 197, 209, 230, 239-240, 267, 270, 276, 278, 281, 289, 303, 307, 326, 328, 330
GLATIGNY (Albert) 249
GOETHE (Johann Wolfgang von) 149
GONCOURT (Edmond et Jules de) 167, 207, 331
GONET (Gabriel de) 251
GUÉRIN (Denis-Alexandre) 54, 56
GUÉROULT (Adolphe) 255
GUIZOT (François) 129, 132, 269
GUYS (Constantin) 229, 251

H

HACHETTE (éditeur) 277
HAINFRAY (Mme) 17, 68
HÉNAULT (Jean-François) 36
HETZEL (éditeur) 257-258, 285, 305-306, 308, 324, 329
HIGNARD (Henri) 31
HOHENLOHE (prince Louis de) 15, 17-18
HOSTEIN (Hippolyte) 174
HOUSSAYE (Arsène) 133, 151, 256-257, 259, 266
HUGO (Adèle) 299 à 303
HUGO (Victor) 31, 36, 40, 44, 56-57, 69, 92, 104, 115, 185, 188, 193, 207, 218-219, 222, 230, 240-241, 259, 270, 276, 278 à 281, 283 à 285, 291, 297, 300 à 303, 311, 333

I

INGRES (Jean-Auguste-Dominique) 111-112, 240

J

JAQUOTOT (maître Antoine) 214, 216-217

L

LABIE (maître) 17, 82
LABITTE (Jules) 105
LACORDAIRE (R.P. Henri) 264, 267, 270, 272 à 274, 282
LACROIX (docteur) 313
LACROIX (éditeur) 283 à 285, 288 à 290, 292, 301
LAFOND (Alexandre) 240
LA FONTAINE (Jean de) 197
LA GENEVRAYE (Louis de) 58
LA MADELÈNE (Henry de) 320, 324
LAMARTINE (Alphonse de) 31, 44, 69, 92, 119, 131, 133, 193-194, 197, 268-269
LANGLOIS (Eustache-Hyacinthe) 242-243
LAPRADE (Victor de) 193, 268
LA ROCHEJAQUELEIN (Mme de) 193
LA ROUNAT (Charles de) 275
LASÈGUE (Charles) 46, 49 à 51
LASÈGUE (docteur) 322
LAURENT (Marie) 177
LE BRUN (Charles) 256
LEBRUN (Pierre) 269
LECLERCQ (Émile) 296
LECONTE DE LISLE 119, 185, 230, 248, 267, 276, 278, 323-324
LEGOUVÉ (Ernest) 266
LEGRAS (maître) 87
LE JOSNE (commandant) 305
LEMER (Julien) 140, 305, 308
LEMERRE (Alphonse) 303
LEMONNIER (Camille) 290
LÉOPOLD Ier 297, 310
LEPAGE (Mme) 314-315
LEQUIME (docteur) 317
LERMONTOV (Mikhaïl) 225
LEVAILLANT (François) 283
LE VAVASSEUR (Gustave) 58 à 60, 92, 98-99, 105, 134, 276, 278
LÉVY (Michel) 114, 139, 174, 225, 249, 285 à 287, 325, 329-330
LONGFELLOW (Henry) 233
LORTIC 195
LOUIS-PHILIPPE 22, 25, 39, 119, 128, 131-132

M

MAILLARD (Georges) 320
MAISTRE (Joseph de) 151
MALLARMÉ (Stéphane) 304, 331
MANET (Édouard) 254-255, 324, 326
MARAT (Jean-Paul) 137
MARCQ (docteur Léon) 312, 316-317
MARGADEL (colonel) 141
MARIETTE 13, 15, 17, 19, 252

MARMIER (Xavier) 225
MARTIN (Marguerite) 166
MATHIEU (Gustave) 151
MATHILDE (princesse) 190, 192, 194
MEISSONIER (Ernest) 167
MÉNARD (Louis) 109, 119, 209
MENDÈS (Catulle) 305, 308-309, 316
MÉRAT (Albert) 249
MÉRIMÉE (Prosper) 192-193, 266, 274, 323
MÉRYON (Charles) 229, 331
MEURICE (Mme Paul) 295-296, 300, 324
MEURICE (Paul) 285
MEYERBEER (Giacomo) 161
MISTRAL (Frédéric) 248
MOLÈNES (Paul de) 227
MONNIER (Henri) 167
MONSELET (Charles) 240, 251
MONTÈS (Lola) 113
MOREAU (Hégésippe) 276
MOREL (Jean) 222
MORET (Eugène) 248
MOSSELMAN (Alfred) 166-167, 199 à 201
MURGER (Henri) 140
MUSSET (Alfred de) 44, 193, 197, 305

N

NACQUART (juge) 196
NADAR (Félix) 96, 151, 229, 240, 243, 299, 324, 326, 328, 331
NAPOLÉON III 147, 190, 259, 279
NÉRI (Élisa) 224
NERVAL (Gérard de) 181
NISARD (Désiré) 266
NOIR (Victor) 327

O

ORLÉANS (duc Ferdinand d') 22, 60, 83
OUROUSOF (prince) 240

P

PAJOL (général) 49
PALIS 139
PELLETIER (Jules) 274
PÉRIGNON (M. et Mme Pierre) 8 à 10
PIERROT (M.) 34-35, 47, 49
PIETRI (Pierre-Marie) 192-193
PINARD (Ernest) 196-197
PIOGEY (docteur) 313, 322
PLACE (M.) 82
POE (Edgar Allan) 119-120, 140, 148 à 151, 153-154, 157, 173-174, 183, 217, 227, 230, 252, 269, 271, 283, 286, 327, 331
PONSARD (François) 99, 127, 266, 268
PONTMARTIN 248
PONTON D'AMÉCOURT (juge) 196
POULET-MALASSIS (Auguste, *alias* Coco-Malperché) 95, 139-140, 151, 182 à 184,

190, 197-198, 222 à 224, 226 à 229, 231, 238 à 243, 258, 277, 282, 298, 305, 307, 309, 315 à 319, 321-322, 324, 329
POUSSIN (Nicolas) 102
PRAROND (Ernest) 58, 60, 92, 94, 97 à 99
PRIVAT D'ANGLEMONT (Alexandre) 58, 110
PROMAYET (Alphonse) 128
PROUDHON (Pierre-Joseph) 135-136, 141

R

RAPHAËL 118, 256
RASPAIL (François-Vincent) 132
REGNAULT (Jean-Baptiste) 8, 39
RICORD (docteur Philippe) 95
RINN (M.) 36-37, 39
ROBESPIERRE (Maximilien de) 132, 137
ROPS (Félicien) 250, 293, 309, 314-315
ROQUEPLAN (Nestor) 161, 213
ROSENMARK (Solange, née Autard de Bragard) 72
ROUSSEAU (Jean) 218
ROUSSEAU (Jean-Jacques) 197, 246
RUBENS 256, 295

S

SABATIER (Mme, dite Apollonie, *alias* la Présidente) 166-167, 169 à 172, 179, 183, 194 à 203, 224
SABATIER (Mme, dite Apollonie, *alias* la Présidente) 168, 199, 203
SAINTE-BEUVE 40, 44, 97-98, 185, 190, 192-193, 195, 208-209, 219, 230, 269 à 271, 273-274, 276, 281, 298, 302 à 304, 308, 323-324, 326, 328
SAINT-MARC GIRARDIN 266, 268
SALIZ (capitaine) 70 à 76, 79
SANDEAU (Jules) 266-267, 323
SAND (George) 175 à 177, 197, 259, 289
SARAH (dite Louchette) 54-55, 60, 96, 112
SAVATIER (André) 166
SCHEFFER (Ary) 39
SCOTT (Walter) 149
SCRIBE (Eugène) 263-264, 267, 274
SERGENT (Élise) 110
SOULARY (Joséphin) 229
SOULIÉ (Frédéric) 173
STENDHAL 105
STEVENS (Alfred) 284
STEVENS (Arthur) 284, 289, 291, 296, 319, 322, 326
STEVENS (Joseph) 284
STOEPEL (Robert) 233
SUE (Eugène) 40
SWINBURNE (Charles) 248

T

Théot (Mlle Céleste) 49-50, 52
Thierry (Édouard) 190
Thoré (Théophile) 119
Tintoret (le) 102
Tisserant (Hippolyte) 161
Toubin (Charles) 128-129, 131-132
Troubat (Jules) 308, 324

U

Ulbach (Louis) 92-93

V

Vaëz (Gustave) 176
Vaillant (maréchal Jean-Baptiste) 283
Valette (M.) 44
Vallès (Jules) 327-328
Vanderburch (Émile) 173
Vélasquez (Diego) 102
Verboeckhoven (éditeur) 283-284, 289, 292, 301
Verlaine (Paul) 304, 326, 331
Vernet (Horace) 39, 103-104, 114
Véronèse 256
Vervoort (D.J.L.) 284
Viennet (Guillaume) 266
Vigny (Alfred de) 44, 92, 268 à 270, 272-273, 281-282
Villedieu (Louise) 253
Villemain (Abel) 264 à 266, 272-273
Villemessant (Hippolyte) 189, 219
Villiers de L'Iisle-Adam (Auguste) 256, 331
Virgile 56
Vitu (Auguste) 105, 114
Voltaire 197, 259

W

Wagner (Richard) 231 à 233
Wallace (Richard) 166
Watripon (Antonio) 151
Watteau (Antoine) 112, 118
Weiss (Jean-Jacques) 209, 217

Y

Yriarte (Charles, *alias* marquis de Villemer) 250

Z

Zuccari (Federico) 102

Table

I.	Le père	7
II.	La mère	12
III.	Le beau-père	22
IV.	Études	33
V.	Adolescence	43
VI.	La vocation	53
VII.	Le grand voyage	70
VIII.	Le conseil judiciaire	79
IX.	Jeanne	92
X.	Rupture avec la famille	102
XI.	Premiers pas en littérature	116
XII.	La révolution de 1848	128
XIII.	Edgar Poe	148
XIV.	Mme Sabatier et Marie Daubrun	163
XV.	*Les Fleurs du Mal*	183
XVI.	L'attirance de Honfleur	206
XVII.	Admirations	221
XVIII.	Nouvelles *Fleurs*	239
XIX.	La fièvre académique	263
XX.	*Pauvre Belgique !*	287
XXI.	Crénom !	312
	Bibliographie	335
	Index	339

Du même auteur :

Romans isolés

Faux jour (Plon)
Le Vivier (Plon)
Grandeur nature (Plon)
L'Araigne (Plon) *Prix Goncourt 1938*
Le mort saisit le vif (Plon)
Le Signe du taureau (Plon)
La Tête sur les épaules (Plon)
Une extrême amitié (La Table Ronde)
La Neige en deuil (Flammarion)
La Pierre, la feuille et les ciseaux (Flammarion)
Anne Prédaille (Flammarion)
Grimbosq (Flammarion)
Le Front dans les nuages (Flammarion)
Le prisonnier n° 1 (Flammarion)
Le Pain de l'étranger (Flammarion)
La Dérision (Flammarion)
Marie Karpovna (Flammarion)
Le Bruit solitaire du cœur (Flammarion)
Toute ma vie sera mensonge (Flammarion)
La Gouvernante française (Flammarion)
La Femme de David (Flammarion)
Aliocha (Flammarion)
Youri (Flammarion)
Le Chant des insensés (Flammarion)
Le Marchand de masques (Flammarion)

Cycles romanesques

Les Semailles et les Moissons (Plon)
I — *Les Semailles et les Moissons*
II — *Amélie*

III — *La Grive*
IV — *Tendre et Violente Élisabeth*
V — *La Rencontre*

LES EYGLETIÈRE (Flammarion)
I — *Les Eygletière*
II — *La Faim des lionceaux*
III — *La Malandre*

LA LUMIÈRE DES JUSTES (Flammarion)
I — *Les Compagnons du Coquelicot*
II — *La Barynia*
III — *La Gloire des vaincus*
IV — *Les Dames de Sibérie*
V — *Sophie ou la Fin des combats*

LES HÉRITIERS DE L'AVENIR (Flammarion)
I — *Le Cahier*
II — *Cent Un Coups de canon*
III — *L'Éléphant blanc*

TANT QUE LA TERRE DURERA... (La Table Ronde)
I — *Tant que la terre durera...*
II — *Le Sac et la Cendre*
III — *Étrangers sur la terre*

LE MOSCOVITE (Flammarion)
I — *Le Moscovite*
II — *Les Désordres secrets*
III — *Les Feux du matin*

VIOU (Flammarion)
I — *Viou*
II — *À demain, Sylvie*
III — *Le Troisième Bonheur*

Nouvelles

LA CLEF DE VOÛTE (Plon)
LA FOSSE COMMUNE (Plon)
LE JUGEMENT DE DIEU (Plon)

Du philanthrope à la rouquine (Flammarion)
Le geste d'Ève (Flammarion)
Les ailes du diable (Flammarion)

Biographies

Dostoïevski (Fayard)
Pouchkine (Perrin)
L'étrange destin de Lermontov (Perrin)
Tolstoï (Fayard)
Gogol (Flammarion)
Catherine la Grande (Flammarion)
Pierre le Grand (Flammarion)
Alexandre Ier (Flammarion)
Ivan le Terrible (Flammarion)
Tchekhov (Flammarion)
Tourgueniev (Flammarion)
Gorki (Flammarion)
Flaubert (Flammarion)
Maupassant (Flammarion)
Alexandre II (Flammarion)
Nicolas II (Flammarion)
Zola (Flammarion)
Verlaine (Flammarion)

Essais, voyages, divers

La Case de l'oncle Sam (La Table Ronde)
De gratte-ciel en cocotier (Plon)
Sainte-Russie, *réflexions et souvenirs* (Grasset)
Les Ponts de Paris, *illustré d'aquarelles* (Flammarion)
Naissance d'une dauphine (Gallimard)
La Vie quotidienne en Russie au temps du dernier tsar (Hachette)
Les Vivants, *théâtre* (André Bonne)
Un si long chemin (Stock)

Photocomposition réalisée par
NORD COMPO
59653 Villeneuve d'Ascq

IMPRIMÉ EN FRANCE PAR BRODARD ET TAUPIN
Usine de La Flèche (Sarthe).
LIBRAIRIE GÉNÉRALE FRANÇAISE - 43, quai de Grenelle - 75015 Paris.
ISBN : 2 - 253 - 13876 - 2

31/3876/5